人文社科
高校学术研究论著丛刊

学前儿童社会与健康教育理论研究

张彩霞 王华 著

中国书籍出版社
China Book Press

图书在版编目 (CIP) 数据

学前儿童社会与健康教育理论研究 / 张彩霞，王华著 . -- 北京：中国书籍出版社，2021.7
ISBN 978-7-5068-8617-8

Ⅰ . ①学… Ⅱ . ①张…②王… Ⅲ . ①学前儿童－社会教育－教育理论－研究②学前儿童－健康教育－教育理论－研究 Ⅳ . ① G611 ② G613.3

中国版本图书馆 CIP 数据核字（2021）第 155571 号

学前儿童社会与健康教育理论研究

张彩霞　王　华　著

丛书策划	谭　鹏　武　斌
责任编辑	毕　磊
责任印制	孙马飞　马　芝
封面设计	马静静
出版发行	中国书籍出版社
地　　址	北京市丰台区三路居路 97 号（邮编：100073）
电　　话	（010）52257143（总编室）　（010）52257140（发行部）
电子邮箱	eo@chinabp.com.cn
经　　销	全国新华书店
印　　厂	三河市德贤弘印务有限公司
开　　本	710 毫米 × 1000 毫米　1/16
字　　数	282 千字
印　　张	15.75
版　　次	2022 年 7 月第 1 版
印　　次	2022 年 7 月第 1 次印刷
书　　号	ISBN 978-7-5068-8617-8
定　　价	80.00 元

版权所有　翻印必究

目 录

第一章 学前儿童社会教育的内涵 …………………………………… 1
  第一节 学前儿童社会性发展的特点与影响因素 …………… 1
  第二节 学前儿童社会教育的发展与意义 …………………… 13
  第三节 学前儿童社会教育的目标与原则 …………………… 18

第二章 幼儿社会教育的方法与途径研究 ……………………………… 29
  第一节 幼儿社会教育的方法研究 …………………………… 30
  第二节 幼儿社会教育的途径研究 …………………………… 38

第三章 幼儿社会教育活动的设计与指导研究 ………………………… 53
  第一节 幼儿社会教育活动设计概述 ………………………… 53
  第二节 幼儿社会教育活动设计的原则 ……………………… 57
  第三节 幼儿社会教育活动设计的步骤 ……………………… 62
  第四节 幼儿社会教育活动的设计与指导 …………………… 66

第四章 学前儿童社会教育的评价研究 ………………………………… 83
  第一节 学前儿童社会教育评价的内涵 ……………………… 83
  第二节 学前儿童社会教育评价的内容 ……………………… 91
  第三节 学前儿童社会教育评价的方法 ……………………… 100

第五章 学前儿童健康教育的内涵 ……………………………………… 113
  第一节 健康教育的内涵 ……………………………………… 113

　　　　第二节　学前儿童健康教育的目标 ……………………… 123
　　　　第三节　学前儿童健康教育的组织与设计 …………………… 130

第六章　学前儿童的身体保健教育研究 …………………………… 137
　　　　第一节　学前儿童饮食与营养教育研究 …………………… 137
　　　　第二节　学前儿童体育教育研究 …………………………… 149
　　　　第三节　学前儿童安全教育研究 …………………………… 162
　　　　第四节　学前儿童易患身体疾病的表现与预防 ……………… 169

第七章　学前儿童的心理健康教育研究 …………………………… 179
　　　　第一节　学前儿童心理健康教育的内涵 …………………… 179
　　　　第二节　学前儿童心理健康教育的目标与内容研究 ………… 200
　　　　第三节　学前儿童常见的心理健康教育问题 ……………… 208
　　　　第四节　学前儿童心理健康教育活动的设计思路 …………… 223

第八章　学前儿童健康教育评价研究 ……………………………… 227
　　　　第一节　学前儿童健康教育评价的内涵 …………………… 227
　　　　第二节　学前儿童身体健康评价 …………………………… 233
　　　　第三节　学前儿童健康教育活动的评价 …………………… 238

参考文献 …………………………………………………………… 242

第一章 学前儿童社会教育的内涵

学前儿童社会性发展有其自身独特的规律和特点,因此学前儿童社会教育也应遵守相应的规律和特点。从出生开始,婴幼儿就开始了其社会性成长之旅,从易到难逐渐展开了社会认知、社会情感及社会行为的发展。幼儿社会性发展是其成长发展中不可或缺的一环节,也是幼儿获得终生幸福的基础。

第一节 学前儿童社会性发展的特点与影响因素

一、儿童社会性发展的内涵和功能

(一)学前儿童社会性发展的内涵

对儿童社会性发展的研究有很多,如精神分析理论、社会学习理论和认知发展理论、符号互动理论等。此外,生态化运动学派和习性学、发展心理生物学派等都提出了自己的理论观点,想要对其精准阐述清晰定义并不容易。我国学者对社会性发展的阐述观点挺多,如心理学教授林崇德认为社会性是指由人的社会存在所获得的一切特征,符合社会规范的典型行为方式。张文新认为社会性发展是指儿童在与他人关系中表现出来的行为模式、情感、态度和观念以及这些方面随着年龄而发生的变化。陈帼眉认为社会性是人在社会交往中,处理人际关系时表现出的心理特征。百度百科认为社会性是社会性动物的意识的表现,它使社会内部个体的生存能力远远超过脱离社会的个体的生存能力。社会性主要包括这样一些特性,如利他性、协作性、依赖性以及更加高级的自觉性等。随着年龄的增长,幼儿的社会心理和行为的发展变化过程,是学前儿童掌握社会生活技能、学习与人交往,并掌握社会价值与规范,从而得以指导自己的社会行为的过程。

在《3—6岁儿童学习与发展指南》中认为,幼儿社会领域的学习与发展过程是幼儿社会性不断完善并奠定健全人格基础的过程,主要包括人际交往与社会适应。幼儿阶段是社会性发展的关键时期,良好的人际关系和社会适应能力对幼儿身心健康发展以及知识、能力和智慧作用的发挥具有重要影响。[1] 学前儿童社会性发展是一个非常广阔的研究领域,与幼儿自身、他人及社会有关的心理现象,包括社会性认知、社会性情感和社会性行为的发展都属于社会性发展研究的内容。

社会教育最终要运用到实践中,从实践的角度看,有关学前儿童社会教育的定义应当说清楚学前儿童社会教育应达到的教育目标,以及应当由谁、以什么为根据、用什么方式与内容来进行教育等基本问题。

综合中华人民共和国教育部 2001 年颁布的《幼儿园教育指导纲要(试行)》(以下简称《纲要》)、2012 年出台的《3—6岁儿童学习与发展指南》(以下简称《指南》)及 2016 年颁布的《幼儿园工作规程》等相关文件,充分体现《幼儿园教师专业标准(试行)》中对幼儿教师提出的有关要求。我们认为无论是学科意义的学前儿童社会教育,还是课程领域意义的学前儿童社会教育,其最终目的都是服务于儿童的完整发展,推进儿童社会化进程的。从课程实践角度,把学前儿童社会教育定为:以儿童的社会生活事务及其相关的人文社会知识为基本内容,以社会及人类文明的积极价值为引导,在尊重儿童生活,遵循儿童社会性发展规律的基础上,由教育者通过创设有教育意义的环境和活动等,陶冶儿童性灵,最终实现培育具有良好社会理解力、社会情感、品德与行动能力的教育过程。[2] 作为一门实践性、理论性、应用性比较强的学科,学前儿童社会教育应该是研究幼儿社会性发展现象与

---

[1] 选自《3—6岁儿童学习与发展指南》。
[2] 王晓戎.学前儿童社会教育[M].西安:陕西师范大学出版总社,2018.

规律,学前幼儿教育的理论、方法及途径的学科。

(二)学前儿童社会化的功能

1. 培养儿童的社会角色意识

幼儿的社会角色意识是从家庭、幼儿园、社会那里接受的,是对社会生活的感受。首先引导幼儿接触、了解社会,感知社会角色,进而引导幼儿在角色游戏中将这种感受变成自己参与其间的"实践"活动,按照他们自己所能理解社会需要承担的角色,并把某种社会角色最主要的品质加以形象化,在游戏中生动再现各种不同角色行为,形成技能,表现幼儿对角色及其规范的认同,并且逐渐将这种社会角色规范由外部的强化转化为内在的品德趋向。

2. 规范儿童的行为和道德意识

社会会使用各种方法对儿童施加影响,使其成为一个符合该社会要求的成员。使儿童懂得什么是正确的,是被社会所提倡和鼓励的,什么是错误的,是被社会禁止和反对的。儿童在社会环境中逐渐掌握了社会规定的行为规范,按照社会允许的行为方式去行动。这些行为规则和道德规范既包括那些已经存在于现实社会关系和社会制度中的规则,也包括预先并不是明确存在着的,而是暗含在交往和实践活动之中,是在有了碰撞、冲突、协商、交换、合作等行为之后才会出现的规则。儿童在掌握这些规则和道德观时并不是被动的、他律的,而是主动的、他律与自律相结合的。

3. 传递社会知识经验和技能

社会化的过程是幼儿学习的过程,是幼儿社会知识不断积累的过程,并在此过程中获得体验和技能。比如,在学习民族文化知识的过程中既可以让儿童了解自己的国家,又可以培养儿童的爱国情感;学习儿歌既可以培养幼儿的逻辑思维能力,又能培养幼儿的语言表达能力,还可以让幼儿有愉快的情感体验。又比如,在日常生活中培养幼儿的良好习惯,包括良好的吃饭习惯、睡觉习惯、劳动习惯等,并在培养的过程中通过教师或榜样的正面影响,让幼儿在良好的环境中潜移默化地形成正确的社会技能。在幼儿园、家庭这两个幼儿主要接触的社会小环境中,完成初步的知识传递、技能培养和经验形成。

4. 形成儿童的个性

社会化过程不仅发展了幼儿的社会性，而且开始建构幼儿的个性。婴儿期主要是在家庭中与父母在一起，在第一年的后半年中会对家人（尤其是母亲）产生情绪依恋。研究表明，早期形成依恋将有助于培养婴儿对自己、父母、对同伴的信任感，积极的探索行为和交往能力。在婴幼儿期，通过与父母更多的接触，儿童的自我意识开始发生，并在进入学校后得到更多的发展。自我意识是个性的一个组成部分，是衡量个性成熟水平的标志，是统一个性各个部分的核心力量，也是推动个性发展的内部动因。进入幼儿期的儿童，在与成人、同伴的交往过程中可以根据一定的道德行为规则来评价自我，可以服从成人或集体的要求，并在一定程度上调节、控制自己的行为。随着年龄的增长，儿童开始形成最初的一些比较稳定的、比较本质的心理特征，幼儿的个性开始初步形成。由此可见，幼儿在社会化过程中不断地发展自我、调节自我，开始形成良好的个性品质。

5. 使人由生物人转化为社会人

人从出生开始就在进行着社会化的进程，成长就是更适应社会发展的趋势，终其一生，都在进行社会化的历程。刚出生时的自然人，拥有最基本的生理本能，没有社会观念与社会技能，必须通过社会化的途径接受社会文化、学习社会生活技能、掌握社会生活方式才能适应社会，在一定的社会生活环境中得到发展。许多事实证明，要使儿童健康成长，成为一个符合社会规范和要求的成员，不仅需要在身体上受到照顾，更需要与社会成员进行交往，发生情感上的联系，积极在社会这个大熔炉中锻炼才能成长为一个社会人，终止这种适应或者方法失误都会将人生物中的"兽性"激发或者保留。

二、学前儿童社会性发展

探讨学前儿童社会性发展主要从自我意识的发展、社会认知和适应的发展、人际交往能力的发展、亲社会行为的发展、攻击性行为的发展等几个方面去分析。

（一）自我意识的发展

自我意识即自己对自己的认识，是对自己身心活动的觉察，包括认识自己的生理状况(如身高、体重、体态等)、心理特征(如兴趣、能力、气质、性格等)以及自己与他人的关系(如幼儿与周围人们相处的关系,幼儿在集体中的位置与作用等)。我们用形式维度来划分自我意识的结构,包括由自我认知、自我体验和自我调控,即知、情、意三方面。自我意识的形成原理包括:正确的自我认知、客观的自我评价、积极的自我提升和关注自我成长。人生不同的发展阶段,其自我意识的形成各有特点。幼儿的自我意识是指对自我以及自我与周围关系的意识,这种自我意识反映了幼儿对自己在社会中的地位的理解。婴儿大约在1岁左右开始出现自我意识的萌芽,开始意识到自己周围的人,慢慢知道了我是谁,逐渐产生自我评价,如"我是个勇敢的孩子""我的肤色是白的"等。儿童的自我意识逐渐发展起来。

1. 自我认识

自我认识即自我认知,是自我意识中的认知成分,对学前儿童来说主要包括自我概念、自我评价和性别意识等。自我概念是一个有机的认知结构,由态度、情感、信仰和价值观等组成,贯穿整个经验和行动,并把个体表现出来的各种特定习惯、能力、思想、观点等组织起来。自我评价是个体对自己的思想、愿望、行为和个性特点的判断与评价。幼儿在别人评价他(她)的过程中逐渐学会的,是自我概念发展的产物。对性别的认知也是学前儿童认识自己的重要途径。两岁左右的幼儿开始知道自己的性别,到五六岁才能形成稳定的性别意识,如"我是女生(男生)"。

2. 自我体验

自我体验是伴随自我认识而产生的内心体验,是自我意识在情感上的表现,即主我对客我所持有的一种态度。它反映了主我的需要与客我的现实之间的关系。客我满足了主我的要求,就会产生积极肯定的自我体验,即自我满足;反之,客我没有满足主我的要求,则会产生消极否定的自我体验,即自我责备。比如自尊与自信、成功感与失败感、自豪感与羞耻感等都是自我体验的产物。我国儿童自我情感发生的年龄大约是4岁左右,学前儿童对社会情感自我体验随年龄增长而逐渐丰富,并有一定的顺序性。

儿童在3岁左右产生自尊感的萌芽,如犯了错误感到羞愧,不愿意被人当众训斥等。随着儿童身体、智力、社会技能和自我评价能力的发展,儿童的自尊感也得到发展。儿童自尊发展具有不稳定性,存在性别差异和城乡差距。自尊与自信是非常重要的人格特质,自尊是一种内驱力,激励着个体尽可能努力获得别人的尊重。自尊与人际关系有很显著的相关,自尊强的儿童更可能建立积极的人际关系。自信则是个体对自己能力的信念,相信自己具有完成任务的能力。自信心的建立对个体发挥自我潜能、把握人生机会以及增进心理健康等都有重要作用。

3. 自我调控

自我调控是自我意志的成分，是个体控制和指导自己行为的方式，包括主动性、独立性、自制力、坚持性、自我延迟满足，以及面临两难情境时的果断性、克服困难的能力、自我服务能力等。在学前儿童发展时期主要是自我监督、自我控制和调节。

《3—6岁儿童学习与发展指南》在社会性领域对自我意识的各个部分都有所涉及。例如，能介绍自己（自我概念、性别意识），知道自己的优点和长处（自我评价），敢于尝试有一定难度的活动和任务（自尊与自信），主动承担任务，遇到困难能够坚持而不轻易求助（自我调节）等。[①]

（二）社会认知和适应的发展

幼儿的社会认知是指幼儿对自我与社会中的人、社会环境以及社会规范等方面的认知。发展心理学对社会认知的考察应抓住两个本质特征：其一，认知对象的社会客体性，或者说社会认知是对人和社会性事件的认知；其二，人的社会认知对其社会行为的调节作用，社会认知的研究要把知和行结合起来。据此，可以认为，社会认知是指人对社会性客体及其之间的关系，如人（他人和自我）、人际关系、社会群体、社会角色、社会规范和社会生活事件的认知，以及对这种认知与人的社会行为之间的关系的理解和推断。[②]儿童社会认知发展通常包括观点选择、心理理论和对权威与规则认知的发展。

与一般的认知不同，社会认知是一个开放的动态的过程，以人以及由人所组成的社会群体为认知对象，从社会知觉到社会判断，每一个过程都需要个体具有良好的社会经验和认知能力，这些对幼儿社会认识的发展具有直接的影响。儿童社会认知是逐步区分认识社会性客体的过程，如三四个月的婴儿对照顾者和陌生人表现不同的反应，五六个月时的婴儿能对特定抚养者形成依恋。

社会适应是指个体逐渐地接受现有社会的道德规范与行为准则，对于环境中的社会刺激能够在规范允许的范围内做出反应的过程。对社会的

[①] 钱文.3—6岁儿童自我意识及其发展[J].幼儿教育 2015（5）.
[②] 张文新.儿童社会性发展[M].北京：北京师范大学出版社，1999.

适应可以通过语言、风俗、法律以及社会制度等的控制,使自己与社会相适应,学前儿童的社会适应是幼儿适应矛盾冲突的能力,包括适应新环境的能力、对陌生人的适应能力,对同伴的适应能力,以及独立处理社会问题的能力等。

(三)人际交往能力的发展

人际交往是指在一定的历史条件下,个体之间相互往来,进行物质、精神交流的社会活动。从不同的角度,把人际交往划分为:个体交往与群体交往,直接交往与间接交往,竞争、合作、冲突、调适等。学前儿童人际交往能力是在儿童人际交往中逐渐发展起来的,是一种个体妥善处理与他人之间关系的能力,包括与周围环境建立联系和选择、转化外界信息的能力,正确合理处理同伴和成人之间关系的能力。比如孩子与别人发生了冲突怎么去解决,与不同的人怎样相处等,这些都体现了人际交往的能力。

人际交往能力是一种综合能力,包括表达理解能力、人际融合能力、解决问题能力等。根据交往对象的不同,可以把学前儿童人际交往分为亲子交往、同伴交往、师幼交往和与其他人交往等几种类型。亲子交往是指儿童与其父母之间带有情感关系的交往,亲子交往是儿童最早接触的一种人际交往;同伴交往则是年龄或心理发展水平较为接近的个体之间相互作用与影响的过程;师幼交往是学前儿童与在幼儿园等教育机构中工作教师在共同游戏、学习和生活中所建立起来的人际关系。除上述三种类型外,学前儿童广大的生活圈中与其他人的交往,统称为与其他人交往。

学前儿童社会交往的能力主要是在家庭、幼儿园以及社会环境中逐步培养起来的。学前儿童在不断的人际交往和实践中,在有了冲突、协商、合作等行为之后,他们的人际交往能力逐步养成。

(四)亲社会行为的发展

亲社会行为,指在人际交往过程中表现出来的谦让、合作、助人、安慰、分享、同情、捐赠等有利于他人和社会的积极行为。亲社会行为是社会化中较为常见的一种社会行为,代表了社会的积极愿望,包括援助行为、积极行为、利他行为等。学前儿童亲社会行为主要包括同情、安慰与帮助,分享与合作以及社会公德等。

亲社会行为在个体的社会化过程中形成,学前儿童亲社会行为的发展,有助于他们更好地与人交往和适应社会,为学前儿童的终身社会化奠定良好的基础。就个体而言,亲社会行为的发展有助于融入周围环境,学前儿童因帮助、关爱等亲社会行为而获得他人的感谢和赞美,可以使他们在能力感和价值感上获得最大限度的满足,进而形成积极的自我意识;亲社会行为的出现,有助于形成积极意义的社会群体,从而影响整个社会文化氛围,学前儿童在群体活动中能关注他人的感受,成员之间互助合作等行为,对群体归属感的产生有积极作用。

(五)攻击性行为的发展

儿童的攻击性行为在很小的时候就显露出来,大多数指向同龄伙伴。学前儿童之间不仅会因空间和物品问题而起冲突,而且还会因同伴的行为违反社会规范或行为准则而发生冲突。

三、学前儿童社会性发展的影响因素

学前儿童社会性发展的影响因素主要包括以下几方面。

(一)内部因素

影响学前儿童社会性发展的内部因素主要包括以下几方面。

1. 生理成熟程度的影响

生理成熟是幼儿社会性发展的基础,当教育者提出的教育要求与幼儿生理发展水平相匹配时,他们才能够积极地适应社会化的要求。

2. 不同气质的影响

气质是个性和社会性发展的生物基础,是一个人所特有的心理活动的动力特征,影响幼儿社会性发展程度,婴儿刚出生时即表现出了气质上的个别差异,如有的属于容易抚育的婴儿,有的属于抚育困难的婴儿等,学前儿童自身的气质特征在社会化的过程中起着不可忽视的作用。

第一章 学前儿童社会教育的内涵

3.认知发展水平的影响

学前儿童的认知发展水平对其认识社会现象、遵守社会规则等会产生直接的影响。例如，家长或者教师在要求学前儿童要和别的小朋友团结友爱时，只有学前儿童理解了团结友爱的意义，才能在和小朋友相处的过程中真正克服以自我为中心而和其他的小朋友和谐相处。而如果学前儿童没有真正了解团结友爱的意义，那么他们很有可能做出事与愿违、言行不一致的事情。

4.个体主观能动性的影响

学前儿童只有主动参与环境，积极参加各种社会活动，才能可能得到更多的来自环境方面的回应，也才能受到更多的环境因素的影响，从而能够使得环境的影响进入学前儿童的主观世界。研究表明，学前儿童如果积极参与各种活动，那么他们在形成概念、解决问题、社会交往能力、个性品质等方面都有良好的发展。在相同的条件下，主观能动性的发挥程度是影响个体心理发展出现性质与水平差异的重要原因。

(二)外部因素

1.家庭环境

家庭是儿童最初的生活场所，儿童的社会性发展首先是在家庭中开始的。在家庭的诸要素中，家庭结构、父母的教养方式、家庭气氛等都对儿童社会性的发展起着很大的作用。

(1)家庭结构

我国学者吴风岗的研究结果表明，两代人家庭幼儿在独立性、自制力、合群性、敢为性、聪慧性、自尊心、文明礼貌及行为习惯等方面均好于三代人家庭的幼儿。陈会昌等人的研究表明：与完整家庭子女相比，离异家庭子女与同伴关系、父母关系较差，自我评价过高，自我控制能力较低，在情绪、品德、性格、学习等方面表现出问题的人数比例较高。

(2)教养方式

心理学家把父母教养方式分为权威型、专制型、溺爱型和忽视型四种(表1-1)。

表1-1 父母教养方式分类

父母教养方式的类型	特点	对孩子的影响
权威型	权威型父母对儿童的态度积极肯定,尊重儿童的意见和观点,鼓励他们表达自己的想法并参与讨论;他们对儿童提出明确的要求,并坚定地实施规则,鼓励儿童获得成就、独立和探索的行为	这种教养方式下的儿童多数独立性较强,善于自我控制和解决问题,自尊感和自信心较强,喜欢与人交往,对人友好,有很强的认知能力和社会能力
专制型	专制型的父母对儿童时常表现出缺乏热情的、否定的情感反应,很少考虑儿童自身的愿望和要求;父母往往要求儿童无条件地遵循有关的规则,但又缺少对规则的解释,他们常常对儿童违反规则的行为表示愤怒,甚至采用严厉的惩罚措施	这种教养方式下的儿童大多缺乏主动性,容易胆小、怯懦、畏缩、抑郁,有自卑感,自信心较低,容易情绪化,不善与人交往
溺爱型	溺爱型父母对儿童充满积极肯定的情感,但是缺乏控制。他们甚至不对儿童提出任何的要求,对儿童违反要求的做法采取忽视或接受的态度,很少发怒或训斥、纠正儿童	这种教养方式下的儿童往往具有较高的冲动性和攻击性,缺乏责任感,不太顺从,行为缺乏自制,自信心较低
忽视型	忽视型父母对儿童既缺乏爱的情感和积极反应,又缺乏行为的要求和控制。亲子间交往很少,父母对儿童缺乏基本的关注,对儿童的任何行为反应都缺乏反馈,且容易流露厌烦、不愿理睬的态度	这种教养方式下的儿童也容易具有较强的冲动性和攻击性,不顺从,且很少替别人考虑,对人缺乏热情与关心,这类儿童在青少年时期更有可能出现行为问题

(3)家庭气氛

在一个家庭里,成员间相互尊重爱护,以诚相待,会为儿童提供良好的模仿榜样,有益于儿童社会性的发展。反之,如果家庭成员间经常争吵不断,会使子女的内心产生严重的焦虑与矛盾、悲观、多疑,甚至导致心理变态与反社会行为。由此可见,家庭气氛在学前儿童社会性发展过程中起着重要的作用,作为家长,一定要注意为幼儿提供良好的家庭氛围。

2.幼儿园环境

在学前期,除家庭以外,学前儿童在幼儿园的时间最多,与教师、同伴的接触最多。幼儿园对学前儿童的影响是最直接的,也是最大的。研究表明,

第一章 学前儿童社会教育的内涵

幼儿园的物理环境和空间使用状况对学前儿童的行为表现会有较大的影响；幼儿园的心理环境（即精神环境）更是影响学前儿童社会性发展的重要因素。我们应当通过营造良好的幼儿园环境，促进幼儿社会性发展。

（1）幼儿园物理环境对学前儿童社会性发展的影响

幼儿园活动空间的布置、活动场地的美化装饰等物理环境的优劣会对学前儿童社会性发展产生直接影响。研究发现，幼儿园活动的空间密度高于一定的界限，可能导致学前儿童在自由选择的游戏活动中较多地产生消极的社会性行为；过分的刺激性色彩和过于复杂、夸张的布置，容易引起幼儿的注意力分散，或使幼儿感到烦躁。另外，不同种类的活动材料会引发不同的行为。在运用游戏、操作类材料的活动过程中，幼儿容易开展交流、合作、模仿等交往活动。

（2）幼儿园心理环境对学前儿童社会性发展的影响

幼儿园的心理环境主要指幼儿园的人际关系及一般的心理气氛等。

幼儿教师是幼儿社会性行为的指导者，是影响儿童社会性发展的重要因素，教师对幼儿社会性发展的指导在相当大程度上影响决定着幼儿社会性发展的性质方向与水平。教师除了教给幼儿正确的、适宜的行为方式与规则外，教师自身对待幼儿的情感态度和其榜样的作用是巨大的。教师的教育方式和教育态度不仅会影响师生关系，教师的自制力、自信心等心理素质及行为也会对师生关系产生影响，进而影响幼儿的社会性发展。教师如果把幼儿当作有独立人格的人，爱护他们的自尊心、尊重他们的人格，就会与他们建立起和谐、平等、互相依赖的师幼关系，进而帮助学前儿童建立起安全感、归属感，促进他们与他人、与同伴的正向交往。

在幼儿园中，除了师幼之间的交往之外，发生最多的就是同伴之间的交往。同伴交往在促进学前儿童社会性发展方面具有独特的作用。主要表现在以下几方面。

第一，同伴交往影响学前儿童的社会认知和社会行为。在社会化过程中，学前儿童除了从成人那里学习和了解各种社会知识、经验以外，也从同伴那里学习到更多的经验。通过与同伴的交往，儿童可以逐渐了解自己、认识他人，并学习如何与他人相处，逐渐克服自己的不当行为，学会自我控制，并站在他人的角度上思考问题等。例如，幼儿园的玩具是大家一起玩的，如果哪个儿童还像在家里一样自己独霸玩具，就会招致同伴的反对，失去同伴的交往。在多次失去同伴的经历以后，他就会知道其他孩子也有玩玩具的权利，如果不让别人玩，小朋友就不跟自己玩了。于是，为了得到同伴的友谊，他就会把玩具分给大家玩，并逐渐懂得与人分享、互相尊重等社会规则的含义，从而逐渐摆脱自我中心。儿童在同伴交往中，为了某项活动的顺利进行,为了获得同伴的友谊,会不断地控制、调整自己的不当行为,学着和同伴互相交流、达成共识。如果发生了冲突,儿童会学习自己处理,并不断地积累经验。①

第二,满足学前儿童的社会性需要。随着认识能力、语言表达能力的逐渐增强,学前儿童产生了更高层次的社会性需要,他们希望得到认可和尊重,获得友谊和情感。而同伴交往则为他们提供了满足这些社会性需要的机会。儿童与同伴一起玩耍,从中可以体验友谊、体验尊重,会使儿童感到满足和喜悦。因此,同伴满足了儿童对于情感、尊重等方面的需要。

第三,同伴交往有利于学前儿童重新协调与成人的关系。儿童与成人交往时,总是处于服从地位。在成人面前,他们永远经常事事听从大人的安排,自己很难有独立活动和独立表达的机会。但是,儿童与同伴之间的交往是自由的、平等的,在这样的交往中,儿童能够学会在平等的基础上协调各种关系,并且发挥自己的作用和优势,与同伴齐心协力完成任务。因此,这种交往有助于儿童正确认识自己,提高自信心和自尊心。随着与同伴的交往增多,他们对同伴的依从性增强了,他们更喜欢与同伴在一起,而对父母和教师的依赖减少了,对成人单方面的顺从态度也得到了改善。儿童之间甚至会互相模仿、互相学习。他们对父母和其他成人的情感,也得到了重新定位。

3. 大众传媒

随着电视、广播、报纸、杂志、书籍、电子游戏机、互联网等大众传播媒介的普及,大众传媒已经成为儿童生活的重要内容。大众传媒在社会教育中的重要作用,其影响力之大,范围之广是任何其他社会机构所不能企及的。

电视对儿童的影响是多方面的。电视节目中有很多教育意义的卡通片与故事片,对儿童的社会学习具有积极的价值。电视节目以自己独特的方式每天向学前儿童提供仿效和学习的社会或群体的行为模式和行为规范,为学前儿童提供各种社会角色的形象范例。但也不可否认,电视对学前儿童社会化的发展也有不可忽视的消极作用。这主要表现在以下几方面。

第一,部分学前儿童由于迷恋电视而变得懒惰,减少了与同伴交往的机会以及亲人之间情感交流的机会,淡化了人际关系,从而变得冷漠、孤僻、不善交际。

第二,电视中播放的暴力内容易强化学前儿童的攻击性行为。一是教给儿童一些攻击性行为方式,使儿童放松了对暴力行为的抑制,错误地认为

---

① 周梅林.学前儿童社会教育活动指导[M].上海:复旦大学出版社,2016.

社会允许攻击性行为,使暴力合法化。二是降低了儿童对暴力的敏感性,并习以为常。

另外,随着科学技术的进步,网络已成为人们获取信息的重要工具,它不仅改变了人们的工作效率,而且也给人们的学习和生活提供了巨大的帮助。网络上丰富的知识可以使儿童轻松地了解各地的风土人情、民间习俗、地域文化,激发了儿童热爱社会文化、参与社会生活的情感。网络也为儿童提供了多媒体学习环境,使儿童在视、听、说、做等方式中接近了社会。可以说,网络使儿童进入了一个更新颖、更有趣的世界,对儿童社会化的影响也在逐渐扩大。[①]

第二节 学前儿童社会教育的发展与意义

一、学前儿童社会教育概述

(一)学前儿童社会教育的含义

学前儿童社会教育是指以促进学前儿童社会化为目标,以增进学前儿童的社会认知、激发学前儿童的社会性情感、养成学前儿童的社会行为为主要内容的教育活动。学前儿童社会教育是学前儿童社会化的重要途径。

(二)学前儿童社会教育的特点

学前儿童社会教育的特点主要包括以下几方面。

1. 渗透性

幼儿每天都在进行不同内容的社会生活和学习,幼儿的社会学习是在

[①] 唐燕.幼儿园教育活动设计与实施[M].上海:华东师范大学出版社,2013.

游戏中、生活中无意识地随时随处进行的,带有明显的随机性和无意性。幼儿社会学习具有潜移默化的特点,对幼儿进行社会教育不能只局限于专门的社会教育活动中,在日常生活中进行随机教育,如幼儿哭闹时及时的情绪反馈,教育其认知自身情绪,幼儿入(离)园时可以渗透礼貌教育;幼儿在争抢玩具时教师可以渗透团结友爱的教育。在其他领域也可以渗透社会领域的教育,如节日中也可以渗透社会教育,如"国庆"节进行爱祖国的教育。因此,学前儿童社会教育应渗透在生活的各个环节中。

2. 实践性

生活实践是学前儿童社会学习的源泉,教育者对学前儿童进行社会教育时要避免口头说教,要用示范等方式给予他们具体的行为指导;教育者要给学前儿童发现、感受、练习和巩固的机会,带领学前儿童参加丰富多样的实践活动。

3. 生活性

幼儿园社会教育的内容应当尽可能从学前儿童的生活出发,这是基于学习的经验基础提出的。教育机构中学前儿童社会教育内容的选择,还应根据社会教育的培养目标、学前儿童发展水平及社会文化发展需要来选择有助于学前儿童发展,同时也能为他们所理解的内容,这是基于学习的发展水平提出的。根据这个特点,学前儿童社会教育内容应当结合学前儿童生活需要,选择他们所熟悉和理解的并有益于他们发展的内容。

4. 观察性和模仿性

观察与模仿是人类学习知识的基础,尤其是学前儿童的所有知识与技能几乎都是从观察周围的人和事物再加以模仿得来的。学前儿童观察、模仿学习发生在日常生活中对他人行为的偶然和有意的观察基础之上。行为的基础起源于模仿,而模仿的根基在于观察。学前儿童的观察模仿对象有同伴、周围成人的职业与生活、卡通片中的人物行为,模仿创造同性成人行为举止的装扮性游戏。其中,同伴之间的观察模仿尤其明显。

5. 兴趣性和差异性

兴趣对于学前儿童的社会学习和社会性发展起着十分重要的作用。认识到学前儿童的兴趣性和差异性,有利于激发和培养其社会学习兴趣,促进其养成良好的习惯。在社会教育中,教育者应尊重学前儿童社会学习的兴趣和社会学习的个体差异。学前儿童兴趣性及差异性主要表现在以下几方面。①

第一,兴趣对象的差异。学前儿童社会教育内容的选择应与其兴趣对象尽量保持一致,但具有不同兴趣对象的学前儿童,往往对自己喜欢的游戏抱有选择的态度,对自己所感兴趣的游戏认真努力地进行长时间探索,家长与教师需加强引导,耐心地激发他们的学习兴趣。

第二,兴趣范围的差异。在学前儿童社会教育中,教育者应注意关注学前儿童的兴趣所在。每个学前儿童的兴趣是各不相同的,教师、家长应注意观察他们对某些事物某个方面的反应,注意发现闪光点,加以鼓励、表扬,培养拓展他们的兴趣范围。

第三,兴趣持久程度的差异。学前儿童的兴趣稳定性存在着很大差异,有些儿童在某方面已经形成了比较稳定的兴趣,他们的行为能保持数年甚至终生;而有些儿童对一些内容的兴趣不稳定,更多地表现为对某种知识开始兴趣浓,渐渐受多种因素影响,兴趣发生变化。研究表明,学前儿童的年龄越小,兴趣的稳定性越差。

第四,兴趣效能的差异。有的学前儿童的兴趣缺乏效能,这种兴趣只是挂在嘴上,并没有落实到实际行动中去;而有的学前儿童则不同,他们的兴趣是具有积极效能的,这种兴趣已经成为推动他们进行活动的强大动力,促使他们积极地认识事物。

6. 长期性

学前儿童的社会学习是一个经验积累的漫长过程。他们在社会学习中表现出反复无常的行为属于正常现象。因此,在社会学习过程中,成人应该允许儿童出错。在幼儿园社会教育中,要促进学前儿童社会化朝着健康的方向发展,教师对学前儿童的社会教育一定要自始至终保持统一。

二、学前儿童社会教育的意义

(一)促进幼儿理解他人并提高交往技能

学前儿童社会教育能使幼儿了解基本的人际关系准则,初步具有独立化解同伴间矛盾冲突的能力。在学前儿童社会教育中,教育者有目的地开

---

① 邓文静. 学前儿童社会教育 [M]. 北京:中央广播电视大学出版社,2017.

展各种活动,让幼儿在与同伴交往的活动中逐渐学会理解他人的想法,尊重他人的意见,并掌握合作、分享等基本的社会交往技能。

(二)促进幼儿正确地认识和评价自己,控制自己的情绪情感

现代社会中,独生子女容易以自我为中心。学前教育机构要通过有目的、有计划地组织开展各种社会教育活动,促进幼儿自我意识的形成和发展,使他们学会客观地认识和评价自己,认识到自我的价值,促进自身良好个性和品德的形成和发展,调控好自己的情绪和行为。

(三)促进幼儿适应社会环境,形成完整的人格

人格是对一个人的总的描述或本质的描述,人的本性是原有的,人格是后天形成的。一个人为人可靠、值得信赖,并且对自己的信仰与标准不妥协,是拥有完整人格的反映。在幼儿园,教师通过引导幼儿感受生活、了解生活、创造生活来启迪智慧、培养个性、陶冶情操、发展能力,能为其人生的发展打下坚实的基础。学前儿童社会教育需要贴近生活、关照生活、提高生活质量,教育中开展的社会教育活动应以幼儿的实际生活为出发点,通过幼儿园社会教育,让幼儿开始熟悉并热爱周围的社会环境,学会以积极的方式生活学习,帮助幼儿养成良好的生活习惯和积极的生活态度。

(四)可以实现社会文化的延续与发展,为社会培养合格的公民

学前儿童社会教育的目的和内容要受社会要求、社会发展状况的制约。同时,社会教育也必然会将社会要求、社会状况反映在课程内容中,通过这些内容的学习,使幼儿了解自己的社会,了解自己与社会的关系,了解社会中人们之间的关系。例如,在人际关系和社会规则中,让幼儿懂得自己与他人的关系、自己与集体的关系,了解并初步掌握基本的公共规则、集体规则及交往规则等。因此,通过社会教育,应使幼儿成为初步适应社会生活的人,为幼儿成为未来社会合格公民打下良好的基础。因此,幼儿园社会教育今后除了要加大幼儿行为习惯的培养外,还要在幼儿公民意识的培养方面有所作为。

三、我国现阶段学前儿童社会教育的发展趋势

（一）学前儿童社会教育方法的灵活性

学前儿童社会教育主要以情感渗透为主要方式，所以在进行教育时，必须注意教育方法的灵活性，贴近生活，以情动人，相对于语言教育、科学教育等其他教育类型来说，学前儿童社会教育较多地用情境创设法、榜样法、游戏法、练习法、角色扮演法等各种方法结合进行教育。

（二）学前儿童社会教育内容的全面化

学前儿童社会教育的内容从关注自我意识、社会认知适应、人际交往、亲社会行为、攻击性行为等方面，开始向更深入全面的教育内容转变，内容涉及社会学、伦理学、地理学、经济学、文化学、语言学、心理学和历史学等。

（三）学前儿童社会教育越来越受到重视

我国学前儿童社会教育曾一度无形中被边缘化，在早期教育与幼儿教育中，教育者往往容易忽视社会教育而更加关注认知和技能的教育，一些幼儿园甚至没有开设社会教育课程，仅仅在生活中少量渗透以达到社会教育的目的。随着社会各界对于学前儿童社会发展重要性的认识，学前儿童社会教育发展逐渐走上专门化的研究与教育之路。

（四）学前儿童社会教育从重社会认知、社会行为向关注社会情感转变

我国社会教育的发展经历了漫长的探索之路，其中曾走过重社会认知、社会行为而轻社会情感的弯路。例如对学前儿童讲道理时，未意识到学前儿童教育应从情感渗透入手。情感体验是学前儿童社会教育的基础，片面关注知识的传递和技能的练习，很难对幼儿产生积极的教育效果。随着教育者对社会教育研究的不断深化，学前儿童社会情感的教育与体验被关注并不断被提倡。

第三节 学前儿童社会教育的目标与原则

一、学前儿童社会教育的目标

（一）学前儿童社会教育目标制定的依据

1. 以学前儿童的社会性发展特点和水平为依据

学前儿童社会性发展的特点决定了儿童社会学习的内容与难易程度，在不同的年龄阶段，儿童的接受水平和成长需要是不同的，儿童的社会认知、社会情感和社会行为技能的发展，在一定阶段表现出自身的规律和特点，因此，儿童的社会性发展特点是确定学前儿童社会教育目标的重要依据。制订学前儿童社会教育的目标必须依据儿童社会性发展的大致特征，才能更好地促进儿童社会性的发展。在制订学前儿童社会具体教育目标时，需要在长期观察儿童，真正了解各年龄段儿童的社会性发展特点的基础上，制订合理、科学、可行的社会教育目标。

2. 以一定社会的培养目标为依据

每一个社会都有一定的社会宗旨，这一宗旨要在各个教育领域里贯彻落实。未来的一代应塑造成什么样的人，是幼儿园社会教育领域担负的责任。在制定目标时，应追求能为幼儿终生发展奠定良好的社会性品质和行为基础的长远目标。时代的变革使社会对人的需求发生了根本的变化。计划经济时期，更需要服从型的人，人们对孩子的要求主要是听话，忽视了自我意识的培养，轻视了人的自身价值。如今，时代呼唤人的主动性、创造性、乐学的态度、合作的意识和自觉的责任感、团队精神等。因此，幼儿园社会教育目标要反映社会的要求和愿望，在制订幼儿园课程目标时要充分考虑社会发展的需要，以提高幼儿园教育的社会适应性。

3. 以学前儿童社会教育学科的发展为依据

幼儿社会教育涉及的学科众多，每一个学科中的基本目标都将在一定程度上影响幼儿社会教育目标的选择和确定。如社会学中关于了解和理解

第一章　学前儿童社会教育的内涵

一定的社会角色,参与社会交往等目标,都将以最基本、最启蒙的形式影响幼儿社会教育目标的确定。

总之,幼儿园社会教育目标制定的三大依据来源必须相互融合,共同促进幼儿发展成为一个"整体的人"。我国幼儿教育新课程改革中的课程目标所蕴含的课程理念之一就是要塑造这种"整体的人"。

(二)学前儿童社会教育的总目标

总目标是学前儿童社会教育的最终目的,是制定其他所有社会教育活动目标的重要依据。《幼儿园教育指导纲要》中提出了幼儿园社会教育领域的五个目标。

第一,能主动地参与各项活动,有自信心。
第二,乐意与人交往,学习互助、合作和分享,有同情心。
第三,理解并遵守日常生活中基本的社会行为规则。
第四,能努力做好力所能及的事,不怕困难,有初步的责任感。
第五,爱父母长辈、老师和同伴,爱集体、爱家乡、爱祖国。

这是对幼儿社会性教育目标的概述,根据《幼儿园教育纲要(试行)解读》分析,社会目标是从社会关系和心理结构两个维度提出的。

1. 社会关系的维度

(1)幼儿与自身的关系,包括自信、主动、坚持、独立性等。
(2)幼儿与他人的关系,包括乐群、互助、合作、分享、同情等。
(3)幼儿与群体或集体的关系,包括遵守规则、爱护环境和公物等。
(4)幼儿与社会的关系,包括认识社会职业、家乡、祖国和世界文化等。

2. 心理结构的维度

(1)自我意识,包括自我认识、自我情感体验、自我控制等。
(2)社会认知,包括对他人的认知、对社会环境和现象的认知、对性别角色、行为方式的认知和对社会规范的认知等。
(3)社会情感,包括积极情绪、情绪的表达与控制、依恋感、愉快感、羞愧感、同情心、责任感等。
(4)社会行为技能,包括交往的技能、倾听交谈的技能、非言语交往技能、辨别和表达自己情感的技能、合作、轮流、遵守规则、解决冲突等技能。
(5)社会适应,包括初步形成对新环境的适应能力,对陌生人的适应能力,对同伴交往的适应能力,独立地克服困难、解决实际生活中的简单问题的能力,学会做事和学会生活的能力,学会与人共同相处的能力等。

（6）道德品质,包括关心他人、乐群、合作、诚实、谦让、分享、助人、有奉献精神、勇敢、爱护环境、讲礼貌、守纪律等品德和良好的道德行为习惯,爱亲人、爱集体、爱家乡、爱祖国等道德情感。

教育部2012年颁发的《3—6岁儿童学习与发展指南》社会领域的目标描述为：人际交往和社会适应,如表1-2人际交往和表1-3社会适应。

表1-2　人际交往

	3—4岁	4—5岁	5—6岁
目标1：喜欢交往	1.喜欢与小朋友一起游戏 2.喜欢与熟悉的长辈一起活动	1.喜欢和小朋友一起游戏,有经常一起玩的小伙伴 2.喜欢和长辈交谈,有事愿意告诉长辈	1.有自己的好朋友,也喜欢结交新朋友 2.有问题愿意向别人请教 3.有高兴的或有趣的事愿意与大家分享
目标2：能与同伴友好交往	1.想加入同伴的游戏时,能友好地提出请求 2.在成人指导下,不争抢、不独霸玩具 3.与同伴发生冲突时,能听从成人的劝解	1.会运用介绍自己、交换玩具等简单技巧加入同伴游戏 2.对大家都喜欢的东西能轮流、分享 3.与同伴发生冲突时,能在他人帮助下和平解决 4.活动时愿意接受同伴的意见和建议 5.不欺负弱小	1.能想办法吸引同伴和自己一起游戏 2.活动时能与同伴分工合作,遇到困难能一起克服 3.与同伴发生冲突时能自己协商解决 4.知道别人的想法有时和自己不一样,能倾听和接受别人的意见,不能接受时会说明理由 5.不欺负别人,也不允许别人欺负自己
目标3：具有自尊、自信、自主的表现	1.能根据自己的兴趣选择游戏或其他活动 2.为自己的好行为或活动成果感到高兴 3.自己能做的事情,愿意自己做 4.喜欢承担一些小任务	1.能按自己的想法进行游戏或其他活动 2.知道自己的优点和长处,对自己感到满意 3.自己的事情尽量自己做,不喜欢依赖别人 4.敢于尝试有一定难度的活动和任务	1.能主动发起活动或在活动中出主意、想办法 2.做了好事或取得了成功后还想做得更好 3.自己的事情自己做,不会的愿意学 4.主动承担任务,遇到困难能够坚持而不轻易求助 5.与别人的看法不同时,敢于坚持自己的意见并说出理由

第一章　学前儿童社会教育的内涵

续表

	3—4岁	4—5岁	5—6岁
目标4：关心尊重他人	1. 长辈讲话时能认真听，并能听从长辈的要求 2. 身边的人生病或不开心时表示同情 3. 在提醒下能做到不打扰别人	1. 会用礼貌的方式向长辈表达自己的要求和想法 2. 能注意到别人的情绪，并有关心、体贴的表现 3. 知道父母的职业，能体会到父母为养育自己所付出的辛劳	1. 能有礼貌地与人交往 2. 能关注别人的情绪和需要，并能给力所能及的帮助 3. 尊重为大家提供服务的人，珍惜他们的劳动成果 4. 接纳、尊重与自己的生活方式或习惯不同的人

表1-3　社会适应

	3—4岁	4—5岁	5—6岁
目标1：喜欢并适应群体生活	1. 对群体活动有兴趣 2. 对幼儿园的生活好奇，喜欢上幼儿园	1. 愿意并主动参加群体活动 2. 愿意与家长一起参加社区的一些群体活动	1. 群体活动中积极快乐 2. 对小学生活有好奇和向往
目标2：遵守基本的行为规范	1. 在提醒下，能遵守游戏和公共场所的规则 2. 知道不经允许不能拿别人的东西，借别人的东西要归还 3. 爱护玩具和其他物品	1. 感受规则的意义，并能基本遵守规则 2. 不私自拿不属于自己的东西 3. 知道说谎是不对的 4. 知道接受了的任务一定要完成 5. 在提醒下能节约粮食、水电等	1. 理解规则的意义，能与同伴协商制定游戏和活动规则 2. 爱护公物，用别人的东西时也知道爱护 3. 做了错事敢于承认，不说谎 4. 能认真负责地完成自己所接受的任务 5. 爱护身边的环境，注意节约资源
目标3：具有初步的归属感	1. 知道和自己一起生活的家庭成员及与自己的关系，体会到自己是家庭的一员 2. 能感受到家庭生活的温暖，爱父母，亲近与信赖长辈 3. 能说出自己家所在街道、小区（乡镇、村）的名称 4. 认识国旗，知道国歌	1. 喜欢自己所在的幼儿园和班级，积极参加集体活动 2. 能说出自己家所在地的省、市、县（区）名称，知道当地的有代表性的物产或景观 3. 知道自己是中国人 4. 奏国歌、升国旗时能自动站好	1. 愿意为集体做事，为集体的成绩感到高兴 2. 能感受到家乡的发展变化并为此感到高兴 3. 知道自己的民族，知道中国是一个多民族的大家庭，各民族之间要互相尊重，团结友爱 4. 知道一些国家的重大成就，爱祖国，为自己是中国人感到自豪

不管是《纲要》还是《指南》学前儿童社会教育总目标的内容取向为以下两方面。

第一，兼顾了幼儿自身发展的需要，如"能主动参与""乐于与人交往"其主体词都是幼儿，其视点是从幼儿出发的。

第二，以幼儿情感性发展为基础的目标取向，如"乐于、同情、爱"等都是情感词，这表明情感目标在幼儿社会性发展中处于重要位置。

（三）学前儿童社会教育的年龄段目标

学前儿童社会教育的年龄段目标服从于总目标，是总目标的具体化，反映了儿童社会性发展目标的年龄差异性和连续性。

年龄段目标的主要特点就是将社会教育目标分化为不同的要求，形成对每一个年龄段幼儿逐步提高要求的具体目标，引导幼儿逐步达到社会教育的总目标。例如，同样是培养幼儿与同伴交往的能力，但是不同年龄段的要求是不一样的。小班时，只要求能与同伴友好相处，主动礼貌地问候小朋友；而到中班时，希望幼儿逐渐喜欢和同伴游戏，关心弱小同伴；到大班时的目标则是能够主动带年幼的同伴共同游戏，愿意与众多的同伴合作游戏。将分类目标具体分解成对学前儿童社会教育阶段目标，表述如下（表1-4）。

表1-4 学前儿童社会教育阶段目标[1]

班级	目标
小班	①帮助幼儿认识自己的性别、年龄，了解自己身体的部位、特征及作用 ②帮助幼儿意识到自己是哪个班的小朋友，熟悉生活环境，初步适应集体生活 ③教给幼儿基本的卫生常识，帮助幼儿形成良好的卫生习惯 ④帮助幼儿掌握礼貌用语 ⑤引导幼儿用语言表达自己的想法，喜欢和同伴一起活动 ⑥教育幼儿初步懂得不得提出无理要求，不无故发脾气 ⑦培养幼儿初步的独立性和自控力，保持愉快的情绪，遵守集体的规则，爱护玩具、图书 ⑧教给幼儿粗浅的交通安全知识，使幼儿学会遵守交通安全规则

[1] 付立芳，王英，续进，刘锦. 学前儿童社会教育[M]. 杭州：浙江工商大学出版社，2016.

第一章　学前儿童社会教育的内涵

续表

班级	目标
中班	①帮助幼儿了解自己和同伴，并能说出一些异同点 ②帮助幼儿用语言来表达自己的情绪、情感，并能通过语言、动作、表情来了解别人的情感，初步懂得同情和关心他人，并能与同伴友好相处 ③帮助幼儿学会控制自己的情感，不任性，不随意发脾气，引导幼儿懂得不损害同伴 ④帮助幼儿掌握礼貌用语，能较为准确地使用礼貌用语，并能在不同的场合恰当地加以运用 ⑤培养幼儿与同伴轮流、分享、合作、谦让的能力 ⑥增强幼儿的独立性，鼓励幼儿遵守游戏规则，帮助幼儿克服学习中遇到的困难 ⑦帮助幼儿进行自我评价，认识自己的兴趣和爱好，引导幼儿对行为的动机进行评价 ⑧引导幼儿认识社区的公共设施，了解周围人们工作的性质.特点和作用，萌发热爱人民、热爱家乡的情感 ⑨引导幼儿了解周围成人的劳动，鼓励幼儿学做些力所能及的事，从小养成爱劳动、爱惜劳动成果的习惯 ⑩帮助幼儿初步理解中国的传统节日和民间工艺品，加深幼儿对中国文化的认识和情感 ⑪帮助幼儿初步了解一些外国的文化传统和风俗习惯
大班	①引导幼儿认识到自己是不断发展变化的，自己的进步是父母和教师教育、帮助的结果 ②发展幼儿的独立性，指导幼儿按照社会准则进行自我评价，并能对自己的行为动机进行评价，正确认识自己的能力和优点，克服自己的缺点和不足 ③增加幼儿对集体的了解，培养幼儿的集体荣誉感 ④培养幼儿的自控能力，要求幼儿自觉遵守各种规则 ⑤帮助幼儿克服各种困难，培养幼儿的责任感 ⑥引导幼儿主动关怀.关心小班和中班的小朋友 ⑦引导幼儿初步学会分辨是非，初步懂得应向好的榜样学习，萌发初步的爱憎感 ⑧形成幼儿热爱劳动、爱护公物、珍惜劳动成果的习惯，培养幼儿的内疚感、公正感 ⑨引导幼儿认识社区生活设施和环境，帮助幼儿理解人们的职业分工、工作性质与特点，并学会尊重不同职业的人们，萌生环保意识 ⑩激发幼儿的爱国情感和民族自豪感 ⑪帮助幼儿了解一些世界名胜古迹，使幼儿学会尊重外国的文化传统和风俗习惯，萌发对世界文化的兴趣

二、学前儿童社会教育的原则

（一）正面教育原则

正面教育原则是指教师在学前儿童社会教育中要从正面进行引导，正面教育原则是一切教育活动最基本的原则，其核心是在尊重的前提下对儿童提出要求，是"以幼儿为本"教育理念的具体体现。贯彻正面教育原则，要求教师必须做到以下几方面。

1. 为幼儿创设良好积极的发展环境

心理学的研究表明，良好、积极的环境容易诱发、维持、巩固并强化人们积极、健康的社会行为，反之则亦然。幼儿园的环境包括物质环境和精神环境，它们都会影响儿童社会性的发展。学前儿童心理活动的无意性明显、自控能力较差、易受暗示，教师将社会教育的目标蕴含在儿童的生活环境中，为儿童提供了具有倾向性暗示的环境，让儿童在不知不觉中养成了不乱扔垃圾的良好习惯。幼儿园的精神环境是指幼儿园的人际关系以及精神氛围、文化氛围。教师应为儿童创设良好、积极的活动环境，让儿童有一个宽松、融洽的心理环境，使儿童在和谐的氛围中得到全面的发展。特别强调，教师应善待学前儿童的错误行为，允许儿童犯错误，犯错误并改正也是学习成长的机会，学前儿童就是在不断尝试错误的过程中成长起来的，纠正错误是学前儿童学习的表现之一。

2. 为幼儿选择正向积极的教育内容

考虑到幼儿尚未形成自我的评价标准，年龄越小越易受到外在环境和教育的影响，教育者应直接为幼儿呈现正面的教育案例，使幼儿直接学习和接触到正面的观点和行为方式。同时，还要为幼儿创设积极的环境，以此来诱发、维持和强化幼儿的积极行为。

3. 为幼儿树立正确的榜样

第一，教师和家长本身要成为幼儿社会化过程中正面积极的榜样，严格要求自己，提高自己的品行修养，使幼儿从小接触到的都是正面的言行举止和情感思维。

第二，教育者要为幼儿选择正面的同伴榜样。由于同伴之间年龄相似性的影响，同伴榜样对幼儿产生更大的意义和作用。

4. 正面提出对学前儿童的要求

根据学前儿童心理发展的特点，教师对学前儿童提出要求时要尽量使用正面语言，用清晰明了的语言直接告诉儿童具体做什么和如何做，而不是告诉他不要做什么。避免使用命令禁止、否定的言语和神情让儿童自己去理解，避免与儿童发生直接的情绪对抗，激起学前儿童的逆反心理。同时，教师经常使用正面、积极的方式对儿童提出建议，可以使教师本人保持乐观、愉快的心态。试想，如果教师一直处于消极纠正学前儿童的行为或长期与儿童进行消极的情绪对抗，那样既不会取得满意的教育效果，也不利于教师本人的身心健康。

5. 采用正面的教育方式

例如，对幼儿提出要求时，直接告诉幼儿教育者希望他们"这样做"和"做什么"，而非相反的"不要做"和"不要做什么"。这主要是考虑到年幼的孩子常常将反话正过来理解的心理特点。此外，评价幼儿时以鼓励和表扬为主，当然，表扬必须实事求是、适度适量，否则表扬便会失去其激励作用。另外，评价幼儿时还要考虑幼儿本身的气质特点，恰到好处的批评能让幼儿认识到自己的错误，激发其改正错误的决心。如表扬吃完饭用餐巾纸擦嘴巴的小朋友，而不是当众批评用袖子擦嘴的小朋友。

6. 充分发挥榜样的教育作用

教师可以通过为学前儿童树立同伴榜样、成人榜样以及文学、影视作品中的象征榜样等多方面的榜样，促进学前儿童社会性的良好发展。

(二) 实践性原则

实践性原则是指在学前儿童的社会教育中，教师提供各种实践机会，让学前儿童参与其中。贯彻实践性原则，要求教师必须做到以下几方面。

1. 教会幼儿参与社会生活实践的具体方式和技能

幼儿由于年龄小，生活经验少，很多时候因为不会做或做不好，主动或被动地失去很多实践的机会。因此，教师要有意识地教导幼儿参与生活实践的知识和技能，教给幼儿具体的行为方式，由此，幼儿才能从成功的行动中树立对自己的自信心和自豪感，为以后在实际生活中的社会行为实践打下良好的基础。

2. 为学前儿童创造实践的机会

学前儿童是在实际的生活、活动过程中学习社会知识经验和规则的,社会规则转化为儿童的实际行动也是在实践活动中实现的。因此,教师除了组织专门的社会教育活动之外,还要在日常生活中给学前儿童提供实践练习的时间和机会。凡是儿童能够参与的社会活动,教师都应尽可能创造机会让他们参与。例如,建立"值日生"的制度,鼓励儿童在日常生活中做些力所能及的劳动,以此来巩固和强化儿童为他人服务的意识。

3. 对学前儿童的活动和一日生活提出明确要求,教给儿童正确的行为方式

教师为学前儿童提供实践机会的同时必须加强对学前儿童进行社会行为的指导。没有规矩,不成方圆,学前儿童的社会教育必须有据可循,教师对儿童一日生活中的各项行为应提出恰当的要求,即为儿童定好规矩。然后抓住现实生活中的每一个机会,让儿童的社会行为在实践中反复练习,并得到发展。由于学前儿童年龄较小,缺乏足够的社会行为经验,在刚开始学习社会行为时,需要教师正确地示范具体的行为方式,明确具体地交代清楚"怎么做"。例如,告诉小班的小朋友洗手的方法和步骤。

4. 要允许儿童犯错误

"试误学习"本就是幼儿重要的学习途径,幼儿正是在不断的犯错误过程中逐渐积累经验,提高能力。因此,成人要教育幼儿自己的问题自己解决,多给幼儿根据自己的经验和策略来解决问题的实践机会,幼儿长大以后才不会遇到问题就束手无策。

(三)生活教育原则

生活教育原则是指教师要在真实的社会生活中开展儿童社会教育活动。贯彻生活教育原则,要求教师做到以下几方面。

1. 重视生活中广泛的渗透教育

学前儿童社会教育不能完全依靠专门性的社会教育活动,教师必须善于抓住生活的教育细节,成人应为幼儿提供人与人之间相互交往和共同活动的机会和条件。同时,为了更好地发挥生活教育的作用,教育者还应注意环境中育人因素的渗透,为幼儿创设良好的生活环境,提供宽敞、干净物质

第一章　学前儿童社会教育的内涵

环境和充足、多样的活动材料；创设温暖、宽松、接纳、愉悦的精神环境。

2. 长期一贯地坚持

生活是长期性的，幼儿良好社会行为的养成也有赖于有始有终的练习和坚持。因此，教师必须对幼儿的社会教育做长期计划，借助日常生活的重复性来加以形成和巩固幼儿良好的行为习惯。例如，从幼儿小班入园开始，便坚持引导幼儿形成自己吃饭、穿脱衣服和整理玩具的习惯，在前期教师要注意耐心等待并说明，经过漫长的积累和练习过程，直至幼儿形成自觉行为。

（四）一致性原则

一致性原则是指教育者在学前儿童社会教育中要有目的、有计划地对来自各方面的教育影响加以组织和协调，使其相互配合、协调一致，使幼儿的社会性品质朝着既定的目标健康发展。贯彻一致性原则要注意以下三点。

1. 幼儿园内部多种教育力量要保持一致。

幼儿生活在幼儿园这一个环境之中，园内的所有人员都在潜移默化地影响着幼儿。因此，幼儿园的领导、教师及其他工作人员在对幼儿社会性的培养观念、态度和行为上必须保持上下一致。同时，幼儿园制定的与儿童社会性相关的整体发展方针、目标规划必须准确落实到各班教师的教育计划和工作安排上。不能出现领导重视，教师不重视；大班重视，小班不重视的情况，这会影响到整个幼儿园全体幼儿社会性的发展水平与状况。

2. 教师自身教育态度要保持一致

教师是学前儿童在幼儿园主要模仿和学习的对象，因此教师自身一定要表里如一，呈现给儿童的观点、行为以及情感要保持内外统一，坚决不能说一套做一套，因为儿童不仅在听教师怎样说，更主要的是在看教师如何做。另外，教师对儿童提出的合理有益的教育要求要坚持执行，不能此一时、彼一时，做到始终一贯、持之以恒。

3. 家庭、幼儿园和社会要保持一致

如果各方面的要求各有差异，甚至矛盾，如教育重点不一，教育方法不协调，则教育效果便会相互抵消，造成儿童思想上的混乱和行为上的矛盾，幼儿会不知所措，无法形成稳定的思想品德与行为习惯。例如，教师一般要

求幼儿在发生冲突矛盾时,要学会运用语言来沟通协商,但一些家长却灌输给孩子"谁欺负你,你就欺负回去"的观念。这种家园不一致的现象会在很大程度上削弱教师对幼儿进行社会教育的努力,使幼儿园的教育达不到应有的效果。

(五)渗透性原则

渗透性原则是指在儿童一日生活的各个环节渗透社会教育和在其他领域中渗透社会教育的原则。

1. 在儿童一日生活的各个环节渗透社会教育

学前儿童的社会教育渗透在儿童一日生活的各个环节,例如,在来园、离园时渗透着向老师、同伴问好,和家人再见等礼貌教育;进餐时渗透着尊重他人劳动成果、爱惜粮食、文明进餐等习惯的培养;盥洗时渗透着讲究卫生、节约用水、排队意识的教育;游戏时渗透着分享、合作、协商等品质的培养和儿童的人际交往能力的提高;睡眠时渗透着安静睡眠等习惯的培养。总之,在学前儿童一日生活中,时时处处都充满着社会教育的机会,教师应该提高渗透教育的意识,在生活中应注意观察儿童、了解儿童的发展水平,利用一切机会对学前儿童进行社会教育,促使儿童良好社会性的发展。

2. 在其他领域中渗透社会教育

综观幼儿园各领域的教育活动,其中都蕴含着非常丰富的社会教育契机,社会教育应充分渗透在其他领域的教育中,使社会教育与其他各领域有机结合。例如,在语言教育活动中,通过让儿童欣赏文学作品,引导幼儿从作品中体会美与丑、善与恶,提高儿童的是非判断能力;在健康教育活动中,培养儿童勇敢、坚持、不怕困难等良好的个性品质;在艺术教育活动中,培养儿童的审美意识和积极向上的健康情绪。社会教育是综合性很强的教育,教师必须认识到渗透性是学前儿童社会教育的首要原则,只有处理好了渗透在各个活动中的社会教育和专门的社会教育活动之间的关系,才能真正有效地促进儿童良好的社会性和个性的发展。

第二章 幼儿社会教育的方法与途径研究

教育的艺术不在传授,而是鼓舞和唤醒,是一棵树摇动一棵树,一朵云推动另一朵云,一个灵魂唤醒另一个灵魂。

任何教育活动都有几个基本要素:教育活动主客体、教育目标、教育内容、教育方法。幼儿社会教育是教育者和受教育者围绕共同的目标,通过一定的内容,在相应方法的指导下展开的。选择科学、合理、灵活且创造性地运用教育方法,才能使幼儿的社会教育顺利开展。幼儿的社会教育内容涉及广泛,既有认知的提升,又有情感的丰富,还有行为习惯的培养。又由于社会教育过程是受多种因素影响发展的过程,因此要想实现这些教育目标,就必须灵活地、创造性地运用教育方法和途径,并将这些方法和途径有机地结合起来。

第一节　幼儿社会教育的方法研究

一、谈话法

谈话法是指在幼儿社会教育中,师生相互提问、对话的一种方法。谈话的形式很多,可以是个别交谈,也可以是小组或集体交谈。运用谈话法应该注意以下几点。

第一,谈话的内容应是幼儿熟悉的。因为只有幼儿熟悉的内容,才能调动他们参与谈话的积极性,使幼儿想说话,要说话,同时也能使幼儿在谈话的过程中获取更多的社会知识,产生情感上的共鸣。例如,日本发生地震,电视等媒体频频报道,这是幼儿熟悉的信息内容,借此,教师可以与幼儿讨论关于日本的一些事,如对地震、核事故、核辐射等,丰富幼儿的知识面。

第二,教师所提出的问题应具体、明确,开放性强。谈话不是聊天,不能海阔天空地想怎么谈就怎么谈,教师必须提出明确具体的问题,使幼儿知道要思考什么,并在思考后参与交谈;问题要有发展空间,如培养幼儿合理使用零花钱的活动中提问幼儿"如果你有十块钱,你会怎么花?"就能给幼儿充分的想象空间。

第三,提出问题后应给幼儿足够的思考时间,甚至延时等待。幼儿由于社会经验不足和思维水平的制约,对谈话中的一些问题需要更多思考的时间,老师不应急于求成,要给予等待。对幼儿提问与表达要给予足够的关注,不论幼儿说什么,教师首先要耐心倾听。这样既能让谈话如愿地进行下去,而且也训练了幼儿交谈与倾听的习惯。

第四,寻找谈话的契机。教师应多观察幼儿,在恰当的时机,以恰当的语言引出谈话主题,进入谈话内容,通过谈话达到有针对性的教育和指向性的指导,解决教育中的问题,实现个别教育的目的。

案例:

一次,一位孩子在自由活动时说他最喜欢 xxx 小朋友。老师听到后与他交谈。

老师:你除了喜欢 xxx 外,还喜欢谁?

幼儿:嗯——让我想想,我想不起来,我就是很喜欢 xxx。

老师:xxx 是不是和你一样是男孩你才喜欢他呢?

幼儿:不是的,因为我和他一起玩积木,他不抢我的积木。

第二章　幼儿社会教育的方法与途径研究

老师：你们俩在一起怎么玩的？
幼儿：我搭飞机，他搭房子。我的积木不够了，拿他的，他就让给我了。
老师：我知道他让你，你很喜欢他。要是他搭房子积木不够，你怎么办？
幼儿：嗯——我也给他。
老师：我真高兴你们成为一对好朋友。①

第五，谈话应步步深入，且顾及幼儿的年龄水平。谈话应由易到难，在小、中大三个年龄班，谈话要有不同水平和层次，如：在"我的一家人"的教学活动中，小班的谈话要直观浅显，"你的家里都有谁？他们都长什么样？"中班的谈话教师应引导幼儿发散思维，并能用多种词汇方式来表达，"他们都做什么工作？在家经常做什么事？"大班的谈话教师要引导幼儿多归纳、多推理、多想办法，"爸爸妈妈辛苦吗？我们该怎么做让他们高兴？"

第六，教师谈话的最后应进行适当总结。谈话法大多是单调的一问一答，获得的信息较为零散。因此，教师要对谈话的内容进行总结或引导幼儿自己总结，以帮助幼儿抓住主要的几个观点，形成清晰的概念。

二、讲解法

讲解法是指教师用口头语言对一些简单的知识、道理及规则进行系统和生动的解释，使幼儿了解"是什么，为什么，怎么样"之类问题的一种方法。讲解法一般在幼儿面对某些不便感知或无法直接感知的内容时经常使用，如民间节日的由来，少数民族的风俗习惯等，就需要教师的讲解介绍。运用讲解法应该注意以下几点。

第一，要直观性地讲解。教师在幼儿的社会教育中，要在语言表达和内容组织上下功夫。语言要直观，使抽象的内容具体化，以利于幼儿理解和接受。同时讲解要明白易懂，生动有趣。例如，采用游戏儿歌的口吻讲解穿衣方法，"捉领子"（先把衣服的里面朝外，抓住领子），"盖房子"（再把衣服翻过来顶在头上，就像盖房子一样），"小老鼠，出洞子"（然后，把两只手伸进袖洞里，两只小手就像两只小老鼠，袖洞就像两个老鼠洞），"吱扭吱扭上房子"（最后，把衣服的下摆对齐，从下往上扣上纽扣，就像两只小老鼠吱扭吱扭地爬到房子上一样），儿童便会认真按要求去做。②

第二，要多样性地讲解。讲解主要是依靠口头语言，教师的讲解要清晰、

---

① 但菲. 幼儿社会性发展与教育活动设计 [M]. 北京：高等教育教育出版社，2012.
② 卢新予，张岩莉，杨雪萍等. 幼儿社会教育 [M]. 上海：复旦大学出版社，2012.

简练,让幼儿听得清楚的同时,适当穿插提问、谈话等,使幼儿适当参与,吸引其注意力。如大班社会活动"十二生肖"让幼儿理解轮回,就可以借助钟表来讲解。

第三,讲解的针对性。针对那些幼儿不知道的、无法实践与体验的、难以理解的内容。比如故事的讲述。

三、讨论法

讨论法是指幼儿在教师的指导下就某种社会性问题、现象互相启发、交换看法以获取知识的一种教育方法。讨论法能给幼儿更大的空间和自主性,幼儿有更多的机会表达自己的意见,不必考虑自己意见的对错,在谈话中使自己的认识得以深化、情感能够自然流露出来;而且还可以从同伴中听到各种不同的意见,培养幼儿分析问题和解决问题的能力和口头表达能力。使用讨论法时应该注意以下四点。

第一,讨论的主题是幼儿熟悉的。因为只有熟悉的内容,幼儿才能有不同的看法,才有讨论的兴趣。但要注意,内容熟悉的同时不能忘了其价值性和教育性。

第二,讨论适合年龄稍大的幼儿。由于理解能力所限,年龄较大的幼儿才能使讨论交流的问题顺利进行下去。

第三,教师要创设自由宽松的讨论环境,引导幼儿讨论。既然是讨论,就要让幼儿自由地发言,然后引导幼儿分析、比较几种看法,从而得出正确的认识。

第四,讨论结束时应引导幼儿总结。结束时的讨论小结,可以起到强化讨论的主题、纠正一些错误认识和鼓励幼儿的讨论热情的作用,有利于以后的讨论。

四、演示法

演示法是指在幼儿社会教育中,教师有计划有目的地向儿童出示实物、图片,直观教具、录像等,帮助幼儿认识、领会、体验和表现相应知识、情感和行为的教育方法。演示法充分调动了幼儿的视觉、听觉、触觉,具有形象性、真实性和直观性,符合幼儿思维形象性的特点,使一些抽象的规则变得容易理解。演示法在使用时注意以下几点。

第一,演示的目的要明确,不能为演示而演示,也不能单纯为引起幼儿兴趣而演示,要有目的有针对性地运用演示法。

第二,演示要与其他教育方法协调使用,演示法的效果无论怎样好,大多与讲解法、谈话法等结合起来运用,使幼儿的感知与理解结合,而不只是停留在感知观察上。

五、参观法

参观法是幼儿在社会教育过程中,教师根据一定的教育目标和要求组织幼儿到园外的一些场所,让幼儿在对实际事物或现象的观察、思考中获得新的社会知识和社会规范的教育方法。运用参观法应注意以下几点。

第一,参观前准备工作。教师要选择和确定参观的具体目的、对象、时间、地点,制订出参观的计划,作好物质方面准备,如水、纸等。参观前,教师要通过简单的谈话让幼儿获取相关的必要知识,教师应让幼儿做好心理上的准备,同时激发儿童参加活动的兴趣。

第二,参观中指导工作。参观过程中,教师或工作人员要因势利导地进行讲解,引导幼儿要注意观察,启发儿童主动联想过去的知识经验思考。

第三,参观后总结工作。总结可选用适当的方法。若不忙,教师可请工作人员现场总结,用联欢和实践的方式体验和结束;若考虑到工作人员忙,可自然结束,如参观邮局。

六、角色扮演法

角色扮演法是教师创设现实生活中的某种情景,让幼儿通过角色扮演,使幼儿表现出与该角色一致的社会行为,亲自体验他人的角色,以增进对他人社会角色及自身原有角色的理解,从而更好地履行自己角色的教育方法。通过角色扮演,幼儿可以更好地理解他人的感受和处境,有助于幼儿在模拟社会生活中去感知、去体验,产生利他行为。

角色扮演法是在幼儿园是常用的一种方法,可以在集体教学活动中使用,可以是集体的大型活动现场表演。其中在日常活动区角活动是最常见的一种,并且是与幼儿生活紧密联系的一种方法。扮演的类型主要有情景分析扮演、剧本扮演、角色互换的表演等。情景分析扮演:教师在讲《红灯停绿灯行》时,让幼儿扮演小汽车排成一队,绿灯亮就开始行走,红灯亮就停止。剧本扮演：扮演儿歌、故事里的不同角色,体验不同的情感。比如大型绘本剧表演：《老鼠娶新娘》,幼儿轮流扮演太阳、风、云、墙、老村长、阿郎等。角色互换表演：让同一个幼儿在一个表演中尝试扮演两个或者两个以上的角色,体验不同的情绪,如《大熊的拥抱节》可以让幼儿先扮演故事的主人公大熊,再互换扮演备受大熊欺负的小动物们,让幼儿体验欺负者和被欺负人的情感,体会没有朋友的悲伤。

运用角色扮演法时,应注意以下几点。

第一,创设的情境应是儿童理解和喜爱的,所扮演的角色必须为幼儿所认知和理解的,这样幼儿才能进行角色扮演。例如,扮演老师,体会老师工作的辛苦。

第二,角色扮演要有层次性和针对性。小班只能是简单模仿动作,中班要求角色清晰,有组织多个行为动作的能力,以角色的职能程序有序规则地交往。如医生,有挂号、诊室、注射等岗位,并提供相应的玩具材料。大班更要求真实性,游戏质量要求提高,可以引进社会信息和动态,如竞争上岗,注重游戏质量和表现形式的多样性。

第三,尊重幼儿的角色选择。角色扮演中要充分发挥幼儿的主动性、积极性和创造性,教师应鼓励和指导幼儿变化角色和创造角色。

第四,情节要简单,对话、动作要多,适于表演。幼儿的角色扮演不是演话剧,目的在于让幼儿在体验与感知中了解社会规则,以丰富社会认知与情感,培养良好行为。

第五,扮演的内容应是亲社会行为,或能反映反社会行为带来的危害。应让幼儿扮演正面角色为主,在反面角色的扮演中切忌让几个幼儿经常扮演反面角色,避免同伴对其扮演现实化,同时也避免经常扮演反面角色的幼儿反社会行为习惯化。

七、强化评价法

强化评价法是指教师对幼儿社会性行为进行肯定或否定的评价,以增强其好的行为,消除其不好的行为的一种社会教育方法。这里主要指语言上的强化评价。幼儿在社会生活中,由于受各种因素的影响,可能会形成一些良好的或消极的行为。需要运用正确的评价不断对幼儿的行为进行调整。对于幼儿的积极行为,需要我们给予激励,促进他们良好社会性的形成和发展;对于不良行为,需要我们及时抑制,防止不良社会性的产生和蔓延。教师运用强化法时,应注意以下四点。

第一,要以正强化为主。由于幼儿的自我评价易受成人评价的影响,老师的评价很容易影响到幼儿的自信心和自尊心,所以评价时要以表扬奖励为主。

第二,强化要恰如其分,不同幼儿,不同场合要选用不同的评价方式。所以教师在运用表扬时要把握好表扬的分寸,以避免他们产生骄傲自满的情绪。

第三,强化具体。教师在评价时要具体,避免空泛,如:"羊羊真棒!"就不如"羊羊好勇敢哦,摔倒了能自己站起来!"后一种更能明确具体地告诉孩子你表扬倡导的是在实际幼儿社会教育中,片面孤立地采用讲解法、谈话法、讨论法或强化评价法中的任何一种方法都不能达到很好的教育效果。

第四,教师应切记不要唱"独角戏",让活动成为道德说教课。教师应让幼儿唱主角,鼓励幼儿就自己感兴趣的话题大胆地发表自己的想法,教师当配角,在旁边倾听幼儿的谈话,适当的时候向幼儿提出一些问题,在潜移默化中将一些有关的社会知识、技能和情感传递给幼儿。

八、陶冶熏染法

陶冶熏染法就是利用环境、周围人的言行举止对幼儿进行积极感染,在潜移默化中影响幼儿的社会态度和社会行为的教育方法。幼儿学习的特点带有随意性和无意性,陶冶熏染法在无形中影响幼儿,是幼儿容易接受的教育方式。陶冶熏染法的途径可以通过环境陶冶,也可以通过榜样熏陶。环境熏陶就是通过环境对幼儿进行社会化的影响,如优美的自然环境、良好的社会环境或教育者创设的教育情境。如果幼儿园的小朋友大都团结友爱和睦相处,那么个别幼儿的不和谐也会在这样的环境熏陶下慢慢消失。陶冶熏染法在使用时应注意以下几点。

第一,应充分挖掘和利用环境条件,生活资源,为幼儿创设良好的、温馨和谐的、相互关爱的环境和氛围。

第二,让环境说话,让行动说话,避免过多的言语说教,以发挥陶冶熏染的潜移默化的特点。

第三,教师要注意熏陶的循序渐进性,由浅入深,让幼儿一步步地提升。如"消防员真勇敢"活动中,先通过让幼儿看录像等感受消防员叔叔在火灾中勇敢救人的场景,然后让幼儿通过模仿消防员灭火的动作,感受消防员的勇敢、辛苦,从而激发幼儿尊敬消防员的情感。

九、行为练习法

行为练习法是指教师在幼儿社会教育过程中组织儿童按正确的社会行为规范进行实际锻炼,以形成儿童良好的社会行为习惯的方法。行为练习的机会很多,幼儿的日常生活就是很好的途径。行为练习法有以下三种方式。

第一,在实践活动中练习。如在角色游戏中练习礼貌用语,在擦桌子的过程中练习擦桌子的技能。

第二,在自然的交往环境中练习。如在每天的来园和离园活动中练习礼貌行为,在和小朋友交往的过程中练习分享、请求、商量等交往技能。

第三,在特意创设的情境中练习。如教师创设小兔妈妈生病的情境,让小朋友扮演小兔练习照顾妈妈的行为。

在运用行为练习法时应注意以下四点。

第一,要有严密的组织工作,让幼儿明确行为练习的目的和要求,并予以指导。

第二,要充分尊重幼儿,发挥幼儿的主动性和积极性,让幼儿达到练习的目的和效果。

第三,行为练习要循序渐进,练习的内容应为幼儿所接受。

第四,行为练习要前后一致,做到持之以恒,应坚持通过幼儿的一日生活进行反复练习,使幼儿形成各种习惯。

十、行为评价法

行为评价法是指教师对幼儿的社会行为表现给予肯定或否定的评价,以增强和巩固其好的行为,消除其不好的行为的方法。行为评价法的运用需要注意以下几点。[1]

第一,强化手段不能运用得过于频繁。过于频繁的外部评价可能剥夺儿童练习做出决定或对行为选择做出自我评价的机会,影响儿童做决定的经验和信心,不利于儿童内部自律的形成。

第二,评价要具体,避免空泛,以帮助儿童学会自我评价和自我赏识。

第三,评价方式要多样化,要根据不同的场合、幼儿的不同个性选用不同的评价方法。这里尤其要注意,奖励与惩罚对于不同的儿童来说可能需

---

[1] 甘剑梅. 幼儿社会教育 [M]. 北京:中央广播电视大学出版社,2007.

第二章　幼儿社会教育的方法与途径研究

要不同的表达方式。如一个孩子仅希望得到关注的话,那么即使打屁股也是一种奖励。这需要教师观察孩子,去发现什么行为对孩子有奖励作用,从而避免你无意中奖励了你想要阻止的行为。

第四,引导幼儿进行自我评价和相互评价。幼儿也是评价的主体之一,因此还要注意幼儿在评价中的主体性地位,鼓励幼儿积极参与自评和互评,并注意根据幼儿的年龄特点采取操作简单、形式有趣的评价方式,引领幼儿享受参与评价的乐趣,激起幼儿参与评价的兴趣,从而使幼儿在成为被评价者的同时也成为评价者。

十一、移情训练法

移情训练法是指教师或家长通过儿童的现实生活事件或通过讲故事、情境表演等方式,让幼儿设身处地地站在别人的位置去体验他人的情感、理解他人的需要及活动的教育方法。移情训练方法很多,教师可以通过讲故事,如给幼儿讲"李爷爷和李奶奶"的故事,让幼儿分析老人在不同情况下的心情,然后进行情感换位,"假如你是一位老人,在生活中有哪些不便和困难?你希望别人为你做些什么?如果有人时常关心你,你心里什么感觉,如果别人对你不好,你的心情又怎样?"让幼儿在分析故事的过程中去理解和体验故事主人公的情感和心态。又如情境演示,教师把社会生活中的某些场景状态展现给幼儿,如"妈妈生病了"等内容让幼儿尝试表演出来,通过这些情境演示让幼儿从别人的角度去体验他人的情绪、情感。教师还可以通过生活情绪体验对发生在幼儿身边的事进行移情训练,如当一个幼儿家庭贫困时,教师引导其他幼儿同情帮助这名幼儿,并对他人苦恼的情境进行有感情的说明,帮助孩子理解他人的烦恼。运用移情训练法应注意以下几点。[1]

第一,创设的情境应该是贴近幼儿的社会生活,符合孩子们的年龄特点和认知水平,这样幼儿才能产生移情。因此,要利用幼儿身边的熟悉的生活情境。

第二,移情训练法要充分调动儿童已有的经验和体验,通过儿童角色互换来学习换位思考问题,设身处地地体验他人的情绪情感,尝试理解他人的所思所想,以唤起儿童对情境、情节、角色等的理解与共鸣。

---

[1] 张家琼,李丹,汪娟,蒋宗珍.0～3岁婴幼儿家庭教育与指导[M].北京:科学出版社,2015.

第三,在移情训练中,要逐渐扩大幼儿移情的对象,以训练他们对各种不同人物的移情。可以从人到物,从有生命到无生命,由近到远,由一般到特殊的渐进。

第四,使幼儿在移情训练中形成良好的行为习惯。移情训练的目的不能只停留在情感同情和共鸣上,要注意训练幼儿的移情表现,对他们进行良好的行为教育,形成良好的行为习惯。

第五,在移情训练中,移情的对象要由人到物、由有生命的到无生命的、由近到远、由熟悉到陌生、由一般到特殊,不断扩大移情的范围。

第六,在移情训练中,教育者要与幼儿一起投入,教育者的情绪具有很强的感染力,能极大地影响幼儿的移情效果。

需要注意的是,幼儿社会教育的方法多种多样,在具体的教育实践中教育者需要根据具体的目标、内容与对象来选择恰当的方法。每一种方法都各有其适用的范围,每一种方法的好坏也全看是否能被恰当地运用于恰当的活动之中,这也是我们常说的:"教学有法,但教无定法。"方法运用的智慧需要建立在教育者对儿童、对教育原理深入把握的基础之上。

第二节 幼儿社会教育的途径研究

《幼儿园教育指导纲要(试行)》中明确指出:社会领域的教育具有潜移默化的特点。幼儿社会态度和社会情感的培养尤应渗透在多种活动和一日生活的各个环节之中,要创设一个能使幼儿感受到接纳、关爱和支持的良好环境,避免单一呆板的言语说教。

儿童社会性发展是一个长期综合的过程,社会的飞速发展,儿童面临的社会生活空间日益扩大,从一个自然人向一个社会人转变,会受到多方面、多种因素的影响,社会、学校、家庭教育指导方法相对滞后,尤其是部分家长对幼儿过分宠爱,使得幼儿常常以自我为中心,缺乏交往引导,应付社会生活的总体能力相对迟滞。幼儿时期是个人生活经验开始积累和初步运用的重要时期,儿童参与社会、参与社会交往以及社会适应能力对儿童非常重要。对幼儿进行社会性教育,会受到来自各方面因素的影响,教育的过程是多种因素共同作用产生合力的过程。幼儿社会教育的途径主要在幼儿园、家庭、社会三个环境中开展。

第二章　幼儿社会教育的方法与途径研究

一、幼儿园活动

幼儿园的教育活动是指教师依据教育目的和幼儿园教育纲要,根据各年龄段幼儿社会性发展的特点,有目的、有计划地对幼儿进行社会教育的活动。作为教育机构,幼儿园教育是有的目的性、计划性和针对性,这是其他教育途径所不能比的。幼儿园的社会教育活动内容丰富、形式多样,具有多途径的特点,主要有以下几种形式。

(一)集体教育活动

集体教育活动,是以课堂形式开展的集中教育活动,幼儿教师按照既定的教育目标和内容,有计划、有组织、有目的地引导幼儿获得社会学习经验的一种教育途径,也叫社会教育活动。集体教育活动是幼儿获得社会知识、社会技能和发展、社会情感的重要途径,是实施幼儿园社会教育要求的主要手段。集体教学活动主要有以下几个特点。

(1)活动目标是明确的。每一节社会性教育活动都有明确的目标来指导活动的开展。活动成功的标准在于目标是否实现。系统传授知识的同时,让幼儿在与教师、同伴、环境的相互作用中进行体验和感受,以期获得一定的社会知识、发展能力和社会情感。集体教育活动需要明确的活动目标,用以指导活动开展的过程,该目标能否实现是活动成功与否的重要标志。如,小班社会活动《上幼儿园》中对目标是界定之一是:为自己坚持高兴上幼儿园而自豪。该目标表述以表现性为主,教师可以通过观察、记录来验证效果。

(2)活动内容要符合幼儿年龄段特点。从幼儿的年龄特点及社会性培养目标出发,把相互依托的多个活动实施到综合实践中。如在小班开展"我爱……"系列主题活动,通过幼儿园是我家、哥哥姐姐喜欢我、老师像妈妈等系列活动,帮助小班幼儿尽快适应幼儿园生活,喜欢上幼儿园;在中班开展"我会听,我想说"系列主题活动,让幼儿学会认真倾听,积极表达自己的情感,增强幼儿的自信心,提升交往能力。在大班开展"我的好朋友"系列主题活动,通过为好朋友做名片、同演童话剧、到好朋友家玩、相约周末等活动让幼儿感受友谊的重要性,学习与好朋友交往的原则和方法,为入小学后很快结识新同学,缓解入学不适做基础。这样的集体教活动对幼儿的发展是具有意义的。

(3)设计构思要有意义,与目标的定位和结构的安排要紧密。社会性活动怎么开展怎么组织,教师根据幼儿的年龄特点以及已有知识经验提前预设和准备，从而能有条不紊地开展。有意义的集体教学活动其目标必须是清晰的具有可操作性，并且是可实现的。同时，有意义的教学活动，其目标必须符合幼儿的认知水平，是幼儿能接受的，且能概括、提升或拓展幼儿的原有经验。

（4）从组织实施来看必须尊重幼儿的学习方式，关注师幼互动的质量，不断优化教与学的过程。一方面追随幼儿的需要，优质的师幼互动是双向的，其中教师是否善于观察并满足幼儿有价值的需要，积极推动幼儿的发展很重要。另一方面关注活动的细节。细节决定成败，关注细节就是关注幼儿的发展，教师对集体教学活动中一些细节的处理是否得当，往往直接影响一个集体教学活动。如小班集体教学活动"春天真热闹"，为满足幼儿的表演愿望，教师让幼儿选择自己喜欢的小动物头饰后，首先看看是什么小动物，戴在头上，告诉小伙伴自己扮演的动物角色，教师的这一举动虽然细小，却让幼儿明确了自己的角色，为后面的有序表演作好了充分的准备。

（二）游戏活动

《纲要》中指出对幼儿的教育要"寓教育于生活、游戏之中"，游戏是幼儿认识社会、学习社会规则、提升人际交往的主要载体，是促进儿童社会化的重要途径。游戏本身就是一种社会性活动。

游戏与集体教学活动中的游戏不同，教学中的游戏被赋予了教学目的，游戏是一种符合幼儿身心发展要求的快乐而自主的活动。与教学活动相比，游戏中幼儿身心发展有更充分更自由。游戏中幼儿充分发挥了积极性、主动性和创造性，使幼儿的语言、动作、个性等身心得到发展。通过游戏，满足儿童参与成人生活的愿望，对于偶尔的社会认知、人际交往、社会行为等都有其他教育形式不可替代的作用。游戏可以独立作为社会教育的活动形式，更可以和其他教育形式相结合使用，达到最优效果。

游戏不仅能促进幼儿交往能力的发展，同时能促进其良好品质的形成。游戏可以为幼儿提供与同龄伙伴平等和自由交流的机会，让幼儿在更大的环境内体验崭新的人际关系，从而促进幼儿社会适应能力、形成积极友爱互助的处事态度。另一方面，游戏对幼儿心理的健康成长有重要的影响作用。游戏本身就是他们认识社会、参与社会生活的一种独特方式。对儿童社会性发展影响较大的游戏有角色游戏、表演游戏等。在游戏活动中，幼儿与同伴共读内容、分配角色、处理纠纷、克服困难以保证游戏的顺利进行。这就推动幼儿不断地认识自我、协调自己和他人的关系，提升社会交往的能力。

幼儿教师要重视游戏在幼儿社会性发展中重要的教育功能，让游戏真

第二章　幼儿社会教育的方法与途径研究

正成为儿童社会教育的主要途径。比如为幼儿设计相应的游戏活动、创设游戏情境,如"如何招待客人""如何介绍自己""如何分享自己的玩具"等,通过游戏的方式来明确处理问题的方法,建立友好关系。相信儿童、尊重儿童,发挥幼儿的主动性,让幼儿从选择游戏内容、分配角色、再到处理游戏中争执矛盾的问题,并从时间和机会上多为儿童提供方便。教师还可根据需要,适当地参与到儿童游戏中,给予灵活的指导。通过游戏,不仅可以满足儿童参加成人生活的愿望,而且可以获得幼儿身心发展要求的快乐,发挥幼儿积极性、主动性和创造性,使幼儿语言、动作、个性等得到发展。最重要的是,可以使幼儿在游戏中体验成功与失败,思考行为和结果的关系,使自身认知和行为得到改进和提升。

幼儿的游戏形式多样,分类的方法也各有不同,从幼儿社会性行为的发展来看,可将幼儿游戏分成独自游戏、平行游戏、联合游戏和合作游戏;从幼儿认知能力的发展来看,可将幼儿游戏分为练习性游戏、象征性游戏和建构游戏;从幼儿游戏的教育特征和作用来看,幼儿游戏可以分成创造性游戏和规则游戏[①]。

创造性游戏主要有角色游戏、结构性游戏和表演游戏等。角色游戏是指幼儿通过扮演角色,用模仿和想象创造性地反映周围世界。角色游戏则要求儿童相互配合协调,在扮演角色的过程中陶冶情操。角色游戏对幼儿产生的教育功效是多方面强大的,通过幼儿随心所欲扮演成人,模仿他们所崇拜的人物,幼儿有了学习社会角色、掌握社会行为规范的实践机会,通过开展医院、超市、理发店、图书馆等游戏,将接触到的经验在游戏中加以实践,并进一步感受、体验、理解、调整,在角色游戏中,幼儿自觉接受规则的约束,理解规则的公正与互惠,学会用规则裁判行为,用规则协调关系,帮助幼儿摆脱自我中心,促进其社会性的发展,从而加深对社会的理解,提高社会行为能力。角色游戏是包含其他幼儿的戏剧性玩耍。在角色游戏中,幼儿在组织确定角色(如:"我是机长,你是驾驶员")、协商(如"行吧!我明天当老师")、假设场景(如"生病了,到医院看医生")等,充分发挥了想象力。角色游戏中为幼儿提供了练习人际关系互动、语言技能以及了解社会规则的场景和机会。结构性游戏则要求幼儿认真细致、克服困难、团结协作,如利用沙子、积木石材等材料建造各种建筑物,以达到发展儿童设计和创造才能,培养动手的技能技巧。表演游戏是儿童之间互相配合,在演绎的过程中陶冶情操。

规则游戏是成人根据教育目标为发展儿童的各种能力而编制的游戏,

[①] 刘焱.儿童游戏通论[M].北京:北京师范大学出版社,2004.

包括游戏的目的、玩法、规则和结果四个部分,其中游戏的规则是游戏的核心,没有游戏的规则或幼儿在游戏中不遵守规则,游戏就无法进行。此类游戏包括智力游戏、活动性游戏和音乐游戏三种形式。利用这类游戏,可以有计划、有目的地增长幼儿的知识,发展儿童的语言能力,提高幼儿的观察、记忆、注意和独立思考能力,培养幼儿优良的个性品质。智力游戏要求幼儿善于自控、遵守规则、诚实操作等。体育游戏在培养幼儿勇敢、坚毅、合作、关心集体等个性品质方面具有独特作用[①]。

游戏是幼儿了解社会与社会实践的主要手段,教师要多利用游戏手段促进幼儿社会化进程。

(三)区域活动

区域活动是幼儿园社会教育的主要途径之一,它是集体教育教育活动的补充。教师在一定时间内设置各种区域,让幼儿根据自己的兴趣和需要选择内容和方式的活动。区域活动主要以小组活动的形式自发选择,自主活动,区域活动区给幼儿提供自由交往和表现的最大机会,增长了幼儿知识,使幼儿之间了解增进。如搭建区、语言区、超市及"娃娃家"等活动区,都可以对儿童的社会性发展起到良好的促进作用。儿童在不同的区域里自由地说笑、操作、表演、阅读等,乐趣无穷。

通过活动区对幼儿进行社会教育,主要是通过活动材料的投放来实现教育的功能的,让幼儿在与活动材料、环境、同伴的互动中实现发展的目标,通过幼儿自由分组,合作、分工,共同完成活动任务,培养了幼儿勇敢、热情、团结合作等良好的社会性品质。

活动区域可以是活动室、睡眠室走廊、楼梯内角落甚至是户外的活动场地等,"以大自然,大社会为活教材,生活即教育"(陈鹤琴语)根据幼儿园具体情况和幼儿的实际需要创设丰富多彩的活动区,提供开放、自由探索、交往的环境。如开辟幼儿的户外活动区域,如攀爬墙、玩沙区、平衡区、钻爬区等锻炼幼儿大肌肉动作和肢体协调的区域。还可以利用各班的活动空间,开辟各种有利于幼儿发展的小活动区域。如小的空间为幼儿个别活动设立,大的空间为幼儿小组活动设立,空间的材料要注重教育的暗示性。空间的布置要尽可能地考虑玩具、材料的合作性,尽量让师生共创,通过共创也能达到社会化教育的目的。在区域活动中,勾起幼儿的好奇心,他们的求知欲得到了满足,交往能力得以提升,逐渐懂得了谦让友爱,团结合作。

[①] 但菲. 幼儿社会性发展发展与教育活动设计[M]. 北京:高等教育出版社,2008.

第二章　幼儿社会教育的方法与途径研究

开展区域活动的过程中,要重视区域活动的指导,通过规则的建立和实施来推进幼儿社会性情感和社会行为的发展。规则提示很重要,区域活动中的规则提示不仅保障了活动的进程,保障了幼儿在活动中的权利,还督促幼儿应该履行的义务,制约不符合社会活动要求的一些行为。比如,关于人数提示,由于材料及场地的限制,为了限制人数,保证大家玩得尽兴,可采用"进区插卡""挂牌"或者"按脚印图案"入区等有趣的方式,让幼儿明白该活动区中的人数限制提示,学会约束自己。关于时间提示,在一日活动中,区域活动只是其中的一个环节,有开始也有结束,要适可而止,为了让幼儿知道活动时间该结束到了,可以用音乐提示及看钟表的方法,在小班和中班播放音乐提醒幼儿活动即将结束,大班幼儿因为已经有了时间观念,可以提前告诉他们活动结束的时间,让幼儿通过独立看时间来结束自己的活动。再比如等待提示,幼儿整理收拾材料的速度有快有慢,以往以枯燥等待的形式压抑幼儿的天性与幼儿社会性发展是矛盾的。教师可结合具体情况,为提前完成任务的幼儿提供一些安静的活动,如到图书角看书、到美术角画画等。在这个过程中,幼儿可学会等待,学会体谅别人,逐渐改变以自我为中心,向亲社会行为迈进一大步。在这些规则的要求下,能使幼儿更好地学会控制自己的行为,逐步提高独立性和自我调控能力。同时,使用规则要顾及实用与实效,避免约束太多,制定规则的目的是为幼儿的活动提供方便,而不是为控制幼儿。

(四)日常生活中的社会教育活动

幼儿园的教育是教育保育结合的教育,在保育中教育孩子,社会教育活动可以渗透在儿童的日常生活之中,从班级的实际出发,明确日常常规内容,做到晓之以理,动之以情,持之以恒。常规制定了就要照着去做,这样有助于幼儿逐步形成良好的生活卫生习惯和培养独立生活的能力。"教育即生活"把社会技能渗透于一日生活当中,以一日活动的各个生活环节为课程,把各环节之间的转换过程作为培养规则目标的重要内容来抓,把洗手、午睡、吃点心、整理自己的物品等都作为教育内容。如来(离)园、进餐喝水、盥洗如厕、值日做操等活动,都可以渗透社会教育,这样能起到潜移默化的作用。每一个生活环节都有向幼儿进行社会教育的内容,教师要抓住这些机会,把社会性教育渗透在日常生活中,使社会性教育处于自然渗透的状态。

幼儿来(离)园问候,利用"礼仪小朋友"等活动渗透礼貌教育,向老师问好,跟叔叔阿姨爷爷奶奶问好,和爸爸妈妈再见等培养幼儿讲礼貌的习惯。晨间劳动,利用"小小值日生"等活动让幼儿拿抹布把自己的小椅子擦一擦,值日生把窗台擦一遍,给花浇水,给同伴传递碗盘子,抹桌子等。培养幼儿爱劳动的习惯及做事认真负责、公正待人、乐于为他人服务等品质。洗手的活动,引导幼儿不玩水,养成节约用水、排队等意识。进餐喝水的活动,引导幼儿尊重别人的劳动,爱惜粮食,养成不挑食、不暴饮暴食、文明进餐等良好习惯。如厕的活动,培养幼儿讲卫生的习惯,知道饭前便后要洗手,生活自理能力、文明如厕等习惯。午睡活动,教幼儿穿脱衣服的正确方法和顺序,引导幼儿以正确的睡姿睡觉、不打扰他人等。上下楼梯,教幼儿上下楼梯不拥挤不打闹,排队上下楼梯,靠右边行走,给对向的人留下空间等。饭后散步时,可以引导幼儿关注周围的环境……教育就是要帮助幼儿在琐碎的生活中学会哪些是应该做的,哪些是要被禁止的,学会尊重他人和自己。教师的职责是让幼儿牢记生活中处处有教育,有一点一滴的要求与教化,培养了幼儿作为一个社会人所具备的良好的品质。要想在幼儿园的随机教育活动中取得较好的效果,就要求老师要具备一定的能力,具体包括以下几方面。

第一,把握随机教育契机的能力。幼儿一天生活中发生的事情太多,有的可以忽略,有的则可以成为教育契机,教师应能透过现象看本质,做到见微知著。

第二,分析问题的能力。教师应考虑利用这个机会我可以教什么,幼儿可以从这个事件中学到什么,要着眼儿童的长远的发展利益。

第三,处理问题的能力。教师需要具备情理相容的说服能力,灵活快捷的应变能力以及伶俐干练的引导能力。

(五)幼儿园教育环境创设中的社会教育活动

在幼儿园除以上途径以外,还应注意创设良好的教育环境以及利用社区教育资源来辅助进行社会教育,这也是幼儿园社会教育活动的组成部分。从一定意义上说,儿童的社会教育就是一种环境教育。通过创设教育环境来教育幼儿。环境的创设主要有物质环境和精神环境。

幼儿园物质环境的创设力求设计的合理、美观、使用,陶冶幼儿的性情,培养幼儿的品格,园舍的建筑风格要活泼、协调,色彩清新、雅致,空间适当。幼儿园设计应既不拥挤,又不让人感到空旷,有利于儿童的活动。既要有集体活动的空间,又要有儿童自由活动的空间。为了配合某些主题教育活动,还可以设置特殊的环境。例如,为了进行"爱家乡,爱祖国"的教育,可以在活动室布置"可爱的家乡,可爱的祖国"展览,让儿童在收集材料、布置展览的过程中,认识家乡、认识伟大的祖国,从而激发儿童爱家乡、爱祖国的情感。鼓励幼儿参与环境创设也是主要教育手段。通过参与,儿童的主体意识、责任感、幼儿之间的信任感和合作精神等都得到了提升。幼儿可以从中认识到自己的力量,体验成功的喜悦,提高自尊心和自信心,还可以感受到集体的力量,认识到大家要商量、要分工、要互相帮助和配合等。因此,儿童参与环境创设的过程也是学习、表现、交流、创造的过程,这本身就是一种社会教育。

精神环境主要是指幼儿园的人际关系以及由此带来的心理气氛等,教师与幼儿之间、幼儿与幼儿之间、教师与教师之间的相互关系给儿童的影响。比如对幼儿恰当的社会行为表示支持、尊重和接受,并做出积极的反应;对于幼儿不恰当的行为要及时制止,用引导和鼓励的方法,不宜使用过于严厉的手段,更不能体罚,以免给幼儿产生心理压力。良好的班级氛围,可以引导幼儿的人际交往,使幼儿之间的关系更融洽、友好,从而产生归属感、安全感。在充满友谊和温馨的班级气氛中,幼儿的良好社会行为才能形成。教师为幼儿创设积极交往的气氛,同时增加幼儿交往的机会。其次,引导幼儿学会互相关心、互相帮助。幼儿在生活中或学习中出现了困难,引导儿童之间互相帮助解决。教师是幼儿的榜样,教师之间互相关心、合作,可以使幼儿产生安全感和归属感,同时也给他们提供了耳濡目染的学习机会。

(六)其他领域中的随机教育

领域活动是幼儿园教育的基本模式之一,有其独立完整性,把它与主题活动相互配合,把社会性教育目标有机地融入各个领域活动之中,可起到互为弥补、相互促进的作用。在节日活动中渗透社会教育也是非常有效的途径。例如,妇女节进行爱妈妈教育、劳动节进行爱劳动教育、国庆节进行爱国主义教育、端午节进行传统文化的教育、中秋节注重培养爱与团圆的教育、重阳节进行敬老尊老孝的教育等。幼儿园其他领域的教育活动中同样蕴含着丰富的社会教育契机,教师应注意利用。

科学领域的教育活动中,可以培养幼儿对科学积极认知的态度,对科学积极探究的精神,在操作性的活动中还可以培养幼儿不怕困难、团结合作的精神。例如关于"粮食"的主题,可以把粮食的用途、对人类的重要意义以及节约粮食等社会性的教育贯穿进去。科学探索活动"物体的沉与浮"中,让幼儿以分组的形式,合作试验物体放入水中的状态,记录结果,学习商量与协作的社会技能,在交流记录结果中体验分享。

语言领域中,很多文学作品和活动形式都包含了社会教育的内容。语言活动中,可为幼儿积极创设能说、会说、敢于说的环境与机会,促进幼儿积极、大胆、勇于展示自我、充满自信的社会品质的发展。在故事表演《老鼠娶新娘》可以教育幼儿更好地认识自己;绘本《生气的亚瑟》可以教育幼儿控制自己的情绪;经典故事《小猫钓鱼》可以教育幼儿做事情不能三心二意,应该专心;《猜猜我有多爱你》引导幼儿尝试表达自己的情感等等。

艺术领域中,可以利用各种文艺作品和音乐欣赏、表演等艺术活动让儿童体验、表达社会情感,与同伴交流沟通。例如,通过唱歌表演《泼水歌》,教育幼儿和小朋友友好相处;通过舞蹈《摘果子》教育幼儿热爱劳动等。在美工活动中,可培养幼儿耐心、细致的工作态度,体验成功与创造的喜悦。

健康领域,可以通过各种活动培养儿童勇敢、坚强、乐观的精神和互相配合的能力。例如,在各类竞赛性的游戏中,可以教育幼儿团结一致和胜不骄、败不馁的精神;在抛接球、跳绳、玩皮球等游戏活动中,教育儿童要互相协助、互相体谅;幼儿不慎摔倒了,或者产生了畏惧情绪时,教师要鼓励幼儿坚强、勇敢。在体育活动中,更是渗透了大胆、合作、勇于挑战的能力训练,鼓励幼儿一次次地挑战自我、克服困难,养成不怕苦不怕累的良好品质。

在其他领域的活动中,社会教育的内容和过程常常被忽略,如果只注意实现某一领域的活动目标,而没有考虑到随机性的社会教育,无形中失去了很多教育机会。要提高社会教育意识,挖掘各领域活动中的社会教育因素,抓住各种教育契机,多管齐下,全面地进行社会教育。

二、家园合作中的社会教育

家庭是幼儿到这个世界上接触的第一个小社会,是幼儿的第一个社会化场所。《纲要》中指出:"家庭是幼儿园重要的合作伙伴。应本着尊重、平等、合作的原则,争取家长的理解、支持和主动参与,并积极支持、帮助家长提高教育能力。"家庭是幼儿园重要的合作伙伴,家长应该为幼儿园提供有关幼儿成长方面的信息,家长不同的知识和职业背景,不仅为幼儿园提供丰富的知识信息来源,育儿经验也可供幼儿园和其他家长参考。家长的积极参与,有助于幼儿与父母之间形成良好的亲子关系,使幼儿获得满足感、自豪感、安全感,形成健康活泼的人格。幼儿园和家庭都应自己当作促进儿童发展的主体,互相了解、配合和支持,通过幼儿园与家庭的双向互动,共同促进幼儿的身心发展。

第二章 幼儿社会教育的方法与途径研究

家园合作能促进幼儿良好社会品质的巩固和提高。家园一致不仅表现在二者在幼儿培养目标上的一致,而且表现在家庭全方位地支持幼儿园的教育工作,幼儿园尽全力帮助家长解决在教育子女过程中遇到的各种问题。这样,家庭和幼儿园才能在幼儿教育过程中密切合作,互相配合。教师应善于和家长沟通,及时了解情况,交流教育方面的经验,取得一致的意见,采取一致的措施,相互配合,这样幼儿良好的品质才能形成。通过家园互动等途径增进了解。教师的态度要真诚,对家长的工作要因人而异、方法灵活。家庭对孩子产生影响的途径多种多样,像电视、网络等,能让幼更早地接触社会大环境。这其中有正面的也有负面的社会环境,学前儿童正处于人格发展的初期阶段,极易受到外界环境的影响。正面的社会环境可促使其形成高尚、正直、积极的心理品质,而负面的社会环境则可使儿童形成低俗、歪曲、消极的心理品质。

利用家庭资源,促进幼儿的社会性发展。例如,幼儿园开展的一系列的亲子活动,让家长更加关注幼儿社会性的发展。请家长来园当教师、做义工;让家长直接看到孩子在生活活动、学习活动、人际交往中的表现;邀请家长与本班幼儿一起外出活动,观察自己的孩子与人共处、与人交往的状况。另外,为了调动家长参与的积极性,还可以邀请家长一起去附近的社区或公共场所开展亲子活动,或邀请家长与幼儿一起参加幼儿园的"庆元旦""庆六一""绘本剧表演"等活动。通过这些活动的开展,让家长更加了解自己孩子的发展状况,为幼儿下一步的个别化教育打基础。例如,对内向胆小的幼儿,提醒家长扩大幼儿的交际面,培养其社交能力和社交自信心;对于任性的孩子,通过制定规则和让幼儿参加感兴趣的活动来帮助幼儿学会克制自己的情绪和行为;对于心理承受能力弱的幼儿,引导家长和幼儿将注意力从结果转移到过程上来,享受过程的愉悦,有利于心理健康,使幼儿社会性得到充分发展。另外,通过提供的平台,家长们之间还可通过参加幼儿园的亲子活动结成朋友,互相交流教育经验,借鉴同龄幼儿的经验,往往收到更好的效果。

幼儿的品质形成和习惯养成是在生活中逐渐培养和形成的,他们生活环境中的人和事是幼儿学习和发展提供了条件,潜移默化地影响着幼儿个性的形成。在生活中,幼儿能够体验生活的丰富、世界的神奇;形成探索精神,发展对学习的兴趣;体会自尊,形成自信。因而,我们应充分利用好生活中的教育资源,有效地促进幼儿生动、活泼地发展。

利用家长资源的关键在于让家长明确幼儿园教育的目的、内容与要求及促进幼儿社会性的发展,取得家长的支持与合作是很重要,幼儿园与家庭合作需要注意以下几个问题。

（一）要取得家长的信任

要做到这一点，幼儿园要把自己看成是与家长同样关心、爱护幼儿的教养者。当幼儿园和家长一样，把"为了孩子的将来"作为教育的出发点和归宿，设身处地为家长着想，为家长解决教养过程中的困难时，就能取得家长的信任。只有家长信任幼儿园，幼儿园所要采取的一些合作措施家长才会接受。

（二）要保持家长与幼儿园之间教育观念、教育态度上的一致

幼儿园要通过各种途径向家长宣传现代幼儿教育的理念，促使家长形成正确的儿童观，使幼儿园与家庭在教育理念上一致，努力为幼儿提供良好的榜样，创造民主、和谐的家庭氛围，采取民主的教养方式，促进幼儿社会性朝着良好的方向发展。

（三）要及时有效地与家长沟通

幼儿园可以采取多种方式与家长联系与沟通，现在借助网络的交流方式更为便捷、畅通，在家长工作压力大、交流时间少的情况下，可以大大提高交流的效率。不过这些方式也需要根据幼儿园的具体情况合理加以选择，只有最适合自己的才是最好的。此外，家园沟通的核心与要点是幼儿的成长，如果沟通不能实现这一目的，仅仅成为一种取悦家长的手段，那它就背离了合作的本意。

（四）要争取让家长参与幼儿园的决策

这是幼儿园与家长合作的实质性层面。在这样的背景下，家长将有权对幼儿园的硬件建设、课程设置、管理等各方面提出建议，双方共同讨论，达成一致意见。

三、社区中的社会教育活动

幼儿社会教育的另一条主要途径就是利用社区教育。《纲要》中指出："幼儿园应与家庭、社区密切合作，与小学相互衔接，综合利用各种教育资

第二章 幼儿社会教育的方法与途径研究

源,共同为幼儿的发展创造良好的条件。"社区教育主要指利用社区的各种物质和文化资源,通过多种形式与途径达到促进幼儿社会化发展的目的。社区教育是利用幼儿生活中的社会环境,实施多种类、多层次、多内容的一种社会教育活动。利用社区的地方特性,如特有的地理环境、经济文化、生活习惯以及风俗习惯等,对幼儿产生深刻的影响,从而促进幼儿社会性的发展。社区资源是幼儿园教育教学中的活教材。教育者要不失时机地利用社区教育资源,全面促进幼儿的社会性发展。

有效利用社区的"物质资源",如利用社区中的医院、商场超市、花园绿地、健身娱乐设施等。在这些公共场所,幼儿不仅可以拥有更大的活动空间并开展更丰富的活动内容,还很有可能在活动中注意和学习到如何与其他人进行交往及交往中应有的礼貌和态度。如:在公用健身器材处排队玩耍,树立规则意识;重阳节带幼儿去社区敬老院表演节目,老幼同乐,激发幼儿爱老敬老的情感;参观社区的消防队,看消防演练,在消防叔叔的指导下进行消防演习;去社区文化广场放飞风筝,进行爱护周围环境的教育等。

充分挖掘社区的"文化资源"。如利用社区内的各种文化与传统习俗、展览馆、科技馆、少年宫、大中小学校、图书馆等文化设施,可以参观、参与其活动,拓展幼儿生活学习的空间。此外,当地社区人们的日常生活、文化历史传统与场所,都能让幼儿感受到本土文化的独特气息与价值,感受到祖国文化的悠久历史与博大精深,使幼儿萌生对社区文化、本土文化乃至祖国文化的自豪感。

通过社区资源培养幼儿良好的社会适应能力的同时,也可以引导和激发幼儿为社区服务的意识和行为。孩子们在参与活动中逐渐萌发保护环境的意识,在具体活动中形成良好的品德及行为习惯。可以看出,充分利用社区资源,在社区活动中培养幼儿的社会性是直接的、现实的,它不是教师强加给幼儿的,而是教师进行有目的、有引导,是幼儿感兴趣、主动的行为过程。它使幼儿在不知不觉中潜移默化地得到了社会性的发展。

(1)充分利用社区资源,这一点主要可以从参观活动中体现。幼儿园利用社区资源能提高社区对自身在教育过程中的作用的认识,使其积极主动地参与到幼儿园教育过程中来。另外,社区中从事不同服务工作的人,也可以成为幼儿了解社会劳动者的一个重要途径。

(2)幼儿园作为社区成员,也要尽力为社区提供服务,共同提高社区的文明水平。比如,幼儿园为散居儿童家长提供上门指导,在双休日幼儿园向社区幼儿开放,举办双休日亲子乐园等。这些服务能提高本社区家长的教育水平,为幼儿营造一个更和谐的成长环境,促进幼儿的健康发展。

(3)积极引导孩子参与社区服务,培养其公民意识。幼儿园还可以定期或不定期地带领幼儿参与社区节日庆祝活动,并尝试建立与社区老人的经常性联系。可以请老人到幼儿园讲讲故事,也可以让幼儿经常将自己学唱的歌曲表演给他们听,增进幼儿的敬老行为,同时,也培养他们的一种社会责任心。

四、参观和专题实践活动

(一)参观活动

参观活动是教师根据一定教学目标和要求,组织学前儿童亲临社会现场的一种教育形式,如春天的公园踏青、博物馆、参观小学等。

参观活动能加深幼儿对社会的认知,扩大社会视野。幼儿通过对实际事物和现象的观察、探究而获得较为丰富的直接知识和经验,扩展视野,如春天带幼儿去公园踏青,通过教师徒步带领幼儿的集体活动,既锻炼了幼儿行走的毅力,又培养了他们的团队意识,在公园看到的各种动植物加深了他们的印象,通过老师的讲解,如"脚下留情,小草留青"等宣传语,让幼儿看到了自然界动植物的样子,还可以培养爱护动植物保护环境的意识。

参观活动能丰富幼儿的社会经验,促进社会模仿。我们生活中有各种各样的社会职业:警察、医生、教师、司机、环卫工、厨师等,他们的工作性质不同,有着不一样的特点和社会职责。通过参观活动,幼儿知道了与自己生活有关的各种社会职业的人,了解到他们工作的劳苦,知道了医生看病、警察指挥交通、环卫工人打扫卫生,有了他们的辛苦劳动,我们的生活才变得更加美好。例如参观医院,可以让幼儿更好地了解医务人员的工作性质和程序,认识到医生看病时经常使用的工具,如听诊器、体温表、注射器、压舌板等,并且在医生给病人诊治的过程中了解这些工具的作用。听诊器可以听出心、肺有没有毛病,体温表可以测试体温,压舌板是用来帮助检查咽喉是否发炎了。如果生病了医生要给你打针和吃药,让你的病快快好起来。通过参观,让孩子感觉到医生是我们的朋友,能够帮助我们打败病魔,从而消除对医生和医院的恐惧,培养幼儿热爱医务人员的感情,并能尊重他们的劳动。再比如,带幼儿参观小学,让幼儿了解小学和幼儿园的区别,小学生的教室桌椅、上课方式、游戏等跟幼儿园不相同。这样的参观活动对大班幼儿进行了很好的幼小衔接教育,让孩子对小学生活有了一定的了解,从而为进入小学上学打下基础。

第二章　幼儿社会教育的方法与途径研究

参观活动能使幼儿掌握一定的社会行为规范,发展社会行为。学龄前儿童思维形式主要表现为直觉行动性和具体形象性,这就决定了通过说教得来的经验印象不深刻,"你说过我听了,我忘记了;你做过我看了,我忘记了;我做了,我记住了……"通过各种实践、参观活动,幼儿获得更直接的印象和感受。成人的合作、分享与互助都是幼儿学习的榜样。比如,幼儿园进行安全教育活动,只向幼儿介绍交通常识,幼儿看过听过就会很快忘记,印象不会深刻。如果教师带着幼儿参观交通警察的指挥工作,幼儿看到警察叔叔挥动手势,指挥来来往往的车辆,幼儿就会饶有兴致地模仿。在观察与模仿中,幼儿了解到了简单的交通标志,并体验到了警察叔叔的辛苦。这样幼儿的交通规则意识和安全意识就能得到强化。通过参观,幼儿与社会各类人员亲密接触,受到潜移默化的影响,一些社会行为规范很容易被幼儿接受,有利于其良好社会行为的发展。

(二)专题实践活动

专题实践活动是在幼儿园有针对性地开展的社会化教育途径,针对幼儿园教育和受教者年龄的特殊性提出来的教育实践活动,以达到社会化教育目的。

依据陶行知先生倡导的"小先生制",主张幼儿教幼儿。为学前幼儿的良好社会化发展,一方面可以开展"大手牵小手""以大带小"的系列活动,培养幼儿的人际交往能力。如组织全园游园活动,要求大班的每个幼儿领一位小班的弟弟、妹妹到各班参加游戏活动,哥哥、姐姐们教弟弟妹妹游戏的规则,并帮弟弟妹妹领奖品,在活动中,大班幼儿先为弟弟妹妹着想,然后想到自己。这样的活动,不仅培养了小班的幼儿的胆量,体会到了交往的愉快;大班的幼儿也知道了怎样做哥哥姐姐,如何谦让,养成帮助、关心别人等良好品德。通过班与班之间的交流,幼儿的交往水平不断提高。

另一方面可以开展"分享"的活动,培养幼儿的团结协作能力。"分享"是人际交往中很重要的一个环节。老师可以利用故事教学帮助幼儿初步懂得分享是快乐的,并尝试与同伴分享食物、玩具。如绘本《鼠小弟的小背心》等。

第三章 幼儿社会教育活动的设计与指导研究

幼儿社会教育的形式、方法等并没有一定之规，社会教育的内容更多的是在日常生活中，在孩子们的游戏活动中使其逐渐掌握、领会，并且付诸实践的。因此，教师在设计、组织社会教育活动时，不要拘泥于形式，而应当灵活地根据幼儿的年龄特征、接受能力、理解水平等进行设计、安排和组织，目的就是为了使幼儿能够自然而然地、潜移默化地掌握社会教育的内容。本章即对幼儿社会教育活动的设计与指导进行研究探讨。

第一节 幼儿社会教育活动设计概述

一、幼儿社会教育活动设计的依据

(一)根据《纲要》和《指南》中的有关要求设计社会性教育活动的内容

《规程》和《纲要》是遵循我国宪法和教育法的基本精神，是根据党的教育方针制定的对全国幼儿园教育进行宏观管理和指导的法。《纲要》和《指南》明确提出了幼儿园社会教育的目标与内容，幼儿社会教育活动的设计，确定社会教育的内容。在进行活动设计时，可以丰富或侧重某些方面的社会教育。例如，《纲要》中明确规定："幼儿园教育活动要为幼儿一生的发展打基础"，根据这一指导思想，在社会性教育领域中的目标就要从"为幼儿一生发展打基础"方面进行目标的制定。

（二）根据发生的当前事件、时事新闻设计出新鲜的社会性教育活动

科学在发展，社会在变化，我们生活在一个日新月异的社会。每天都有大量的信息刺激人的大脑，多元文化冲击着人们的生活。从社会成员的价值观念、社会理想到社会成员的关系，从社区中各种物化的产品到人们的生活方式、行为方式或多或少都在发生变化。

根据生存条件的变化。随着物质生活的极大丰富，人们的衣食住行等条件有了很大程度的改变，生活水平相对有很大的提高。例如随着二胎、三胎政策的放开，家庭的孩子会增加，兄弟姐妹间的相处应该是我们设计社会性教育活动涉及的一大部分。人们生活方式的变化，生活水平的日益提高，优越感自豪感在逐渐上升，生活观和价值观也有了很大的变化。由过去单纯追求物质文化生活的满足，到追求精神文化生活，幼儿生活在社会中，要与形形色色的人打交道，在学习最基本的交往能力，学会与他人共同生存、共同分享成功带来的快乐的同时，也不可避免地要受到一些不良社会现象和风气的影响。社会性教育的目标之一就是要去除不良的社会风气对幼儿的侵袭和影响。

社会教育目标的设定就是要起到引导幼儿主动适应变化的社会生活的作用。例如，如何对待伙伴，如何面对危机，如何学会竞争与合作，这些认知、情感、交往技能的学习都应该渗透到幼儿的游戏和日常生活中去。因此，社会、世界的变化应该作为选择教育目标的重要依据。把人类对社会和世界发展的美好愿望以及人类对自己缺乏理性的行为的反省，以一定的形式反映在教育目标中，使下一代更珍惜社会、自然，热爱这个世界，并为这个世界的美好未来而努力。如：空气污染了怎么办？人口越来越少怎么办？水不够用该怎样办？这些对人类未来有重大影响的环境问题、资源问题、人口问题都应该渗透到幼儿的社会性教育目标中。

充分利用幼儿当时所处环境中发生的社会事件、实事新闻作为教育载体，发生的当前事件、时事新闻都可以及时纳入活动设计，增添内容的新鲜感和趣味性，从而增强活动的感染力。

第三章 幼儿社会教育活动的设计与指导研究

（三）根据幼儿发展实际情况设计调整社会性教育活动的内容

"以人为本""以幼儿为本"幼儿社会性教育必须注重幼儿的发展,幼儿的发展,尤其是情感—社会性的发展是确定幼儿社会教育目标的重要依据。

第一,依据幼儿已有的经验。学前儿童认知结构的发展、情感的塑造、个性心理特征的产生,都取决于其直接的感知、感受。幼儿已有的生活经验、学习能力,制约着幼儿园社会性教育目标的广度和深度。幼儿阶段,孩子所拥有的生活经验还相当有限,主要涉及家庭、幼儿园及常见的社会机构的生活经验,而其学习能力还处于发展过程中,思维处于感知运动阶段,具体形象性是其特点,抽象逻辑思维还没有得到发展,所以说幼儿获得的经验主要是感性经验。因此,社会性教育目标的制定应建立在幼儿已有的经验基础之上,适当扩展,以各种感知的方式呈现,既适合幼儿现有的水平,又有一定的挑战性。如,小、中、大班的社会教育不尽相同,应本着由易到难、由简单到复杂、由具体到抽象的原则,合理制定社会性教育目标。设计社会性教育活动时必须考虑幼儿的身心发展水平,主要是指儿童的年龄特点,本园、本班儿童的发展水平及儿童的个体发展水平。教师还应该观察儿童的日常生活,发现儿童在社会性发展中存在的问题,查漏补缺。

第二,依据幼儿社会性发展的特点。幼儿阶段作为人生发展中的起始阶段,该阶段的幼儿个性发展的好坏将成为日后儿童发展的基础,对人一生的发展具有重要的影响。必须注重他们的认知能力、情绪情感、心理健康等方面的协调发展,是幼儿园社会性教育目标制定的重要依据。例如：3—9岁是自我意识发展迅速,4—5岁和7—9岁是发展的关键期；3—5岁是自我控制能力发展的关键期；6—7岁是情绪控制发展的关键期；6—7岁是坚持性发展的关键期；3—4岁和6—7岁是自制力发展的关键期；3—4岁和7—8岁是独立性发展的关键期；3—5岁是动机控制发展的关键期。适时把握这些关键期进行相应教育能更好地促进学前儿童社会性发展。

第三,依据幼儿学前儿童心理上的两个最明显的特点就是认识活动的具体形象性及心理和行为的无意识性。这些具体特点制约着儿童的受教育过程,使幼儿期的教育呈现自身的特点。这种特点既制约着幼儿教育的目标,也制约着幼儿教育的内容和方法。这就要求我们在制定社会性教育目标时,要充分考虑幼儿身心发展的特点和水平,要考虑幼儿的年龄特征和个别需要,选择幼儿发展的关键期,确定不同阶段、不同层次的发展目标,提供合适宜的教育,使每个幼儿都有可能在活动中得到应有的发展。

二、幼儿社会教育活动设计的框架

为了不过于限制设计思路,这里的社会性教育活动设计力求简单而突出重点,只是列举式的一个框架设计,尤其是活动建议部分还比较粗略,仅供参考,旨在提供设计的思路(表3-1)。

表3-1 幼儿社会教育活动设计框架[①]

教育内容	一级分解	二级分解	活动建议
自我意识	自我认识	自我概念	"我的身体"
			"我是男孩(女孩)"
		自我评价	"我上幼儿园了"
			"向大家介绍我自己"
	自我体验	自尊	"我爱我自己"
		自信	"我是能干的小宝宝"
	自我控制	延缓要求	"别人东西我不要"
		自我调节	"我是勇敢的好宝宝"
个性心理	性格	活泼开朗、大胆勇敢	"幼儿园里真快乐"
		有责任心,心理健康	"难过的时候怎么办?"
	兴趣	广泛	"我的爱好"
		无不良影响	"我最喜欢的活动"
	道德	友好、互助	"就让我来帮助你"
		怜悯、同情	"小动物生病了"
社会交往	交往意愿	倾听理解别人	"你怎么了?"
		表达自己需求	"我心里想说的话"
	交往规则	游戏规则	"大家一起玩"
		学习规则	"学做小学生"
		交通规则	"马路上的车真多"
	交往能力	表达	"我是小小主持人"
		聊天	"我的朋友真不少"
		竞争、合作	"让我也来一起玩"
			"发生争吵怎么办?"

[①] 周梅林.幼儿社会教育活动指导[M].上海:复旦大学出版社,2016.

续表

教育内容	一级分解	二级分解	活动建议
社会常识	社会文化	传统文化	"有趣的筷子"
		异域文化	"圣诞节"
		民俗节日	"元宵节闹花灯"
		各种职业	"快乐的邮递员"
		家庭	"我的家"
		生活常识	"应急电话110、119等"
	社会历史	名胜古迹	"祖国真伟大"
		历史传说	"孟姜女哭长城"
		民族历史	"祖国妈妈孩子多"
		城市变化，社区变迁	"我的家乡真漂亮"
社会常识	社会地理	地球	"我们的地球妈妈"
		天象	"太阳、月亮和星星"
		居住环境	"我是环保小卫士"
	社会经济	商品与市场	"小小商店"
		劳动与利益	"打工的故事"
		货币与理财	"我的压岁钱"

第二节　幼儿社会教育活动设计的原则

　　幼儿社会教育活动设计的原则是指在幼儿教育过程中,在为幼儿设计社会教育活动的过程中,教师必须遵循的基本要求和实施准则,旨在有效地指导教师科学、合理地设计幼儿的社会教育活动方案。它既体现了一定的理论观点,又反映了教育活动的客观性。概括来说,幼儿社会教育活动设计的原则包括以下几方面。

一、目标性原则

《纲要》中明确指出,幼儿园社会性教育就是要使幼儿能主动参与各项活动,有自信心;乐意与人交往,学习互助、合作和分享,有同情心;理解并遵守日常生活中基本的社会行为规则;能努力做好力所能及的事,不怕困难,有初步的责任感;爱父母长辈,老师和同伴,爱集体、爱家乡、爱祖国。《指南》中将社会教育的目标分为两大方面:人际交往和社会适应。人际交往包含了喜欢交往,能与同伴友好相处,具有自尊、自信、自主的表现和关心尊重他人四个层面;社会适应包含了喜欢并适应群体生活、遵守基本的行为规范和具有初步的归属感三个层面。这就规定了幼儿园社会性教育的目标要把幼儿培养成具有这些社会品质的人。教育活动的设计自然要紧紧围绕目标,将这些目标逐一落实到教育活动中去,以教育活动来承载完成这些目标。任何不利或违背这些目标的教育活动都是缺乏教育意义的。因此,教师设计教育活动时必须有强烈的目标意识,围绕目标、针对目标来选择教育内容,确定教育方法,实施教育过程。

教育活动的设计还必须将总的培养目标分解、化小、具体到每个活动中,使教育活动都具有操作性。例如社会领域活动目标是"引导幼儿观察周围生活中常见的标志",这一目标表述笼统,重点不突出,可以改为:引导幼儿观察生活中常见的交通标志。

所谓目标性原则是指教师设计活动首先必须符合培养的目标,并且在每种活动中必须有明确具体可操作性的目标。尊重培养目标进行活动设计的原则是指在设计社会教育活动时,应当考虑社会教育活动的必须尊重培养目标并且每一活动的设计都必须有完整、明确、具体的目标。

二、针对性原则

社会性教育内容既有一般认知的内容,也有许多主观体验性的内容,比如自信、开朗、宽容、与人交往、遵守规则、人物意识等,既是观念,又是品质。显然,它不同于一般的认知教育内容,需要在设计教育活动时予以重视。社会性教育活动的设计必须针对幼儿的实际。幼儿的实际概括起来有:幼儿的生存环境,幼儿社会性发展的衔接性,幼儿的个体差异,幼儿社会性发展的现实状况等。例如,为了培养幼儿"爱父母"的情感,设计"夸夸我的爸爸妈妈"时,教师必须对幼儿的家庭情况做到心中有数,尤其对单亲家庭的幼儿要格外关注。尊重幼儿的年龄特征进行活动设计的原则就是要求教师在设计社会教育活动时必须考虑到儿童的年龄特征,考虑他们那个年龄阶段的思维特点,考虑不同年龄阶段的兴趣点等。

三、基础性原则

基础性原则的是幼儿社会性教育的目标应是社会性教育领域中最基础的、启蒙性的目标,应以幼儿现实的社会经验为前提,尤其是对于社会教育中与一定的学科系统知识有关的目标更应该注重"基础化"和"启蒙化"。教育目标的制定应既贴近幼儿的生活,选择幼儿感兴趣的事物和问题,又要有助于拓展幼儿的经验和视野;既要符合幼儿的现实需要,又要有利于幼儿的长远发展;既有利于幼儿掌握"最基础""最粗浅"的社会规则和交往能力,又有利于幼儿掌握对未来社会的适应能力。例如,对于3岁的儿童,由于他们的认识活动基本上是在行动过程中进行的,并且易受外部事物及自己情绪的影响,无意性占优势,注意很不稳定,易受外部环境的干扰,所以目标的确定要贴近幼儿的生活。

四、生活化原则

利用日常生活中各个环节进行活动设计的原则是指在幼儿社会教育活动的设计过程中,教师一定要充分地利用日常生活的各个环节,使幼儿尽量通过日常生活环节自然而然地接受社会教育,如在日常生活中培养幼儿不随地扔垃圾的习惯,尊老爱幼的美德等。贯彻生活化原则要求教师必须清醒地意识到日常生活是幼儿社会教育非常有效的方法和途径之一,具备将社会教育设计自然融入日常生活的能力,更要善于发现日常生活中有利于幼儿社会性发展的要素,并能够及时吸收和利用这些要素。

五、整体性原则

整体性原则包括社会性教育活动必须针对自我意识、社会认知、社会情感、社会行为技能、社会适应和道德品质的整体发展;另一方面,社会性教育活动不能只指向幼儿园的活动课堂,也应指向学前儿童行为表现的各个方面,如活动课堂外的生活表现、游戏表现、家庭表现等,将学前儿童的行为表现视为一个整体,而不只是一个侧面或时段。

学前儿童的社会性发展是自我意识、社会认知、社会情感、社会行为技能、社会适应和道德品质等方面的有机整体,教育活动的设计需将各个方面巧妙融合,而不应厚此薄彼或彼此割裂。教育活动主要是幼儿园的教育手段,但教育活动的设计必须考虑幼儿园课堂内外的教育因素,不仅看幼儿如何说,更要看幼儿如何做;不仅看幼儿在园如何做,更要看幼儿离园后怎么做。比如,培养幼儿的分享意识和行为习惯,不仅要考虑活动中如何,还必须考虑幼儿在活动外的种种分享行为;要培养幼儿自己的事情自己做的好习惯,不仅要求幼儿在幼儿园自己独立吃饭、穿衣、整理床铺等,还要看幼儿在家里是不是也坚持这样做;再比如,培养幼儿爱父母的情感和表现,活动设计应充分考虑幼儿在家中的表现,把活动要求延续到幼儿的家庭中。

发展幼儿的社会性,不能偏废了其他领域,务必将幼儿的社会性发展与其他领域发展看作一个完整的整体。应当动员家庭、幼儿园、社会的整合力量共同完成幼儿社会教育。教师在设计幼儿社会教育活动时,要与其他活动一起设计,比如在幼儿语言教育中渗透着社会教育要素,或者通过社会教育活动发展幼儿的语言表达能力。

六、全体性原则

考虑全体幼儿的原则是指社会教育活动的设计要在尊重幼儿个别差异的基础上,面对所有的幼儿,关注每个幼儿的发展,使全体幼儿都能在原有的基础上获得最好的发展。尊重幼儿的个别差异,对此,教师要深入了解班里每位儿童的特点,然后进行有针对性的教育;面向全体幼儿并不意味着要求所有幼儿的社会性发展都是齐头并进的,要允许并尊重幼儿有自己的发展特点。

七、发展适宜性原则

发展适宜性即适宜性和发展性,两者紧密相关。社会性教育目标一定要适合幼儿身心发展的客观需要,但同时学前儿童社会教育课程要提供适宜的刺激,促进幼儿适当前行,为其以后的发展奠定基础。

发展适宜性原则首先是感性经验、具体形象思维、操作式活动,适宜学前儿童主要的发展特点,且遵循着由行动到形象的逻辑发生发展过程,只有适应幼儿发展的这些特征,才是合理的。另一方面教育的宗旨是要促进发展,促进儿童向高级阶段顺利地前行。所以教育不能停留于儿童的自发活动上,而应使儿童的经验系统化,兴趣强化,行动有目的,促进儿童主动学习,持久发展。适宜是手段,发展才是目的。

发展适宜性原则更是社会发展的客观要求。儿童是未来的成人,是未来社会的建设者、社会的主人。社会要求未来人健康,善交际,有能力,会生活,会学习,会发展,懂得与人和睦,与自然和谐等。这就要求学前教育必须促进幼儿基础素质的发展。适宜性发展,既是学前儿童现实的适宜性发展,也是儿童在未来社会中的适宜性发展。幼儿园社会性教育目标的制定应与幼儿身心发展的特点和发展需要相适宜。考虑社会教育特点及幼儿的实际情况进行活动设计的原则,就是强调社会教育活动的设计必须体现社会教育自身的、不同于幼儿园其他教育活动的固有特点,必须体现幼儿年龄的实际特点和实际需要。

八、活动性原则

活动是幼儿生理和心理发展的基础和源泉。活动性原则指社会性教育活动必须使幼儿积极主动地发展社会性行为,如与人交往、体验、观察、思考等。

幼儿是活动的主体。教师的活动设计不应立足于"告知幼儿",而必须给幼儿主动体验、观察、操作、实践的机会,使其自主、自觉地获得社会认知。依据"幼儿自主学习在前,教师有效帮助在后"的教育理念,社会教育活动不是教师告诉幼儿"你该怎么做",而是幼儿会"怎么做",教师只是对幼儿的选择和行动起引导和帮助作用。

活动方式的多样性。不同的活动方式对幼儿社会性发展的作用不同。例如,集体活动方式可以培养幼儿的集体意识和规则意识,对幼儿互相帮助、团结友爱有着特殊的影响作用;小组活动的形式可以促进幼儿交流、合作,以商讨的方式完成规定的任务,培养幼儿的任务意识和责任感;个别活动对发展幼儿的兴趣爱好、培养良好的个性起着至关重要的作用。因此幼儿社会性教育活动的方式应多样化,以满足幼儿社会性发展的多方面需求。

第三节 幼儿社会教育活动设计的步骤

一、幼儿社会教育活动设计的准备

（一）研读与幼儿社会教育相关的理论资料

教师在设计幼儿社会教育活动前，一定要认真研读《幼儿园教育指导纲要（试行）》和《3—6岁儿童学习与发展指南》，真正理解这两个文件中所设目标的初衷和目的，领会其中的精神实质。

（二）学习并掌握幼儿的心理发展特点

幼儿的社会性发展和教育有其自身的特性，因此教师在设计幼儿社会教育的活动时，必须全面掌握幼儿的心理特点，尤其是幼儿社会性发展的特点，同时要了解本班幼儿的年龄特征、本班的群体特点和班级中个别幼儿的个性特点，这样，在设计社会教育活动时才能够真正做到因材施教，真正起到发展幼儿社会性的作用。

（三）必须考虑实际情况

幼儿社会教育活动的设计必须根据本地、本园、本班幼儿的实际情况进行。因此，需要教师全面了解当地的特色。设计的社会教育活动理应与这些实际结合起来方能起到良好的教育作用。

二、幼儿社会教育活动设计的程序

虽然不同类型的社会教育活动有不同的设计方法，不同的教师有不同的设计思路，但社会领域教育活动有着共同的目标和指导原则，是有一定的规律可循。幼儿社会教育活动设计的程序通常包括以下一些步骤（图3-1）。

第三章 幼儿社会教育活动的设计与指导研究

```
┌─────────────────────────┐
│ 选择并确定社会教育活动的名称 │
└───────────┬─────────────┘
            ↓
┌─────────────────────────┐
│      确立活动目标        │
└───────────┬─────────────┘
            ↓
┌─────────────────────────┐
│      选择活动内容        │
└───────────┬─────────────┘
            ↓
┌─────────────────────────┐
│   设计活动的方式、方法    │
└───────────┬─────────────┘
            ↓
┌─────────────────────────┐
│      设计活动过程        │
└─────────────────────────┘
```

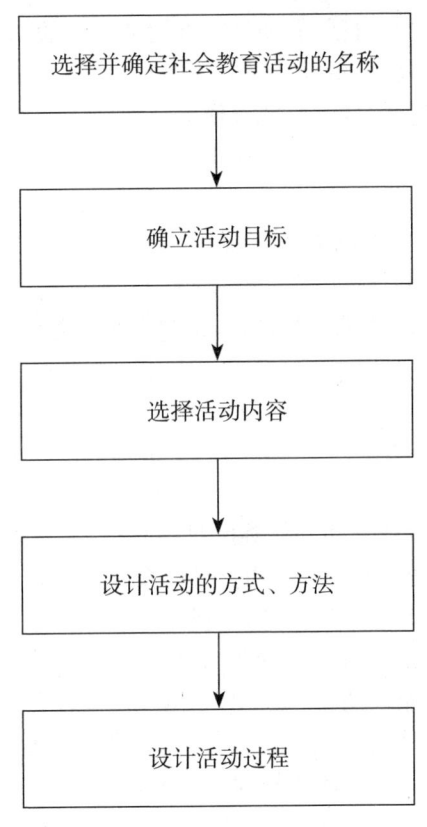

图 3-1　幼儿社会教育活动设计的程序

(一)选择并确定社会教育活动的名称

社会教育活动的名称,即幼儿园社会教育活动教案的题目,它是对社会教育活动的内容和目标的反映。活动的名称必须明确,能够一目了然地表达出活动的内容、活动的类型、活动的形式,反映出此活动适合哪个班使用,具体的活动过程、程序等。

(二)确立活动目标

确定活动目标是教育活动设计方案中的重要内容。由于幼儿社会教育内容丰富、广泛,所以在确定教育活动的目标方面须非常明确。一般情况下,幼儿园教育活动的目标设计都需要包括三大方面的目标。

认知目标即通过教育活动,使幼儿掌握的基本的知识。

情感目标即通过教育活动,使幼儿在情感上与所学习的内容产生共鸣。

技能目标即通过教育活动,能够使幼儿学会各种技能。

为了确保活动目标的导向作用,教师在确定活动目标时应当注意以下几方面。

第一,应着眼于幼儿的社会性发展,以幼儿的现有发展水平为立足点。

第二,具体活动的目标应该与幼儿园社会领域教育的总目标、各年龄阶段目标相一致,即具体活动的目标由总目标逐级分解而来,目标由大到小,由概括到具体。

(三)选择活动内容

活动内容是社会教育活动目标的具体化,是实现教育目标的手段。在幼儿园中,社会领域教育没有统一的教材,教育内容完全由教师选择。可将下列两个方面作为选择活动内容的依据。

第一,根据活动的目标来选择内容,如为了激发幼儿热爱家乡的情感,可以将家乡的特产、家乡的美、家乡的变化等作为教学内容。

第二,根据幼儿社会性发展的已有水平以及存在的问题选择活动内容,同时注意内容的生活化,即所选择的活动内容要符合儿童的生活经验,既要以已有经验为基础,又要扮演新旧经验之间桥梁的角色。

需要注意的是,对于具体的社会教育活动而言,活动的目标与内容并没有明确的先后关系,两者是相互依存的。只要有明确的年龄阶段目标或学期目标,有时可以先有具体活动内容,然后再确定具体教育活动目标,有时可以先有具体活动目标,再寻找相应的活动内容。

(四)设计活动的方式、方法

在设计幼儿社会教育的活动时,运用什么样的方式和方法确实没有一定之规,也没有什么方法最好的说法。在设计幼儿社会教育活动时,我们遵循的是"适合"的原则,即选择和设计社会教育的方式、方法,要依据幼儿不同的年龄特点和不同的社会教育内容等来进行。

(五)设计活动过程

在设计社会教育活动过程时,需要考虑以下几个方面。

第三章 幼儿社会教育活动的设计与指导研究

1. 运用不同的活动方式

活动方式既要适应不同类型社会教育活动的特点，又要引起儿童对学习内容的浓厚兴趣，从而使幼儿积极主动地参与活动。幼儿社会教育的活动方式主要是根据教材内容的性质、幼儿特点及发展现状来决定。如果活动内容涉及认知成分较多，就更多使用讲解、讨论、谈话、演示等方法。如果活动内容偏向社会情感体验，则要多使用角色扮演、参观、调查、访问等；如果活动内容偏重社会行为，则要多使用行为训练、行为评定、角色扮演、观察学习等方法。总之，在设计活动方式时，要最大限度地发挥这些方式的教育功效。

2. 精心设计活动环节

对社会教育活动的各个环节必须精心地设计。比如通过何种方式将幼儿引入活动中来；再如分为哪几个步骤开展活动，包括学习新内容、练习巩固等。活动的流程要自然连贯，步骤要清晰明了，并为具体实施留有余地。

3. 设计出幼儿喜爱的、能够接受的问题情境

问题情境是师幼互动最为有效的机会和平台。问题情境是教师提出一些能够引起幼儿兴趣和求知欲的问题，直接关系到社会教育活动的效果和质量，如何设计出高质量的问题情境是考验教师水平的重要内容。问题情境的设计主要是根据社会教育活动的目标和幼儿社会性发展的实际水平来决定，必须突出幼儿在这一环节中需要学习内容的重难点。设计的问题情境必须能够最大限度引发幼儿积极的思考，使幼儿之间能够进行充分的讨论，将幼儿的直接经验和间接经验自然地融合在一起。让幼儿在积极的思考中，通过自身的体验、感觉等建构起幼儿自己的世界观、人生观和价值观。对于此类问题的设计，要充分考虑其层次性、导向性、议论性和评价性，最终达到启发幼儿的思考，调动幼儿已有的经验和感受，实现社会教育活动目标。

4. 对社会教育活动进行评价

对社会教育活动效果的评价，也应该是活动设计的一个方面。通过评价，可以使教师了解社会教育活动的目标、计划、内容、方法以及环节材料等，是否适合幼儿的发展水平，是否促进幼儿的社会性发展，是否实现预定的目标，起到反馈、诊断和增效的作用。因此，教师在设计社会教育活动时，

要将活动效果的评价标准和评价方式考虑进来,增强活动的科学性和有效性。例如,预先确定幼儿应该达到什么样的目标,采用什么方法收集评价资料,由哪些人来评价,以及活动质量的评价指标等。

5. 规划社会教育活动的延伸部分

活动的延伸主要是指在教师组织的活动结束后,或者是幼儿集体活动结束后,再或者是幼儿从幼儿园回到家里之后,教师预计用什么样的方式,使得幼儿在本次活动中获得的体验和感悟能够得到强化。一般情况下,教师设计的活动都有规定的时限,教育活动延伸部分就是希望打破这个时限,因为幼儿良好社会认知、行为技能的形成和掌握,绝对不是靠一两次活动就能够实现的,它需要幼儿不断地体验、感受,因此教师必须设计好集体活动之外、有组织的活动之外、幼儿园活动之外的后续体验、感受等活动。社会教育活动的延伸形式是多种多样的,既可以通过在园的户内、户外游戏活动、区域活动来进行,也可以通过以家长指导的家庭生活活动进行,或者还可以利用社区各种活动来实现。总之,社会教育活动延伸的目的,就是帮助幼儿继续学习、巩固社会知识和行为技能等。[1]

第四节　幼儿社会教育活动的设计与指导

幼儿社会性教育的目标和内容都是通过具体的社会教育活动来实现的。活动的形式多种多样,有集体教育活动、参观活动、游戏和劳动、区域活动、生活活动等。幼儿园社会教育活动设计的一般步骤,包括确定教育目标、选择活动内容、拟定活动目标及策划活动过程几个部分。设计则是将以上思考的过程文字化,即写成教案。一份完整的社会教育活动教案,一般包括活动名称、活动目标、活动准备、活动过程和活动延伸五个部分,在幼儿社会教育中,常选用的教育活动形式有以下几种。

---

[1] 施晶晖. 幼儿社会性教育 兼论儿童职业意识培养 [M]. 合肥:中国科学技术大学出版社, 2010.

第三章　幼儿社会教育活动的设计与指导研究

一、集体教育活动的设计策略

幼儿园集体社会教育活动设计的一般包括确定教育目标、选择活动内容、拟定活动目标及策划活动过程几个部分。集体社会教育活动教案，一般包括设计意图、活动名称、活动目标、活动准备、活动过程，另外还有活动延伸和活动反思等。

（一）活动名称的设计要求

活动名称是指教育活动的名字，一般是对活动内容、活动目标的反映。在活动名称的前面或后面需附上班次，如"我爱上幼儿园（小班）""我就是我（中班）""会真题书包（大班）"等。

（二）活动目标设计的要求

具体的社会性教育活动目标的制订最直接的依据是单元目标。单元目标一般根据总目标、分类目标和阶段目标由本园同年龄班教师一起讨论制订，通过具体的课题活动来实施这一目标，各班基本统一。具体的每个教育活动目标，则需要每位带班教师发挥自己的才能，根据本班幼儿的社会性发展状况，包括近来幼儿在社会教育活动中的具体情况来拟定。

（1）社会教育目标主要由自我意识、社会认知、社会情感、社会行为技能、社会适应和道德品质的发展等几方面构成。根据具体活动，目标会有所侧重，有的是潜在的、隐性的。如大班活动"我长大了"活动目标表述为："感受自己的成长；知道自己的成长离不开老师的关心帮助，懂得要尊敬老师；懂得自己长大了，应更能干，更勇敢。"此目标是着重从社会认知和情感角度进行表述的，而社会行为技能是隐性的目标。在大班活动"关心老人"目标的表述中则侧重了社会行为技能方面目标的表述，即"能为老人做力所能及的事"。

（2）目标表述要简洁明了，可操作性强，尽量从幼儿学习的角度出发。如"初步了解自己是班里的一员"要比"让幼儿初步了解自己是班里的一员"更简洁、明了，同时也尊重了"儿童是学习的主人"这一理念。可操作性体现在目标要具体化，如"培养幼儿的社会交往能力"这一目标就显得太大，无从入手，而"知道请、谢谢、再见等礼貌用语"这样的表述就比较具体、适合操作。

（3）由于幼儿的发展是整体性的，所以各领域间的目标和内容应是整合的,在目标的表述上,要根据幼儿的发展现状和需要适当体现各领域的教育目标。如,大班活动"中国丝绸"活动目标是这样表述的:①了解丝绸的特点,知道丝绸是中国的特产,增强民族自豪感(科学和社会目标);②感受丝绸的柔软、滑爽、漂亮,体验服装表演的乐趣(社会领域和艺术领域)。

(三)活动准备设计的要求

活动准备主要包括物质准备(材料工具)和知识准备。物质准备,是许多活动需要物质方面的准备,如有的活动需要 PPT、电脑,有的活动需要图片、卡片等。知识准备,有的活动需要幼儿有一定的认知基础,如"我的妈妈多辛苦"的活动需要幼儿在活动之前在家里观察妈妈的劳动情况。"广告大赛"这一活动,需要幼儿活动前在家看电视的时候,注意广告词一般是怎么编的,有什么特点,做广告的人表情、动作等。

(四)活动过程设计的要求

活动过程的设计则是将这些思考书面化和具体化,一般包括开始部分、基本部分和结束部分。

1. 活动的开始部分

引导幼儿活动的第一个步骤,能起到初步引导幼儿参与活动的兴趣及调动幼儿学习主动性的作用。教师组织活动的方式,一般有讲故事、引导幼儿看图片、欣赏影像资料、情境表演等。开始部分时间在 3 到 5 分钟,一般不超过 10 分钟,否则就会影响基本部分的教学效果。如,中班活动"好玩的玩具大家玩"在开始部分出示一件新颖的电动玩具,引起幼儿的兴趣,启发幼儿讨论:只有一件玩具,大家都想玩,怎么办?

2. 活动的基本部分

实现目标的主要部分,是活动的重难点,主要是教师引导幼儿进行感知学习和练习,活动的大部分时间要放在这一部分,在进行这一部分活动设计时,要注意以下几点。

第一,这个活动大体分哪几个步骤?
第二,每个步骤必须完成哪些内容?采用什么方式方法?
第三,哪一个步骤是重点?哪一个步骤是难点?应如何突破?
第四,每个步骤的时间大体应怎样分配?

第五,每个步骤如何进行?

在具体操作表述时,注意教师的陈述句、提问句、操作过程的说明,对幼儿的要求、小结语、简明的转换语等都应清晰地写明。如,"中班社会活动,好玩的玩具大家玩"在活动展开的设计中,考虑到了三个环节:讨论大家面对一个玩具时该怎么玩;讨论分享的具体方法;创设情境,分享玩具。活动把重点放在了"如何分享"问题上,通过提问、讨论、比较、分析得出结论;把难点放在实践训练——分享实践上,让幼儿用实践检验社会认知和社会情感,体验了分享与交流,促进幼儿社会行为技能的掌握。

3. 活动的结束部分

教师通过改变原来的活动方式,引导幼儿自然地过渡到下一个活动方式,如其他领域的活动(音乐、美术和身体运动等),让幼儿在轻松愉快的情绪中自然而然地结束活动。如果要在结束部分对活动进行小结评价,应做到简洁、精练,对幼儿在活动中的表现以宽容积极的态度进行评价,对问题本身应留有一些思考的余地,使有的活动能够有效地延伸,使幼儿能够保留对活动的兴趣,体验到活动带来的快乐,以期盼的心情和态度等待下次活动的到来。如"我长大了"就是以小结来结束活动的,"我们都是好朋友"是以玩"找朋友"的游戏来结束整个活动的。

(五)活动延伸设计的要求

设计符合一定社会行为规范的社会行为技能的产生,是幼儿社会性发展的关键。幼儿园社会教育活动如果只停留在增进幼儿社会认知、激发幼儿情感上是不够的。良好的社会行为技能的产生不是一朝一夕就能实现的,也不是通过某一个活动就能形成的。虽然一个教育活动结束了,但是,这方面的教育并没有完,还在继续,还应以幼儿对此有兴趣为前提。幼儿的生活在活动内外都是有教育意义的,是一个有机的整体,活动延伸的设计也是不可缺少的一环。延伸的方式多种多样,如通过游戏和其他形式(如活动区)的活动,让幼儿继续学习巩固活动中所了解的社会认知和社会技能;利用家庭、社区条件,帮助幼儿学习社会知识、锻炼生活技能等。如"月饼的联想"活动的延伸部分是这样设计的:调查家里的人最喜欢吃什么样的月饼,最不喜欢吃什么样的月饼,大家还想吃到什么样的月饼,完成一张调查表。

案例1

【活动名称】大熊的拥抱节(中班)[①]

【活动目标】

(1)知道欺负别人,别人就不愿意和你做朋友的道理,懂得不能欺负弱小。

(2)能用道歉、拥抱等方式获得同伴的认可,与他人友好相处。

(3)体验朋友间相互宽容、体谅、接纳、友好相处的快乐。

【活动准备】

多媒体动画课件《大熊的拥抱节》、歌曲《找朋友》

【活动过程】

(一)读话导入,萌发兴趣

(1)以谈话引出拥抱节

师:你们都喜欢过什么节日?

幼:春节、国庆节、中秋节……

师:今天大熊也要过节了,你们看他要过什么节?(播放动画片片头,展现片名)

(2)讨论"拥抱节"的含义

师:猜一猜,拥抱节是一个怎样的节日?

师:是呀,拥抱节是一个与他人拥抱的节日。在这个节日里,我们可以通过拥抱得到朋友的认可,交到很多朋友。

(3)感受"拥抱"的意义

师:你们想不想和好朋友拥抱一下?(组织幼儿找到自己的好朋友相互拥抱,体验拥抱的意义,感受朋友间的关爱)

师:和好朋友拥抱的感觉怎么样?

师:是呀,和好朋友拥抱真是一件开心的事儿,拥抱节到了,大熊很开心,他想要得到100个拥抱,我们看看他的愿望能不能实现。

(二)观看动画,换位体验

(1)观看动画前半部分,知道欺负别人就会没有朋友

教师带领幼儿一起观看动画前半部分(从开头到"大熊很后悔,伤心地哭了")。

师:大熊在拥抱节那天遇到了哪些小动物,发生了什么事儿?

师(小结):大熊高高兴兴出门,遇到了袋鼠,可是袋鼠却跑了;遇到了兔妹妹,可是兔妹妹停也不停地过去了;看见了红狐狸,红狐狸也赶紧绕了

[①] 沈诺,张明红.大熊的拥抱节(中班)[J].幼儿教育,2015(6):42—44.

过去。

师：大家愿意和大熊拥抱吗？

幼：不愿意。

师：为什么？

幼：大熊欺负小动物。

师（小结）：是呀，大熊把兔妹妹的萝卜全拔光了，还老是揪袋鼠哥哥、红狐狸的尾巴。他总是欺负小动物，所以小动物们都不想和大熊拥抱。

师：如果你是小动物，你愿意和大熊拥抱成为朋友吗？

幼：不愿意。

师：为什么？

幼：他欺负别人，别人都不愿意和他做朋友了。

师（小结）：是呀，像大熊这样总是欺负别人，大家就不想和他拥抱，成为朋友了。所以欺负别人的人是得不到大家的认可的，就会没有朋友。

（2）观看动画后半部分，懂得道歉和宽容

师：如果你是大熊，接下来你会做什么？

幼：去向小动物们道歉，请求原谅。

师：你们说得真好，欺负了别人应该主动认错并道歉，才能得到原谅。我们来看看故事里大熊是怎么做的吧！

教师带领幼儿一起观看动画后半部分（从"这时，小动物们手牵着手走过来"到"明天起，我一定要让大家看到一个不一样的大熊"）。

师：故事里的大熊是怎么做的？他向大家道歉了吗？这次他有没有获得大家的认可？

师：小动物们是怎么做的？

师：如果你是小动物，这一次你愿不愿意原谅大熊？为什么？

师（小结）：小朋友们和动物们一样宽容、善良，大熊道歉了，知道错了，我们都愿意原谅他。

师：大熊说以后要做不一样的大熊，你觉得以后大熊会怎么做？

幼：不欺负别人。

幼：会帮助别人。

幼：会有很多的好朋友。

师（小结）：是呀，不欺负别人的人才能交到朋友，我们要和现在的大熊一样，做错了就要和朋友道歉，获得朋友的认可。

（3）情境游戏——爱的拥抱

师：让我们也来做小动物，和大熊来个大大的拥抱吧。

一名幼儿扮演大熊，其他幼儿扮演不同的小动物。"小动物"们一个接一个地将大大的拥抱送给"大熊"。在拥抱时要说一句想对"大熊"说的话。(可提示幼儿说:"大熊,祝你拥抱节快乐,我愿意做你的好朋友。""大熊,以后再也不能欺负小动物了。""大熊,别难过了!"……)

(4)完整观看动画故事,加深理解和体验

师:你喜欢故事里的谁?说说你的理由。

幼:我喜欢小动物们,他们原谅了大熊,都愿意和大熊拥抱,成为好朋友。

幼:我喜欢大熊,因为大熊知道错了,向大家道歉了,他交到了很多朋友。

师(小结):是啊,如果你不欺负别人,做错了事会主动认错,大家都会愿意和你做朋友的。

(三)联系实际,深化体验

师:你们在生活中与好朋友发生过什么不愉快的事?你们原谅了对方吗?

幼:我的好朋友不小心弄坏了我的玩具,他向我道歉了,我原谅了他。

幼:我的好朋友把我的画弄脏了,他重新送了我一张画纸,我也原谅了他。

师(小结):看来我们都是懂得宽容的好孩子,都愿意和好朋友相互原谅,相互宽容。

师:当好朋友之间发生了不愉快的事情,想要互相原谅时,除了抱一抱之外,你还有什么办法吗?

幼:道歉、牵手……

师(小结):原来有这么多好方法都可以让我们和好朋友相互原谅、相互宽容,变得更快乐。牵牵手,抱一抱,大家都是好朋友。

游戏体验:我们的拥抱节。教师播放歌曲《找朋友》鼓励幼儿去找一个好朋友牵手拥抱,对好朋友说一句想说的好听的话。

(四)延伸活动

鼓励幼儿在区域活动中讲述、表演故事《大熊的拥抱节》。

月亮的银光柔柔地洒在森林城,洒在互相拥抱着的小动物们身上,这真是一个令人难忘的拥抱节呀!

二、参观活动的组织策略

参观是指教师根据教学目标和要求,组织幼儿亲临社会现场的一种

第三章 幼儿社会教育活动的设计与指导研究

教育形式,如参观小学、超市、图书馆、消防队等。对幼儿来说,自己观察、亲身实践得来的体验是成人任何高明的讲述所无法比拟的。在参观活动中,幼儿在成人的影响下有目地感知客观对象;而游览活动多以休闲为目的,幼儿是在休闲的过程中顺便感知客观事物的。以参观超市为例来设计。

制订参观目标。为参观超市拟定目标,了解超市中陈列的物品、工作人员的工作以及超市购物的方法,体验超市购物的方便,提高幼儿独立生活的能力,引发幼儿对社会生活的关心。

做好充分准备。选择参观地点,确定好参观的时间和行走的路线,制订参观计划,做好物质方面的检查和准备,取得对方的合作与配合,得到幼儿园和家长的支持等。事先与超市负责人取得联系,征得其同意和配合,以保证超市工作人员热情接待参观的幼儿,能以热情的态度和优美的语言来接待幼儿,所介绍的内容也更符合教育目标和要求,重点突出,使幼儿能听懂也感兴趣。确定了时间、地点和路线之后,教师要按照教育目标,周密安排和制订参观计划。

参观出发之前,教师可通过简短的谈话激发幼儿的兴趣和愿望,并告诉幼儿参观的地点、内容以及参观时的要求,以使他们有心理准备。参观结束时,要组织幼儿有礼貌地和工作人员道别,并再次清点人数,确保幼儿的安全。

围绕参观交谈。参观回来后,在班上开设相应的活动区域,吸引幼儿一起来准备材料,玩游戏,以满足幼儿模仿成人活动的要求。参观超市之后,可以组织幼儿自由交谈,说说自己在超市里的见闻,在此基础上,鼓励幼儿通过画超市、玩开超市的游戏、用各种手工材料制作超市中的货物等方式表达自己的见闻。

案例2

【活动名称】参观小学(大班)

【活动目标】

(1)使幼儿知道小学是哥哥、姐姐学习的地方,初步了解小学生的学习用品和小学的主要设施。

(2)帮助幼儿初步了解小学生在校的学习和生活常规,激发幼儿想当小学生的愿望。

【活动准备】

与参观小学联系好有关事宜。

【活动过程】

1. 交代参观内容,提出参观要求

告诉幼儿要参观小学,看小学生做操、上语文课、开展课间活动。要求幼儿也像小学生一样认真听讲,不影响小学生上课。

2. 带领幼儿参观小学

(1)参加小学的升旗仪式,和小学生一起立正,向国旗行注目礼。

(2)看小学生做操,引导幼儿观察小学生认真、有力地做操姿势和整齐的队伍。

(3)和小学生一起上一节语文课,了解小学生上课时的表现。

师:小学的哥哥姐姐上课时是怎么做的?他们是怎么举手发言、怎么进行朗读、怎么摆放文具的?

(4)小学老师欢迎幼儿来小学参观,介绍小学的学习要求和行为要求,欢迎幼儿来上小学,做个小学生。

(5)课间活动时,请小学生回答幼儿提出的问题,请幼儿观看小学生的课本、作业、文具和校服、红领巾等。

(6)组织幼儿学习在小学里上厕所。

(7)参观结束,幼儿向老师、学生告别回园。

3. 参观后谈话

师:你们在参观小学的活动中看到些什么?小学和幼儿园有哪些不同?(提示幼儿从作息时间、桌椅摆放、作业要求等几方面谈)

师:我们要向小学的哥哥、姐姐学习什么?

【活动延伸】

(1)与家长联系,请他们配合做好幼小衔接教育,让幼儿上午八点以前入园,下午四点半以后离园,提醒孩子早睡早起,使他们养成良好的生活和学习习惯。

(2)逐渐以小学生的标准来要求幼儿,缩小幼儿园和小学之间的差距。

(一)社会实践活动的组织策略

社会实践活动是教师创造一定条件,组织幼儿亲自参与某项活动,感知、体验或学习某种社会技能的教育活动。幼儿园组织的社会实践活动主要有劳动与幼儿生活密切相关的社会生活实践。如让幼儿带上一元钱去超

第三章 幼儿社会教育活动的设计与指导研究

市购物、带幼儿去塑料大棚摘草莓、去农田挖红薯等。

组织社会实践活动首先要选择适当的内容。明确实践的教育目的,根据需要选择与幼儿生活密切相关,幼儿感兴趣并且力所能及的活动作为实践内容,如去超市购物、种植大蒜、剥豆子、擦窗台、洗小毛巾、收拾玩具、重新摆放活动区物品、自我服务性劳动等等。

其次,做好活动的准备工作。在组织实践活动之前,仔细考虑实践过程中各个环节的操作和衔接,设计科学的活动程序。活动的准备过程就是幼儿实践参与的过程,应该避免那种教师将一切物品都准备就绪后才邀请幼儿动手的形式主义的实践活动。如洗手之前,教师可以请幼儿自带小毛巾、用小脸盆接水、去拿小香皂等。

安排好实践环节,既要达到实践目的,还要保证幼儿身心安全。教师要用语言引起幼儿参加活动的愿望,并调动幼儿有关的经验。比如洗小毛巾活动开展之前,教师可以问问幼儿:"小毛巾脏了怎么办?你以前自己洗过小毛巾吗?是怎样洗的?"在幼儿自由发言的基础上,教师一边用浅显生动的语言讲解操作要领,一边用慢动作清楚地示范,并注意使幼儿能看得比较确切。幼儿操作时,教师要尽可能地参与其中,并巡回指导,针对发现的问题及时采取措施。对于全班性的问题,教师可再集中示范讲解一遍。对于个别幼儿操作中出现的问题,教师则可以个别辅导。在实践活动的全过程中,只要是幼儿可以自己动手尝试的,就应该放手让他们操作,以使他们从实践中深刻地体会到劳动的艰辛和成功的喜悦。

案例3

【活动名称】我们学剥豆(中班)

【活动目标】

(1)引导幼儿帮助成人做力所能及的事情。

(2)引导幼儿学习剥豆荚的方法。

(3)教育幼儿做事要一心一意,有始有终。

【活动准备】

(1)每组幼儿一小盆毛豆荚、一个托盘、一个碗。

(2)事先和厨房联系好有关事宜。

【活动过程】

1. 让幼儿帮助厨房的叔叔、阿姨剥豆荚,引导幼儿自己发现问题,并找出解决的办法

(1)组织讨论,帮助幼儿解决怎么剥豆荚的问题。

师:今天我们帮助厨房的叔叔、阿姨剥豆荚,你们知道怎么剥吗?

（2）让幼儿动手试着剥一会儿豆荚,然后老师请剥得好的小朋友示范。

（3）讨论怎样才能剥得又快,地上又干净。(老师建议拿一个碗放豆子,一个托盘放豆壳儿）

（4）集体剥豆荚。

2. 让幼儿通过送豆子和吃豆子等活动,感受劳动的喜悦

（1）带领幼儿把剥好的豆子送到厨房。

师:小朋友,我们把剥好的豆子去送给厨房的叔叔、阿姨吧,你们帮助厨房的叔叔、阿姨做事,他们一定很高兴,一定会谢谢小朋友!

（2）打扫桌面。

（3）午餐时,提醒幼儿多吃点儿自己剥的炒豆子。

【活动延伸】

鼓励幼儿回家后帮助家人做力所能及的事情。

（二）区域活动中的社会教育活动

区域活动是幼儿在教师准备的环境中进行的自由、自主、自选的活动。常规的区域包括:角色游戏区(娃娃家、小超市、医院、餐厅、理发店等)、美工区、阅读区、表演区、建构区、益智区等。

区域活动尤其是角色游戏区的活动是促进幼儿社会性的良好教育形式,但区域活动的计划性、目的性非直接指向社会教育,而是将其渗透到活动中。

区域活动中渗透的社会教育不仅包括各个区域的活动规则,师幼之间、同伴之间生成的相互交往与合作,矛盾的产生与解决,还包括角色游戏区中不同的社会角色体验、职业体验等,如制定区域规则。

第一,礼貌协商的解决问题。

第二,别人的东西不能随意拿,自己的东西归自己所有,并有权利自由支配。

第三,从哪拿的东西要归位。

第四,谁先拿的谁先用,后来者请稍等待。

第五,不可以打扰别人。

第六,做错事要道歉,并学会要求他人道歉。

第七,不争抢角色和玩具。

第八,按照扮演的角色要求遵守相应规则。

第九,学会拒绝别人,学会说"不"等。

第三章 幼儿社会教育活动的设计与指导研究

区域活动中涵盖的社会教育内容有人际交往方面的,也有社会适应方面的;有社会认知方面的,也有社会技能和情绪情感方面的。

案例4

案例(在表演区角色游戏活动中的渗透)

在刚开始玩"绿色礼品店"游戏时,很多幼儿都有些胆怯,摆好了摊位、放好了物品后却不敢叫卖,有顾客光临时声音也很小,结果游戏结束时,收款机里只有几块钱。在评价游戏时,老师让孩子们说说今天卖得少的原因,几个能干的孩子立刻举起了手:"不叫卖,人家怎么知道我们的东西好不好呀!"于是老师组织孩子们讨论怎样叫卖,通过讨论大家觉得不光要声音响,还要说出自己东西的好处,脸上还要笑眯眯。老师还鼓励孩子们,在下次的游戏中还要设置明星榜,哪个摊位钱挣最多就能上明星榜。又一次游戏开始了,孩子们认真地与顾客交流,叫卖声此起彼伏。整个游戏孩子收获的不仅是"钱",更有自信、成功和快乐。

(三)生活活动中的社会教育

幼儿园一日生活活动流程大致会有以下活动流程:来园活动→早餐→自由活动→教育活动→游戏活动(户外游戏、室内游戏)→午餐→如厕→午休→起床→喝水→区域活动或户外活动→加点→离园活动。根据以上活动流程,大致分为以下几种类型的活动:来园和离园活动;早餐、午餐和加点活动;喝水和如厕活动;自由游戏活动;午休活动;区域活动;集体教学活动。

渗透在一日生活活动中的社会教育内容主要有如下几方面。

(1)来园和离园活动中的社会教育:①能主动使用礼貌用语,不说脏话、粗话;②能够独立承担礼仪小朋友的工作,接待本班幼儿及家长,并主动问好;③不随意打断别人聊天;④不打扰别人的活动;⑤能自己穿脱衣服、鞋袜、扣纽扣,会将衣服叠好放在指定位置;⑥不跟陌生人走,离园时有礼貌地跟老师打招呼;⑦知道家人的联系方式(家庭住址,父母的联系方式)等。

(2)早餐、午餐和加点活动中的社会教育:①进餐前能为小朋友分发餐具,独立做到四净(碗、桌、地、自己);②进餐时不说话,以免吃凉的食物;③餐后能收拾餐桌并把餐具分类放到指定的位置;④进餐后在老师的提醒下漱口、擦嘴;⑤离开座位时,能主动将椅子轻轻归位等。

(3)喝水和如厕活动中的社会教育:①接水时不拥挤,主动排队;②节约用水,随时关水龙头;③能正确、独立的如厕,便后能主动整理衣服;④不玩热水，以免烫伤。

（4）自由游戏活动中的社会教育：①能安静、快速地上下楼梯；②知道玩火、玩电源插座、电器及煤气开关等是不安全行为并愿意努力克服；③知道随气温变化增减衣服，累了能主动休息；④外出活动时不跟陌生人走，掌握一些简单的应对方法；⑤知道外出活动必须跟着大人，掌握跟大人走散了的应对方法；⑥认识几种常见的安全标志（易燃物品标志，安全出口标志，禁止攀爬标志等），增强安全防护意识；⑦能根据场合调节自己说话声音的大小；⑧活动中能保持良好的坐姿。

（5）午休活动中的社会教育：①能独立起床，学习叠被子，整理床铺；②午睡时能将外套叠好放在指定位置；③午休期间如厕能做到不打扰其他人等。

案例5（在一日生活各环节中的渗透）

在离园时，老师发现小朋友的小手帕都不知去哪儿了，仔细一找，发现床上有、玩具柜里有、椅子上有……于是老师问孩子们："你们想不想回家呀？""想！"孩子们大声地回答着。"我这儿有好多小手帕也想回家，请你们把它们领回家吧。""好。"可是老师发现有的小朋友不认得自己的手帕，只好等家长来的时候让他们辨认。于是第二天的活动时，让孩子们来介绍自己的手帕，并与幼儿约定，谁在回家的时候还能让小手帕藏在自己口袋里，谁就能得到一枚小星星。果然，在离园时除少数孩子外，大家都能保管好自己的小手帕。

（四）其他领域中的社会教育活动

幼儿园活动分为健康、语言、社会、科学、艺术五个领域的教育活动，在具体的实施过程中，五大领域的目标不会完全割裂开来，而是自然地融合为一体，各领域的活动中都会渗透社会教育的因素。比如：

健康领域：体育活动中的有序排队，不小心碰到别人要主动道歉，竞赛活动中不用粗俗的语言攻击对手或身体攻击，体验友谊第一、比赛第二的文明竞争原则，在同伴摔倒时能积极扶起，关心、帮助有疾病或残疾的同伴等。

语言领域：很多诗歌、故事、图画书中都蕴含了多种多样的社会教育价值。例如，绘本《小威向前冲》，幼儿在认知生命孕育过程的同时感受亲情的美妙；激发遇到困难勇敢向前冲的优秀品质；肯定自我，建立自信等。除此之外，还有讲爱的表达与体验的绘本《猜猜我有多爱你》，讲生命尊严的绘本《獾的礼物》，讲团结合作的绘本《向"0"敬个礼》等。

科学领域：科学观察、实验过程中秩序感的培养，遇到困难坚持不懈、

第三章 幼儿社会教育活动的设计与指导研究

努力探究的优秀品质的养成,相互合作解决问题的能力的培养等。

艺术领域:美工活动中活动材料的有序摆放、文明使用,不破坏工具,活动中产生的纸屑等垃圾不乱丢,不争抢活动材料等。音乐表演活动中积极、自信品质的养成等。

案例6

【活动名称】小威向前冲[①]

【适用年龄】大班

【设计思路】

大班的幼儿,对周围事物充满了好奇。"我从哪儿来",是一个难以马上回答,几乎困扰着所有爸爸妈妈和教师的问题。"石头缝里跳出来的""胳肢窝里长出来的""我也不知道"……

绘本《小威向前冲》以极富想象的故事情节、生动简洁的画面、童真质朴的角色,把生命形成的自然现象阐释得有趣而易懂。

或许有人疑惑:让成人都羞于启齿的话题,为什么拿来给幼儿阅读?实在是因为想让幼儿多多感知如此富有创造力的思维方式。因此,在活动设计时,依然要谨慎地制订着本活动的教学目标。

就人物角色来说,小威不断进取的勇气值得幼儿佩服。从小威的身上,幼儿知道每个人都有长处和弱点,可是无论怎样,我们都是一个好孩子。就故事内容来说,"小威像布朗先生,小娜像小威"所传递的遗传特质值得幼儿认知。幼儿通过发现自己和父母的相像之处(外貌、爱好、动作等),来理解生命延续的特性。就让幼儿随着故事慢慢理解生命产生的神奇过程,渐渐成长!

【活动目标】

1. 喜欢并佩服小威的勇气,了解自己的特点并激发自信心。
2. 理解故事内容,知道自己像家人的生命现象,对自然感兴趣。

【活动准备】

绘本,教学课件,录像《爱的奇迹》。

【活动过程】

1. 欣赏封面,引入主题

——(出示绘本)看看书里讲的是关于谁的故事?(一小蝌蚪向前冲。一小"成"向前冲……)这个字有点像成,念"威",威风的威。

(这样的活动,尽管有些普通,却能直接引导幼儿解读封面。尽管幼儿

[①] 应彩云. 云淡风清:应彩云幼儿教学案例随笔 [M]. 北京:少年儿童出版社,2016.

园里不教识字,可幼儿们在生活中认熟了一些汉字,他们的视线直接落在了书名上,边识边猜地读了起来。)

——这个小家伙就是小威,小威是他的名字。向前冲的小威是个怎样的小威?(一是个勇敢的小威,一是个有力量的小威……)

——小威向前冲,到底要冲到哪里去呢?听听故事吧。

(认识故事主人公,激发对阅读的期待。)

2. 赏读绘本,积极讨论

(1)讲述故事第一段

——小威是一个什么样的小家伙?(——数学不好。——游泳高手。——喜欢和小布比赛游泳……)

(这里考量幼儿的倾听能力。一般而言,幼儿总是由近及远地回忆。)

——那你认为他是个棒小孩吗?为什么?(——不是的。——是的……)——为什么?(——他数学不好。——他游泳好……)

(这里要传递正确的人生观。然而,许多成人认为:不好好读书的幼儿就不是好幼儿。)

——你是一个棒孩子吗?(——是的。)

——你有什么地方是高手?(——我打排球是高手。——我吃饭是高手……)——你有什么地方不太好?(——我写字不太好。——我弹琴不太好……)为每个幼儿树立信心。

——现在你还认为小威不是一个好孩子吗?(——是好孩子。)

——你还听到小威住在哪里?(——住在布朗先生的身体里。)

(2)讲述故事第二段

——(播放课件)我们来看看地图,起点在这儿,终点在那儿,看看小威是怎么走的?(——从管子里走……从箭头出发……经过金色的骨头……海盗船……最后到达终点)

小结:参加比赛,拿到地图后要看清路线,才会赢得比赛。

(这是一幅生命形成的路线图。为了便于幼儿观察时饶有趣味,可引导幼儿讲述路线边上的参照物。)

(3)讲述故事第三段

——小威好紧张啊!你觉得小威应该怎么样?(——要加大力气。——加速。——尾巴摆得快一点。——拼命向前游。——把小布挤到边上去……)

——把小布挤到边上去后会发生什么情况?(——其他兄弟姐妹上来了。——别管小布啦……)

小结:是啊!小威遇到小布,好比是我们遇到的困难。记住:以后遇到

第三章　幼儿社会教育活动的设计与指导研究

困难,别管它,要继续往前冲。现在为小威加油!

(这里向幼儿传递正确的比赛态度,培养幼儿坦诚的品格)

——(播放课件中的动画:向前冲。)谁赢了?(——小威!)

——冠军的奖品归谁了?(——小威!)

(这时,幼儿的情绪有些兴奋了。)

(4)讲述故事第四段

——猜猜小宝贝会是个什么样的孩子?(——漂亮。——聪明……)

——头发会是什么颜色呢?(——红色。——黄色……)

——还会有什么特别的?(——游泳高手。——数学不太好……)

——可能吧。

(幼儿带着神圣的情绪看完,思绪仍沉浸在故事中。这时,让幼儿领悟宝宝会和布朗先生很像,有些幼儿很快便会想到。)

(5)讲述故事最后一段

——小娜像谁?(——像布朗先生。——像小威……)

小结:是啊!她本来就是布朗先生和布朗太太的孩子,所以很像他们。

3.积极描述,快乐游戏

(1)聊聊我和爸爸妈妈

——你也是爸爸妈妈的孩子,你跟他们哪里长得很像?(——我和我妈妈的眼睛像。——我和爸爸的脸蛋像……)

——爸爸和爷爷像吗?(——像的,可是我和爷爷更像。)

——你们都是一家人,所以才会像。

(侧重于描述与父母相像的地方。这里可以呈现父母的合影,会更有利于生动描述。)

(2)说说我和别人

——你和爸爸妈妈很像。那么,你和别人呢?(——不像的……)

——哪里不像?我们来玩个游戏。

(在与别人的比较中,幼儿渐渐地发现自己的独特并萌生自豪感。)

——我们来玩个接龙游戏,比一比和别人不一样的地方,把它讲出来,看谁能接得最快,讲得最多。给你们一分钟。

(接龙游戏旨在训练幼儿的快捷思维,但应在游戏前给予幼儿一两分钟自由观察时间。)

——你和他(她)有什么不一样?(——我喜欢画画,他喜欢折纸。——我眼睛大,他眼睛小。——我是女孩子,他是男孩子……)

小结:这条龙可以接得很长,因为你们有许多和别人不一样的地方。

要知道,你与别人不一样的地方越多,说明你越特别。

4. 活动延伸

——小威去了哪儿呢?

——小娜是从哪儿来的呢?

——你又是从哪儿来的呢?

(这时,并不要求幼儿回答,只是带给幼儿思考。)

附:故事小威向前冲

小威是一个小家伙,一个非常活泼的小家伙。他和许多兄弟姐妹一起,住在布朗先生的身体里,热闹极了。在学校里,小威的数学实在是不好,这点和布朗先生就很像。不过,他可是游泳高手。小布是小威的好朋友,他也是个游泳高手。他俩经常在一起比赛游泳,玩得难分高低。

学校里要举行游泳大赛了,因为布朗先生和布朗太太结婚了。冠军的奖品是一个美丽的小东西,她住在布朗太太的身体里。大家都想做冠军得奖品。游泳大赛的日子一天一天地临近了。小威和兄弟姐妹们每天都努力地练习游泳。游泳大赛的日子终于到了,老师发给大家一副眼镜、一张地图。

大赛的裁判是布朗先生和布朗太太。他们击掌大喊:"开始!"小威和伙伴们飞快地冲过起跑线。"冲啊!"小威奋力向前冲,小布紧紧地跟在后面。看!小布快要赶上来了,小威好紧张,拼命向前游。他不知道自己离终点还有多远,他的数学实在是不好,他只知道拼命向前游。

奖品的样子很可爱,小威欢喜地靠了上去,越靠越近,哦,奇妙的事情发生了……有个小生命开始成长了,把布朗太太的肚子撑得鼓鼓的。布朗太太肚子越长越大,它长啊长……终于有一天,宝宝出生了,是个女孩。

布朗先生和布朗太太为她取名叫小娜。慢慢地,小娜长大了,她和小威很像:数学不太好,却是个游泳高手!

第四章 学前儿童社会教育的评价研究

评价是对事物价值的判断,是一种与价值标准、价值判断相关的活动。学前儿童社会教育活动的评价同样是一种价值判断活动,在教育实践中起着杠杆作用,离开评价,我们就很难了解活动预期的目标是否实现,很难及时发现活动过程中的问题,也难以知道活动在哪些方面促进了儿童的社会性发展。本章即对学前儿童社会教育评价的相关内容进行简要阐述。

第一节 学前儿童社会教育评价的内涵

一、学前儿童社会教育评价的概念

(一)评价本质上是一种认识活动

评价是主观形态的东西,因而人们对同一事物会有完全不同的评价。但不要以为评价是主观的,就认为价值也没有确定的客观性。价值之所以具有主观随意性,一方面受阶级立场的制约,另一方面受认识水平的影响。

但经过实践的检验,人们有可能对价值形成一个可以接受的共同的评价标准,这个标准是客观的。评价本质上是一种认识活动,是意识对存在的一种反映。在日常生活中,评价表现为人们对价值客体的态度。在反映的对象、认识的主体和活动的形式上,评价有两个特点。

（1）评价的对象是一种价值关系。一切评价都是评定价值。评价是一种关于价值的反映。评价是价值在意识中的反映。价值本身是一种关系,此种价值关系是评价的对象。成为评价的基本内容标志的,应是价值结果或成果。价值关系或价值结果又称为价值事实。价值事实有三个特点。

第一,价值事实是客观存在的。

第二,价值事实是主体和客体相互作用的产物。

第三,价值事实的客观存在可以是现实的,也可以是可能的、未来的。

（2）评价主体是对价值作出判断的主体。只有评价者与被评价的对象形成价值关系时,或者评价者就是被评价的价值关系的主体时,人们的认识才属于评价的范畴。

总的来说,评价是一定价值关系主体对这一价值关系的现实结果或可能结果的反映。

（二）学前儿童社会教育评价是对教师工作和学前儿童社会性发展的评价

学前儿童社会教育评价是对学前儿童社会教育活动满足社会和个体的需要的程度作出判断的活动。学前儿童社会教育是一个复杂的系统。从正规的学前教育形式的角度审视学前儿童社会教育的组织体系,人们可以将此复杂的系统分为国家层面的教育、区域层面的教育、单个学前儿童园层面的教育、学前儿童园内的教师和学前儿童一起开展的教育活动。其中区域层面的教育包括省级的教育、市级的教育、县级的教育、乡级的教育四个层级。在上述各个层级中,单个学前儿童园和园内教师、学前儿童开展的教育活动是学前儿童社会教育运行的最基本的单位,因而是最重要的分析单位之一。因此学前儿童社会教育评价的主要领域包括对学前儿童园开展的学前儿童社会教育,对儿童社会性发展的促进作用的判断和对教师从事的社会教育工作产生的实际成效的判断。

二、学前儿童社会教育评价的原则

学前儿童社会教育评价应遵循一定的原则,概括来说主要包括以下几方面。

(一)目的性原则

目的性原则是指在进行学前儿童社会教育评价时,必须要有明确的目的。通过评价达到学前儿童社会教育评价的目的。

第一,促进每一个孩子的发展。

第二,提高教师的专业化水平,要坚决避免为其他目的而进行的评价。

在任何情况下,评价工作的全过程都应紧紧围绕了解孩子、促进孩子的发展为宗旨。为此,在评价工作的不同阶段以及每一次搜集评价信息时,都要有明确具体的评价目的,使其成为内容具体、任务明确的观察与了解学前儿童发展的过程。

(二)客观性原则

学前儿童社会教育评价的效果如何,取决于人们能否保证评价结果的客观、准确。学前儿童社会性发展评价是一项科学性很强的工作。评价工作能否客观、实事求是,关系到评价结果是否正确,也关系到评价目标的实现。因此,从某种程度上说,客观性原则是做好评价工作的基本保证。在贯彻客观性原则时,人们应当做到以下几点。

1. 评价标准要具有统一性

要使用统一的评价标准来评价本班所有儿童和全体教师,不能因评价对象不同使用不同标准,或对评价标准进行改动。

2. 评价者应当做到客观公正

在收集、整理和分析资料的过程中,不能独断地融入个人的主观因素,而应该以客观存在的事实为依据。在进行价值判断时,也应当以事实为基础,不能带有某种成见去评价,更不能以主观臆断代替客观的评价结果。只有如实地反映教师和学前儿童的教育和发展的状况,才能使教师和学前儿童心悦诚服,充分调动他们的积极性。

3. 选择可靠的评价指标体系

在对学前儿童社会教育进行评价时,要注意评价指标体系的可靠性和客观性,要选择经过科学程序编制,并在实践中经反复验证且被证明是有效的评价工具。

4. 要全面地收集资料

收集评价信息的方法、途径应当是客观和全面的,避免使用一种方法。在评价中应当尽可能广泛地收集资料。如对一个学前儿童园的儿童社会教育工作的整体评价,不能只听几个老师的意见,而应当收集上下左右各个方面的意见,才能全面地了解情况,做到客观公正。

5. 对结果尽量进行量化处理

教师有必要使用统一的评价标准进行评价。凡客观存在的现象,都有其数量方面的存在。教师应当尽量对评价结果进行量化处理,以数据的形式描述评价结论,这样做有助于认识的精确化、深化,便于对评价的结论进行数量比较。评价的客观性原则要求人们采取实事求是的态度,全面搜集资料,并进行量化分析。

(三)科学性原则

评价的科学性原则是指评价者以科学的评价理论为指导,采用科学的方法对学前儿童社会教育的过程和效果进行评价。在贯彻科学性原则时,评价者要遵循以下几点要求。

1. 评价的指导思想是科学的

正确的评价指导思想是在评价实践中逐步树立的。评价者要通过学习先进的教育理论,特别是教育评价理论,在评价的实践中逐步确立科学的评价指导思想。树立科学的评价观是开展科学合理的评价工作的前提,也是开展具体评价工作的基础。

2. 评价的组织工作和制度安排是科学的

评价的科学性原则要求评价的指导思想、评价的程序和指标体系、评价的方法、评价的组织工作和制度安排皆科学合理。为了更好地开展评价工作,只制订一个好的评价方案还不够,还需要建立健全、合理的组织。此外,

第四章　学前儿童社会教育的评价研究

学前儿童园也有必要建立和完善相关的制度,包括相应的信息采集、整理、分析、公布的制度,工作责任制,奖励制度。

3. 评价的方法是科学的

评价方法包括评价的操作方法、信息获取方法、计量方法、结果处理方法。评价者有必要将定性方法和定量方法结合起来。对于易于用数量表示的内容尽量采用定量的方法。对于不易用数量表示的内容,要尽量采用定性方法。评价不必事事精确,有时模糊的计量更能全面如实地反映评价对象,使评价结果的可靠性和有效性结合起来。

4. 评价的程序是科学的

学前儿童社会性发展评价的程序要合法合理,评价程序的确定要充分地听取专家、广大教师和学前儿童的意见和建议。要破除评价工作的神秘性,增加透明度,从评价目标、标准的确定,到评价方法的采用、程序的确定和组织制度的落实,都要原原本本地告诉评价的人员,以便调动广大教师的参与意识。

5. 评价的指标体系是科学的

评价的指标体系是评价方案的主要内容,实现指标体系的科学化关系到整个评价工作的科学性。指标的界定要科学,做到外延清楚,内涵准确。指标的建立要有科学的依据,能反映教育的规律、国家教育方针的要求和学前儿童园的实际情况。指标的结构构成方式要合理,指标的设置和各个指标之间的关系也要理顺。指标权重大小的确定要科学合理。

(四) 全面性原则

全面性原则指评价学前儿童社会教育活动目标的全面性,即学前儿童社会认知、社会情感和社会行为技能的协调统一。在以往的评价中,人们只注重社会认知,只在意学前儿童获得了哪些知识。事实上,社会认知只是社会教育的基础,是其中的一部分,评价的重点应放在上述三方面的协调统一上。同时,全面性原则也意味着对社会性教育活动各因素进行全面评价,不但对学前儿童在活动过程中的社会性发展进行评价,还要对教师在教育活动中的组织进行评价,既要对教育活动过程的教具、学具的选择和利用进行评价,又要对教师与儿童之间的言语和情感互动情况进行评价。

（五）可行性原则

可行性原则是指学前儿童社会性评价方案能顺利地实施、推广和应用。学前儿童社会教育评价方案要付诸实施，必须具备一定的条件，符合实际情况，切实可行。否则，方案再科学也难以实行。为了使评价方案具有可行性，评价者应做到以下几点。

第一，有必要在方案制订过程中充分听取学前儿童教育相关利益者的意见和建议，使评价方案在理想和现实之间找到一个平衡点。

第二，学前儿童社会教育评价必须紧密结合教育工作计划进行，以便为教师和学前儿童提供反馈信息。只有加强评价的计划性，才能提高评价的实用性。

第三，评价标准和要求要适度。评价指标要简便易测。评价项目不宜过多，否则会花费过多的人力和财力。

第四，学前儿童园有必要制定相关的规章制度，以使评价中的各项要求落到实处。学前儿童园也有必要建立搜集、整理和分析资料的制度。

（六）导向性原则

导向性原则要求学前儿童社会教育评价发挥正确的导向作用。学前儿童社会教育评价的导向性，既取决于国家和社会的性质，也取决于评价活动自身的特性。导向性原则是教育评价的根本原则。为了贯彻导向性原则，评价者有必要将素质教育的理念、以人为本的理念、科学和谐发展的理念引入评价工作中，对教师的工作过程和绩效以及学前儿童的社会性发展水平进行评价。为了使学前儿童社会教育更好地适应社会发展和个人发展的需要，评价者必须在具体的评价中遵循以下几个要求。

第一，在学前儿童园办学活动的评价中，将端正办学指导思想、坚持社会主义办学方向、提高国民素质的要求细化并纳入评价体系中。学前儿童社会教育评价必须真正起到促进党的教育方针全面落实的作用，起到调动学前儿童园教师积极性的作用，起到促进学前儿童身心全面发展的作用。为了使确保社会主义的办学方向，提高国民素质的要求真正落到实处，学前儿童园必须结合实际情况，制订具体的目标来监督和引导学前儿童园的办学活动。任何一次评价都要有具体的目的，不能为评价而评价。在任何情况下，评价工作的全过程都应当围绕了解学前儿童展开，以促进学前儿童的发展为宗旨。人们有必要通过评价达到学前儿童社会教育评价的目的，促进每一个学前儿童的发展，提高教师的专业化水平。

第二,在对教师开展学前儿童社会教育活动的过程和结果的评价中,要求教师树立科学的人才观、教育观、评价观,并对教师的教育过程和工作绩效进行评价。在人才观方面,教师要树立多规格育才的目标观和全面发展与个性发展相结合的素质观。在教育观方面,教师要树立"寻找适合儿童的教育"的观念。在评价观方面,教师要处理好教育与评价之间存在的目的与手段的关系,将评价视为实现教育目标的工具,充分发挥评价改进教育工作的作用。

第三,在对学前儿童的社会性发展水平进行评价时,有必要落实以人为本的评价观念和科学和谐发展的评价观念。学前儿童社会性发展评价要围绕学前儿童的发展,要为学前儿童的发展服务。学前儿童社会性发展评价要紧扣教育目标,全面反映教育目标,具体分析目标达成度,并采取相应的对策和建议。

(七)综合性原则

学前儿童社会教育的内容具有综合性特点,各方面具有相对独立性,但又不是孤立存在的,只有把各方面内容协调起来,才能全面考察学前儿童社会教育的质量和学前儿童社会性发展水平的情况。

三、学前儿童社会教育评价的意义

(一)学前儿童社会教育评价是了解学前儿童社会发展水平需要和个别教育的依据

通过评价,教师可以了解学前儿童在活动中的表现状况、社会性发展程度和水平,从而判断和分析社会性教育过程的不同影响因素的作用,从而对学前儿童的兴趣、需要、能力、态度等方面的发展进行科学鉴别,了解学前儿童在活动中掌握了哪些知识,发展了哪些能力,存在哪些长处和弱点等,同时,可以指导教师根据学前儿童社会性发展特点有计划、有目的地观察了解学前儿童,从而为教师的个别辅导和有针对性的教育提供依据。

(二)学前儿童社会教育评价是一种信息反馈机制

通过评价,教师可以反思自身教育效果,及时得到反馈信息,从而帮助找到自己教育中的薄弱环节,做好补救工作,避免下次再出现。另外,正确的学前儿童社会教育评价可以及时有效地优化学前儿童社会教育的结构,提高教育的功能,实现预定的目标。不正确的学前儿童社会教育评价会给学前儿童社会教育带来不良的后果。当前我国学前儿童社会教育评价应当以素质教育为导向,注重学前儿童的全面综合素质的发展,要特别注重学前儿童身心的协调发展、创新意识的养成、动手操作能力的发展、团队合作能力的发展。

(三)学前儿童社会教育评价是提高教师教育工作的重要途径

在评价的过程中,教师运用学前儿童发展理论学前教育原理等专业知识审视教育活动中存在的问题,其自身专业化水平也会不断提高。同时,评价可以帮助教师了解学前儿童的社会性发展状况,为其制订下一步教育活动计划提供依据。另外,评价的结果也为教师和家长更好地沟通做好了准备。

(四)学前儿童社会教育评价是调控学前儿童社会教育质量的手段

通过学前儿童社会教育评价教师可以对学前教育活动的整体质量、学前儿童的发展情况、教育目标是否实现等教育活动的各个方面进行科学的鉴别,了解制定的社会教育目标、选择的内容是否符合学前儿童的年龄特点,已有的知识经验和现有的知识水平,学前儿童园教师实施的教育是否达到了预期的效果等。同时,可以通过评价结果知道学前儿童社会教育的质量,教学过程中存在哪些问题,并对这些问题进行分析,使从而寻找科学的教育方法,选择最佳的社会教育方案和模式,从而提高学前儿童社会教育的质量。

第二节　学前儿童社会教育评价的内容

学前儿童社会教育评价包括对学前儿童社会性发展的评价和社会教育活动的评价两个部分,前者是为了了解儿童的社会性发展状况,以便为学前社会教育活动的下一步开展提供依据,后者是为了了解和监督实施的社会领域教育活动的科学性和有效性等。

一、学前儿童社会性发展的评价

学前儿童社会性发展评价是学前儿童社会教育评价的组成部分。通过评价,可以帮助教师和家长了解学前儿童社会性发展的轨迹和特点,从而采取有针对性的教育措施,进行适当的教育活动,调整班级学前儿童社会性发展的具体目标,因材施教,促进每个孩子在社会性发展过程中能朝更好的方向过渡。通过评价,有利于家园结合,共同促进学前儿童社会性的健康发展。

（一）学前儿童社会性发展评价的理念

众所周知,马斯洛的需要层次理论认为,人的需要归纳为五大类:生理的需要、安全的需要,社交的需要、尊重的需要和自我实现的需要(图4-1)。

图4-1　马斯洛的需要层次理论

因此，应帮助学习者从自身发展的需求出发进行自我认识和评价，需要层次理论是发展性评价的心理学基础。以前我们进行学前儿童的发展评价工作，但是评价者永远都是教师，学前儿童始终处在被评价的地位。长此以往，必将导致学前儿童只是将外界对他的评价作为对自己的认识，逐步养成要么骄傲自大或者是畏缩自卑的不良品质。学前儿童社会性发展研究的开展，使我们充分地认识到，只有将学前儿童放在群体发展的情景中，以帮助学前儿童参与评价的方式，才能激活学前儿童的主体意识，参与对自身发展的评价，逐步形成自我评价的意识和态度，逐步培养其形成客观公正、积极进取的价值取向，这也是学前儿童社会性教育所追求的目标。

（二）学前儿童社会性发展评价的主要内容

以学前儿童集体活动为背景，以自主活动为基础，以经验学习为内容，以观察体验学习为方法，帮助学前儿童与有准备的环境进行互动，发展学前儿童的自我意识和社会意识，培养学前儿童各种社会生活能力，促进学前儿童个性及其行为的良性发展，使学前儿童个性和社会性最大化、最优化地发展，实现对社会的新创造。

学前儿童社会性发展评价的内容是根据学前儿童社会性发展目标来制定的。《纲要》中提出的学前儿童社会教育的目标，缺乏具体和细化，使得学前儿童社会性发展评价的内容也充满了弹性。不少学者依据不同的理论和教育价值观，从不同角度对学前儿童社会性发展的目标进行了研究，对学前儿童社会性发展的内容做了不同的分解。下面从《学前儿童发展评价手册》中选取社会性发展评价量表的内容供大家参考（表4-1）。

表4-1 学前儿童社会性发展评价量表

项目	内容	等级标准		
		一	二	三
自我系统	自我认识	知道自己的姓名、性别、年龄	知道自己的爱好	知道自己的优缺点
	自信心	完成简单事情或任务时有信心	完成稍有难度的任务时有信心	完成没有做过或有较大难度的任务时有信心
	独立性	在教师鼓励和要求下能独立做事	自己能做的事情不请求帮助	喜欢独立做事情和独立思考问题

第四章　学前儿童社会教育的评价研究

项目	内容	等级标准		
		一	二	三
自我系统	坚持性	能有始有终做完一件简单的事	能坚持一段时间完成稍有难度的任务	经常能在较长时间内主动克服困难，实现活动目的
	好胜心	在感兴趣的活动中努力做好	在竞赛情景及与他人同时进行的活动中努力争取好成绩	做任何事都努力争取好结果
情绪情感	表达与控制情绪	情绪一般较稳定，经劝说能控制消极情绪	一般情绪状态较好，能用较平和的方式表达情绪；一般能自己调节与控制消极情绪	一般情绪状态良好，能用恰当的方式对待不同情景做出适宜的情绪反应
	爱周围人	热爱、尊敬父母	亲近班里的老师和小朋友	关心父母、老师和小朋友，喜欢帮助他们做力所能及的事
	爱集体	喜欢学前儿童园，愿意参加集体活动	在教师引导下，能关心班里的事，为集体做好事	能主动关心班里的事，为集体做好事，维护集体荣誉
文明礼貌	礼貌	在成人的提醒下能使用礼貌用语	能主动使用礼貌用语	能在不同情景下主动使用礼貌用语，举止文明
	诚实	不说谎话，不随便拿别人东西	做错事能承认，拾到物品主动交还	做错事能承认，并努力改正，不背着成人做被禁止的事
	合作	能与小朋友一起游戏	喜欢与小朋友合作游戏和做事	能成功地与小朋友合作游戏和做事
	遵守规则	经提醒能遵守规则	能自觉遵守规则	能自觉遵守并维护规则
交往行为	与教师交往	对教师的主动交往能做出积极反应	有时能主动与教师交往	常主动发起与教师的交往
	与小朋友交往	对小朋友的主动交往能做出积极反应	有时能主动与小朋友交往	经常主动发起与小朋友的交往
	与客人交往	见到客人不害怕、不回避	对客人的主动交往有积极反应	能主动与客人交往
	解决冲突	与小朋友发生冲突时，经教师帮助能和解	能用适宜的方式自己解决与小朋友之间的冲突	能帮助解决其他小朋友之间的冲突

二、学前儿童社会教育活动的评价

学前儿童社会教育活动评价就是对社会教育活动各个要素进行价值判断。学前儿童社会教育活动效果的具体评价应从活动本身、教师"教"和学前儿童"学"三个方面来着手。

(一)对教育活动本身的评价

1. 对活动名称的评价

活动名称是必不可少的,但是提法可以多种多样,评价活动名称好不好主要看其是否能引起学前儿童的兴趣,是否能反映活动内容等。

2. 对活动目标的评价

社会教育活动的目标应该包括知识、情感、能力三个维度,在面面俱到中做到重难点突出,同一条目标可以包含几个维度的内容,目标的表述应该清晰、准确,具有可操作性。目标的难度适中,数量合适。目标表述的行为主体应该一致。活动结束时要逐条对照,目标是否落实在活动内容和活动过程中,是否都实现了。在评价活动目标满足上述要求的同时,还应考虑以下几方面。

第一,社会教育活动目标的制订是否依据《纲要》。

第二,是否遵循本班学前儿童年龄特点现有发展水平,结合学前儿童的经验、兴趣及需要。

第三,是否能从本地区、本园实际出发。

第四,是否注重长远的教育价值,有利于学前儿童的终身学习和发展,特别是注重发展学前儿童的各种能力,培养学前儿童良好的行为习惯有益兴趣及良好心理品质。

第五,是否体现全面发展学前儿童社会性的要求。

3. 对活动准备的评价

评价教育活动的准备包括以下几方面内容。

第一,活动开展前教师的教育材料是否准备充分,种类丰富,并且材料的利用率是否很高。

第二,教育活动环境的创设是否完善,是否具有暗示性。

第三,是否能引起学前儿童学习的兴趣。

第四,教师对于社会教育活动的知识结构的准备是否到位,以及学前儿童该方面社会性知识的掌握情况是否达到一定水平。

第五,教育活动的物质准备是一个社会教育活动能否顺利进行的关键因素,因此教师在进行教育活动之前要认真、细致地将活动材料准备充分丰富并考虑利用率。

第六,学前儿童应具有一定知识准备如认识时钟及基本的制作技能。

只有这些准备都做好了,才能保证该活动各个环节的顺利进行。

4. 对活动过程的评价

评价者在评价活动过程时首先考虑活动过程是否完整,包括开始部分(导入)、基本过程、结束部分三个环节。在具有以上三点要求后,再逐一评价。

其中,导入部分要最先出现,可评价导入的形式是否合理新颖,吸引学前儿童的注意。在基本过程中,评价主要看教育过程中是否满足以下几方面内容。

第一,是否面向全体学前儿童。

第二,是否尊重学前儿童的个别差异。

第三,是否尊重和考虑了学前儿童的意愿。

第四,是否得到学前儿童的信任和依恋。

第五,教育方法是否生动多样。

第六,教师教育的基本技能及社会教育的能力如何。

第七,学前儿童在整个活动中是否处于主体地位,是否有机会自主考察、体验、表达和操作。

第八,是否寓教于游戏。

在结束部分的评价中,首先看教师是否进行总结,再看教师是否引导学前儿童总结,引导得如何。

5. 对活动延伸的评价

活动结束后,首先要评价教师是否想到了还需要活动延伸,再评价教师使用的活动延伸的方法,是否具有可操作性,是否对该活动长期的发展起到积极的作用。

需要注意的是,并不是每个活动都必须有延伸部分,根据活动本身的需要而定。

6. 对活动效果的评价

社会教育活动的优劣关键在活动效果如何。评价者可以对活动的总体印象进行分析、总结,具体包括以下几方面。

第一,目标是否达到。

第二,学前儿童参与活动的程度。

第三,是否有积极愉快的情感体验。

第四,其行为习惯社会性品质是否符合目标要求。

当然,评价者也可以具体地对活动设计和组织中的不足及其原因进行分析,提出更好的改进建议,为教师以后的活动设计和组织提供参考。

(二)对教师"教"的评价

幼儿园教师专业标准对学前儿童教师作了明确的要求,我们可以以此为依据,从教师指导行为和教师素质两方面来评价。

1. 对教师指导行为的评价

教师指导行为的评价指直接针对教师教学过程的各个步骤进行评价,即教师专业能力的评价,具体包括以下几方面。

第一,教师的活动组织是否有序,层次清晰,重点突出,时间安排合理。

第二,是否能在活动中引导学前儿童积极思考,给予学前儿童充分发挥主动性、参与性和操作性的机会。

第三,是否能顾及并尊重全体学前儿童又注重个体差异。

第四,是否注意观察学前儿童,并根据实际情况作出恰当的反馈。

第五,方法手段是否合理恰当有效,是否能针对教学目标,确保学前儿童的主体性,有较高的效益。

第六,课堂气氛是否活跃,学前儿童学得是否轻松愉悦。

2. 对教师素质的评价

对教师素质的评价是指对教师专业发展所需的相关素质进行评价,包括专业理念和专业知识。专业理念体现在对学前儿童的态度与行为、学前儿童保育和教育的态度与行为、个人修养与行为;专业知识体现在学前儿童发展知识、学前儿童保育和教育知识通识性知识。在具体的社会教育活动组织中评价教师所需的素质,体现在以下几方面。

第一,是否具有社会教育相关知识的储备。

第四章 学前儿童社会教育的评价研究

第二,是否具有一定的自然科学和人文社会科学知识。

第三,是否掌握学前儿童园社会领域教育的特点与基本知识教育活动组织的能力。

第四,是否尊重学前儿童人格,维护学前儿童合法权益,平等对待每一个学前儿童。

第五,是否注重保教结合,培育学前儿童良好的意志品质,帮助学前儿童形成良好的社会行为习惯。

第六,是否富有爱心、责任心、耐心和细心,乐观向上有亲和力,善于自我调节情绪,语言具有亲和力。

第七,是否掌握不同年龄学前儿童身心发展特点、规律和促进学前儿童全面发展的策略与方法。

第八,是否熟悉学前儿童园社会教育的目标、任务、内容、要求和基本原则,掌握学前儿童社会环境创设、一日生活安排、游戏与教育活动、保育和班级管理的知识与方法。

第九,教态是否自然大方。

第十,教具制作是否恰当、实用,演示操作是否准确熟练。

第十一,是否有较强的沟通能力与教学机智等。

(三)对学前儿童"学"的评价

学前儿童是教育活动过程中的学习主体,教育活动的最终目的是促进学前儿童的发展和提高,因此,评价必须关注学前儿童如何"学",关注学前儿童在学习活动中多方面潜能的发展过程,体现"以学评教"。因此社会性教育活动中,学前儿童参与程度的状况、认知、情感和行为的发展,是构成对学前儿童评价的基本要素。主要包括以下方面。

1. 学前儿童参与程度的评价

这是在活动进行过程中教师或评价者及时了解学前儿童参与活动状况的评价,有利于教师及时发现组织教学活动时学前儿童的自主性发挥情况,及时改进教育方法,激发学前儿童的活动积极性、主动性。学前儿童参与程度的评价包括学前儿童的积极性、主动性、注意集中情况、思维活跃程度等。

2. 学前儿童活动效果情况的评价

对学前儿童在活动过程中社会认知、社会情感、社会行为技能等方面的发展情况进行评价,这种活动目标的实现与否成为评价指标体系中的重要组成部分,具体包括以下几方面。

第一,是否掌握相关社会知识。

第二,是否与同伴积极友好互动及产生积极情感。

3. 学前儿童整体社会性发展状况的评价

这是在一个阶段的社会教育后,对学前儿童的社会性发展总体水平进行评价,有利于教师整体把握学前儿童的发展水平,对活动的效果有明确的了解,并对下一阶段的社会教育教学做出调整和计划。

(四)评价应注意的问题

1. 树立正确的评价观

正确的评价观,即是正确看待学前儿童的社会性发展。发展是循序渐进的过程,在这个过程中,幼儿的发展速度具有个体差异,在某一特定阶段,不可能所有幼儿同时达到同一发展水平,幼儿的社会性发展尤为明显。因此,对每个幼儿社会性发展进行分析,不仅要看其是否达到了同龄儿童的一般水平,更要看其在发展方向上是否具有进步性,与自己的过去相比是否有了明显的提高。此外,即使是同一个幼儿,各方面的发展速度也不相同。总之,应以辩证的、动态的观点理解幼儿的发展,幼儿现实的发展水平,并不代表他可能的未来的全都发展情况,每个幼儿通过教育都可能得到提高,评价只是发现幼儿个别差异,为教师改进教育工作提供依据的过程。

2. 与日常工作相结合

只有将评价和日常工作相结合,才能保证评价信息真实可靠。日常工作中的评价还要和终结性评价相结合。如果没有终结性评价,则难以全面把握一名幼儿通过一个阶段的教育后取得的进步和尚存在的不足。只有将两者结合起来,总结性评价的自身才真正具有意义。教师应在日常教育工作中,有意识地大量搜集积累幼儿社会习惯性发展的日常观察信息,在一个教育阶段结束时进行汇总和分析,对于判断依据不足的方面,可实施专门的测查或观察,以得到必要的补充信息。

3. 充分合理地运用评价结果

对评价结果的运用,主要有以下几个方面。

第一,作为制订班级计划的依据。教师只有对本班幼儿总体发展情况

第四章　学前儿童社会教育的评价研究

心中有数，所制订的教育计划才可能既符合儿童发展的基本规律，又适应本班幼儿总体发展水平和发展需要。

第二，分析每个幼儿发展的个别特点，为因人施教提供依据。教师不仅要通过评价了解幼儿的发展现状，还要进一步分析存在问题的原因和导致进步的因素。这种分析不应局限在幼儿园教育这一方面，而且要深入到儿童生活的广阔空间中，如分析家庭及社会环境对儿童发展的影响，使家庭、幼儿园、社会教育等各个方面的力量协调一致、相互配合。此外，教师还应及时将评价结果以及对影响因素的分析以恰当的方式向家长进行反馈，帮助家长正确认识孩子的发展情况以及家庭因素对幼儿的影响，提高其改善家庭教育的自觉性。

4. 正确处理幼儿发展评价与教师工作评价的关系

幼儿园教师是幼儿发展评价的实践者，也是评价结果的使用者，教师以何种动机、态度进行这项工作，决定评价结果的真实性与客观性，而评价结果是否真实、客观，又决定了评价的目的能否实现。教师在进行幼儿发展评价工作时的态度，不仅与其评价观有关，也与幼儿园管理工作和教师工作的评价制度有关。只有建立科学的管理工作的运行机制，正确认识并处理幼儿发展评价与教师工作评价的关系，才能调动教师观察、了解幼儿发展的积极性和主动性，也才能保证教师以认真、严谨的态度进行幼儿发展评价工作，将重点真正放在了解幼儿发展上。有一些幼儿园把教师对本班幼儿进行评价得到的结果与年终（或学期末）对教师的评价挂钩，导致教师在对幼儿发展进行评价时，不能完全将关注点放在了解儿童上，而是较多考虑到自身利益。于是，有的教师在学期初给幼儿较低的评价，学期末给予较高的评价，以显示一个学期自己工作的成效。这样严重影响幼儿发展评价工作的真实性与客观性，其结果将直接对幼儿的发展造成危害。因为，非真实的评价结果对改善教育过程无任何实际的指导意义。在幼儿园的管理工作中，完全可以将幼儿发展评价工作与教师工作相联系，并纳入对教师工作的考核中，但着重点应放在以下几个方面。

第一，看教师能否认真、严肃地开展幼儿发展评价工作，是否能通过多种途径了解幼儿的发展，获得的评价信息是否真实可靠。

第二，看教师能否认真分析影响幼儿发展的因素，特别是对自身工作中的问题进行分析，能否根据教学指导，有目的地改善教育过程。

第三，能否及时向家长反馈评价信息，与家长共同分析影响幼儿发展的因素。

第三节　学前儿童社会教育评价的方法

当学前儿童社会教育评价是对学前儿童社会教育效果进行价值判断,评价时最重要的就是收集和处理评价资料的环节。由于学前儿童社会教育内容广泛,可针对不同的情况,选用不同的评价方法。概括来说,收集评价资料常用的方法主要有以下几种。

一、谈话法

谈话法就是评价者通过口头形式,根据被询问者的答复收集所需资料的一种评价方法。在幼儿社会性发展中,谈话法主要用于了解幼儿的社会认知、态度情感、道德认识等方面的发展。

(一)谈话的分类

1. 根据谈话方式进行分类

根据谈话方式,可以将谈话分为标准式谈话和自由式谈话。
(1)标准式谈话
标准式谈话要求有一定的组织手续,严格按照预先报订的计划进行。这种谈话能比较完整地收集到研究所需要的资料,便于进行定量、定性分析。
(2)自由式谈话
自由式谈话是在日常接触中,在自然的气氛和环境中进行的谈话,常常能够获得意想不到的宝贵材料,但花费的时间比较多。

2. 根据谈话对象的人数进行分类

根据谈话对象的人数,可以将谈话分为个别谈话和集体谈话。
(1)个别谈话
个别谈话能使谈话内容深入。
(2)集体谈话
集体谈话易于节省时间,人们能相互启发。

（二）谈话法的程序

谈话法有一定的程序(图4-2)。

```
制订谈话计划
    ↓
根据研究的需要设计谈话提纲
    ↓
设计谈话记录表
    ↓
按照谈话计划进行谈话
    ↓
整理谈话记录，分析材料，
撰写谈话报告
```

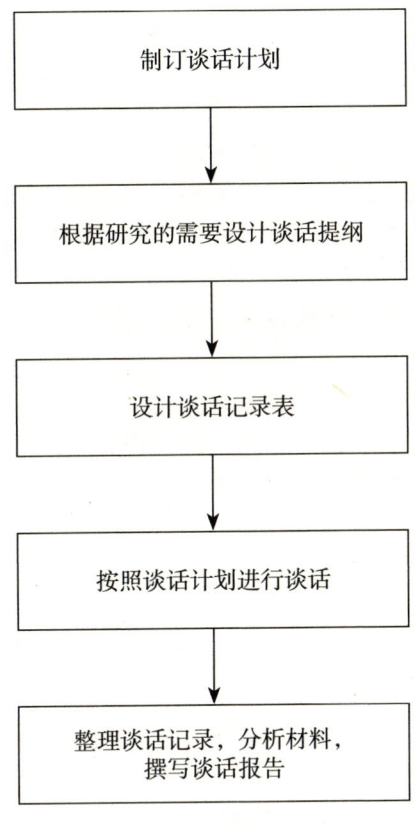

图4-2　谈话法的程序

第一，制订谈话计划。在谈话计划中，首先是确定谈话的目的和谈话对象。

第二，根据研究的需要设计谈话提纲。谈话提纲中所列的问题应是被调查者愿意回答、能够回答的，语句是他们能听懂的，问题不应有暗示性，应当具体明了。

第三，设计谈话记录表。为了便于及时记录谈话内容，人们应当事先设计好谈话记录表，将谈话内容尽可能详细地加以记录。

第四，按照谈话计划进行谈话。在谈话中，人们要注意按谈话计划进行，注意与谈话对象保持和谐的交谈气氛。

第五,整理谈话记录,分析材料,撰写谈话报告。

(三)谈话法的优缺点

1. 谈话法的优点

第一,谈话法可以弥补观察法的不足,比较快捷地了解学前儿童社会性发展中某些难以用行为表现出来的问题。

第二,在运用谈话法时,评价者若对学前儿童的回答有疑问,或者想做进一步了解,可以继续发问,以获得全面具体的解释。

第三,谈话法的运用也给了学前儿童表达自己的机会,以帮助研究者对学前儿童社会性的各方面发展有更深入的了解。

2. 谈话法的缺点

由于谈话法是一对一的交谈,因此,这种方法只适用于小样本的谈话,同时谈话法记录学前儿童的语言表达,所以其可评价的对象也较为局限。

(四)谈话法应注意的问题

评价者在运用谈话法进行学前儿童社会性发展评价时,需要注意以下几个问题。

第一,谈话内容应围绕谈话目的开展。在运用谈话法时,教师预先应该根据谈话目的拟定谈话大纲。

第二,对评价者自身的素质要求较高。与学前儿童谈话时,要使用儿童语言,提问简单易懂,语气亲切自然。在谈话过程中需保持耐心,当学前儿童不能作出正确回答时,应循循善诱,慢慢等待。

第三,谈话的时机要适当。与学前儿童的谈话须在自然状态下进行,如在学前儿童的游戏活动、自由活动时,评价者一边与学前儿童游戏一边谈话,以免学前儿童出现紧张情绪,从而影响谈话结果的真实性。

第四,谈话结束后,要妥善保管记录、录音等,并进行整理以作分析处理。

二、观察法

观察法是指评价者有目的、有计划地通过感官或仪器对教师或幼儿的表现进行考察的一种评价方法。由于观察法更直接、便捷地收集评价资料，适用范围广，因而是教育评价中最常用的一种收集评价信息的方法。

(一)观察的分类

根据不同的标准,可以将观察分为不同的类型。根据观察目的的差异,可分为自然观察和科学观察；根据观察者是否参与,可分为参与性观察和非参与性观察；根据观察与记录方式的不同又可分为描述性观察和抽样性观察。

(二)观察的步骤

观察法有一定的程序和方法(图4-3)。

制订观察计划
↓
实施观察
↓
解释观察资料
↓
应用观察结果

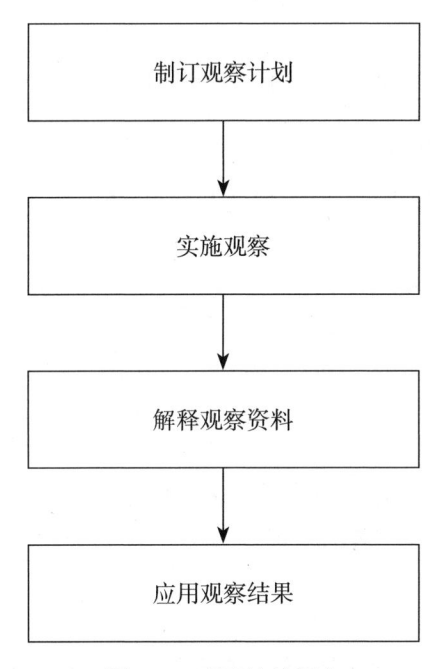

图4-3 观察法的程序

1. 制订观察计划

在制订观察计划时,教师需要确定他们为什么想去观察。观察计划包括观察目标、观察主体、观察对象、观察时间、观察地点、观察内容、观察方式。设定观察目标是制订计划的重要组成部分。目标引导人们将注意力集中在观察的目的上。观察内容包括观察什么、从哪些方面观察。观察方式包括观察的指标和观察记录的方式。

2. 实施观察

尽可能客观地、明确地、彻底地进行观察是十分必要的。

3. 解释观察资料

所有的观察能够也应当带来一定的解释。解释具有重要作用,主要包括以下几方面。

第一,它有助于探明已经观察到的内容的意思。
第二,它有助于将现实的观察转换成观点和视角。
第三,它有助于个体学会预测在既定的环境中正常增长与发展的典型行为。
第四,它构成执行方案和调整方案的基础。

4. 应用观察结果

个体利用观察结果去采取一定的行动,改进实际工作。

(三)观察法的优缺点

1. 观察法的优点

(1)直观

观察者在自然状态条件下,直接观察教育现象的发生、发展过程、客观对象及其环境,与被观察者的联系直接、自然,可获得更为直接、具体和生动的感性认知。

(2)可靠

这是观察法区别其他评价方法的亮点,它可以得到调查谈话等方法无法得到的可靠信息,这是由学前儿童语言发展水平相对较低所决定的。

(3)广泛

这是指观察法可以收集学前儿童社会性发展内容的大部分信息,适用于广泛的研究范围。它不需要观察器具,方便易行,可在多种情境和场合中进行评价。

2. 观察法的缺点

观察法也有其自身的局限性，即费时、不可重复、无法解决"为什么"的问题。

（四）观察法需要注意的几个问题

第一，记录时需要填写的内容应该尽量简化，最好能用符号代替。

第二，观察过程中要克服主观偏见，以严格谨慎的批判态度对待观察过程以及观察结果。

第三，观察记录力求做到快、细、全，尽可能全面、迅速、准确地将所要研究的问题的有关内容记录下来，以便日后分析研究。

三、问卷法

问卷法是评价者设计若干问题，变成书面试卷，请被调查者书面回答，然后对答卷统计分析得出结论的一种评价方法。

（一）问卷的分类

根据问卷的目的和内容，可以将问卷分为调查事实的问卷和调查个人反应的问卷。

1. 调查事实的问卷

调查事实的问卷要求调查对象回答确实知道的既成事实。

2. 调查个人反应的问卷

调查个人反应的问卷所要调查的是心理事实。

（二）问卷的格式

一份完整的问卷包括以下几部分。

1. 前言

在前言中,有必要说明问卷调查的目的、选择调查者的原因、回答问卷中问题的方法、说明确保问卷调查的秘密性、确定完成问卷的大致时间和回收的时间、告诉邮寄回的方式、表示感谢的语句和签名。

2. 问卷的题目

问卷的题目主要包括两大类。

(1)封闭式问题

封闭式问题包括确定是与否的是否式问题,在若干个选项中选择一个单选题和选择多项的多选题,根据选项的重要性评定等次的评判式、选择同意与不同意的画记式。

(2)开放式问题

它由被试者自由陈述。

(三)实施问卷法的程序

问卷法的应用有如下几个步骤(图4-4)。

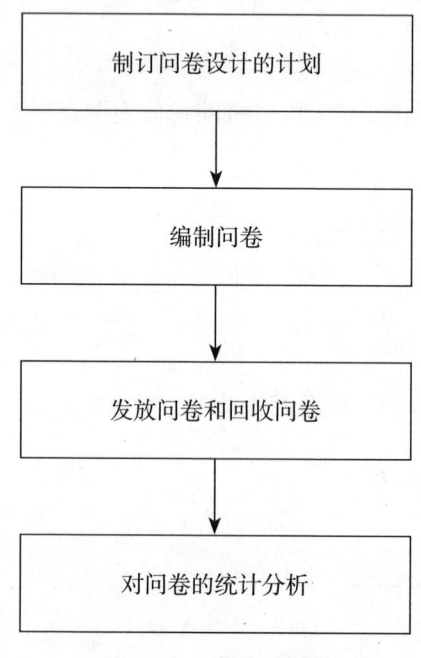

```
制订问卷设计的计划
      ↓
    编制问卷
      ↓
 发放问卷和回收问卷
      ↓
  对问卷的统计分析
```

图4-4 问卷法的程序

第四章 学前儿童社会教育的评价研究

1. 制订问卷设计的计划

为此,研究者要明确研究的问题,查阅相关文献,确定研究的思路和方法,确定问题的范围和内容,确定问卷的发放和回收的方法。

2. 编制问卷

研究者要编制好各种类型的题目,并写好问卷的前言。编制的程序包括:明确研究目的并确定调查对象;列出研究问题的纲要;确定所要收集的信息和问卷类型;确定问卷题目;征求专家和其他人的意见;试测修订。

3. 发放问卷和回收问卷

发放问卷的方式包括现场填写、邮寄、有组织地分配。

4. 对问卷的统计分析

其包括计算回收率,对问卷回答偏斜作估计,对各个题目作统计,并在统计的基础上进行分析。

(四)问卷法的优缺点

调查问卷法虽然可以在较短的时间里获得大量的评价信息,但是由于被评价者有时可能不能正确理解问卷中的问题,或者带有一些心理顾虑,使得得到的信息可信度偏低,甚至不真实。

(五)使用问卷法应当注意的问题

第一,问卷法主要适用于教师。如果问卷经过特殊的设计和被试训练,也可以用于测试学前儿童的社会性发展水平。条件是当面实施,并且给予一定的指导。

第二,问卷不能太长,答卷时间最好控制在半小时以内,问卷格式要规范。在问卷最后定稿之前,最好做先行性测试。

第三,问卷的题目要与研究的问题直接相关。题目要清楚、不含糊。在一个题目中只准包含一个问题,多采用简短的问题,题目的选项应当具有排他性,所有题目应当与答卷人的背景有关。

第四,对问卷结果进行精心的统计和分析。

四、指标体系法

人们可以将反映评价对象某些方面本质特征,并具有可测性的主要因素作为评价标准,这些主要因素就是评价指标。每个指标由具有规范化行为的评价内容及其标度构成,标度是数量化的或定性要求达到的程度。教育活动是一个复杂的系统,这个系统可以分解为若干个主要的因素,每个主要因素又可以分解为若干个次要因素,因此人们往往用一组指标组成的指标体系来评价教育系统的结构和功能。

（一）指标体系设计的原则

指标体系的科学性是决定评价工作成败关键的一环。在设计指标时,人们要遵循以下几方面的原则。

第一,指标与目标的统一性。对指标的设置及权重大小的分配都要全面体现教育的总目标和学前教育的具体培养目标。指标与指标之间具有一致性,互不矛盾,能协同反映目标。

第二,指标的相对独立性。在指标体系中,不能有交叉和重复的指标,不能用大指标反映小指标的内容。指标之间没有直接的因果关系。

第三,指标体系的整体性。评价指标是全面的,不能遗漏主要因素和指标。指标体系的层次结构合理,主次分明。指标的权重分配合理。

第四,指标的可测性。指标体系中的最后一级指标是具体的评价指标。它必须具体明确,并且行为化,能通过实际观察和测量获得较为客观准确的信息。

第五,指标的可比性。为了使指标具有可比性,必须使指标反映被评价对象的质的共同属性。

（二）指标体系设计的程序

设计指标体系的程序可以分为以下几个步骤(图4-5)。

第一,明确评价目标及评价对象。制订评价指标体系应当明确评价对象以及所应达到的目标。

第二,分解目标,提出初步拟定的指标。在对总目标进行层层因素分解的基础上,初步拟定一级指标和二级指标。

第三,筛选、归类和简化初步拟定的指标。对同一内容的指标进行归类合并,删除一些次要的指标。

第四章　学前儿童社会教育的评价研究

```
┌─────────────────────────┐
│   明确评价目标及评价对象    │
└───────────┬─────────────┘
            ↓
┌─────────────────────────┐
│      提出初步拟定的指标     │
└───────────┬─────────────┘
            ↓
┌─────────────────────────┐
│  筛选、归类和简化初步拟定的指标 │
└───────────┬─────────────┘
            ↓
┌─────────────────────────┐
│ 采用专家鉴定法和德尔斐法确定权重 │
└───────────┬─────────────┘
            ↓
┌─────────────────────────┐
│     修订初步拟定的指标体系    │
└───────────┬─────────────┘
            ↓
┌─────────────────────────┐
│          试行检验          │
└───────────┬─────────────┘
            ↓
┌─────────────────────────┐
│    用主成分分析法筛选指标    │
└─────────────────────────┘
```

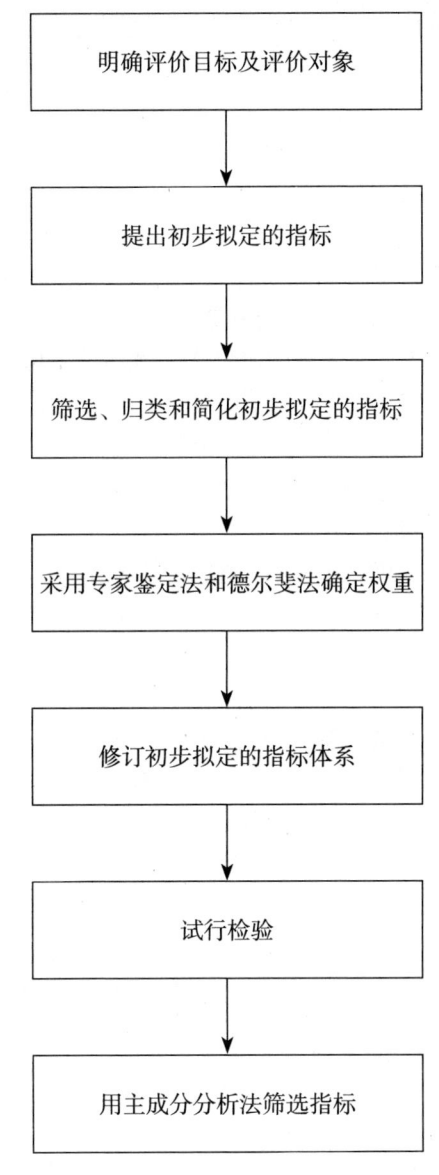

图 4-5　评价指标体系设计的程序

第四，采用专家鉴定法和德尔斐法确定权重。

第五，修订初步拟定的指标体系。一般采用召开座谈会或请专家发表意见的方法修订指标体系。

第六，试行检验。将指标体系在一定范围内试行。

第七，用主成分分析法筛选指标。对指标的质量及权重是否合理运用数学方法。用主成分分析法作进一步的检验。经过不断的修改,使指标体系趋于完善,科学可行。

五、社会测量法

社会测量法是确定某一特定群体内人际关系及该团体内人际关系相互作用模式的一种研究方法。测量是数量化的过程。

社会测量主要涉及人的社会属性。社会测量的功能是使社会现象的研究从定性走向数量化。数量化的结果不限于作数量上的阐明,也可以作定性的阐明。在学前儿童社会性发展研究中,社会测量法的主要作用是可以了解学前儿童在某一团体内的人际关系状况、结构,各成员的人际交往状况及其在该团体内的地位。

在研究学前儿童的同伴关系时,人们主要采用以下两种社会测量方法。

(一)提名法

提名法是从同伴团体中选出若干成员(一般为3～5名)。让被试者说出该团体中他最喜欢的若干个成员,然后对提名结果进行统计。有时还需要对选择这些成员的原因进行询问,以便对学前儿童同伴的交往情况作进一步的分析。在提名时,人们可以采用两种方法。

1. 照片提名法

即将全班所有儿童的照片呈现在被试者面前,让其挑选出几个他最喜欢或最不喜欢的小朋友。

2. 现场提名法

即把被试者带到全班儿童活动的现场,让其将所有同伴看一遍后再进行提名。

(二)配对比较法

配对比较法是向被试者提出某种标准,并将儿童配对呈现在被试者面前(可以是名字或照片),让被试者对每一对同伴作出比较和选择。该方法的优点是团体中每一个儿童均有机会与别人配对,被试者在对两个人的比较中容易作出选择。缺点是花费时间比较多,因此运用这种方法时应当考虑实际研究条件。

六、教育行动反思法

教育行动反思法是教育者根据一定的教育理念与目标对教育活动进行自我评价的方法。这是教师提升自己的专业水平,促进自身成长的一个重要方法。作为教育内部评价的一种基本方法,教育行动反思一般可以从以下几个方面来进行。

(一)对自身教育态度的反思

即反思自己是以什么样的心态来从事学前儿童教育工作的,教育者的使命与任务是为了学前儿童的健康发展,也许从知识与技能学习的角度看,只要教师能教给孩子有用的知识与技能,那就是一个好的老师,但从社会性发展的角度看,教育者对工作所抱的内心态度却会更深入地影响学前儿童。老师是为了自己的生活而从事这份工作,还是出于对学前儿童的爱而从事这份工作,对学前儿童的发展带来的会是完全不同的影响。

(二)对教育内容与方法的反思

即反思自己教给学前儿童的是否是学前儿童真正需要的,学前儿童学习时的状态如何。如果你的教育能使学前儿童处于专注与投入的状态,那么说明这些内容与方法是适合学前儿童的,反之,则要看自己的内容与方法的选择问题何在,如何才能根据学前儿童的需要为他们组织恰当的活动。

(三)对儿童观的反思

在社会教育中,教育者也需要常常反思:自己是否真正地理解了学前儿童?学前儿童的需要究竟是什么?学前儿童的某些问题行为究竟意味着什么?对这些问题的回答要求教育者要时时尽力回到自己的童年去体会儿童的感觉。如果实在不能解决学前儿童的一些问题行为,也要抱着一种学习与思考的心态,努力去帮助学前儿童。

（四）对养成反思的习惯

即在每天工作结束后，抽出一点时间回顾一下自己一天的工作。对于学前儿童们所表现出来的问题要特别仔细地考虑一下问题的状况。这会帮助教育者在问题的反思与解决中不断成长，有时学前儿童的问题可能不是教育者可能解决的，这时也需要教育者带着对学前儿童的祝福去与他们相处。

（五）对教育价值取向的反思

即教育者究竟追求一种什么样的理想教育？是希望将学前儿童培养成适应社会顺应大流的人，还是想培养一个能够改变社会、进行创新的人，这些考虑会影响教育者对学前儿童的引导。当我们选择顺应时，我们会重视家长与社会的需要，当我们选择改变与创新时，我们会倾向于培养学前儿童的一种内在的自由能力。

第五章　学前儿童健康教育的内涵

学前儿童健康教育是学前儿童教育的重要组成部分,既要遵循学前儿童教育的一般理论与方法,又要以医学、心理学知识为理论基础,还与行为学、传播学等诸多学科有关,是一门必须采用多学科的理论和方法进行研究的综合学科。本章即对学前儿童健康教育的相关内容进行研究。

第一节　健康教育的内涵

一、健康的概念

健康的本义是健全和完整,在《辞海》中解释为"人体各器官系统发育良好。功能正常、体质健壮、精力充沛并具有良好的劳动效能"。从上述定义来看,传统意义上健康的概念更多地趋向于从生物学角度解释。

二、学前儿童健康的概念

学前儿童健康是指学前儿童身体各器官发育良好,能抵抗疾病,性格良好,情绪发展正常,有较强的环境适应能力,能适应社会生活。学前儿童的健康是身体健康、心理健康和社会适应能力良好三者的有机统一(图5-1)。

```
                    ┌─────────────────────┐
                    │   学前儿童身体健康    │
                    └─────────────────────┘
   学前               ┌─────────────────────┐
   儿童 ──────────────│   学前儿童心理健康    │
   健康               └─────────────────────┘
                    ┌─────────────────────────┐
                    │ 学前儿童社会适应能力良好 │
                    └─────────────────────────┘
```

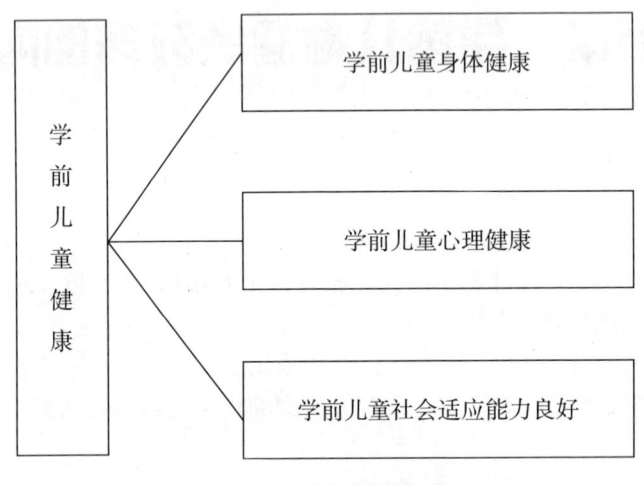

图5-1 学前儿童健康

(一)学前儿童身体健康

学前儿童身体健康是指儿童各器官、系统发育正常,没有生理疾病,各项生理指标达到正常标准,能有效抵抗疾病,体质良好。

学前儿童处在生长发育的关键时期,生理发育的水平直接反映了儿童的生理健康状态。儿童发育水平可以同时使用形态指标,如身高、体重。头围、胸围、生化指标、心跳次数、血压水平等进行衡量。虽然因受遗传、外部环境等条件影响,学前儿童的生长发育存在一定的差异性,但总体而言一个儿童的发展水平必须保持在正常范围内,与同龄儿童发展水平接近,才能认定为生理发育良好。另外,具有较强的疾病抵抗能力,少生病,能适应外界环境的冷、热变化,是学前儿童身体健康的重要标志之一。健康的学前儿童还应具有该年龄阶段应有的运动能力,身体各方面协调,姿势正确等。学前儿童身体健康的价值主要体现在以下两方面。

第五章 学前儿童健康教育的内涵

1. 学前儿童身体健康的个体价值

学前儿童处在生长发育的关键期,这一时期既是人一生中生理发育最为迅速的时期,也是心理发育的关键期。因此,学前儿童在学前期,不生病,少生病,获得科学合理的照料,保证良好的身体状态,是学前儿童身体得以充分发育的必要条件和生理保证,也是儿童成年后身体健康的基础。健康是学前儿童完成游戏和各项活动的动力。游戏和各种教学活动是学前儿童接触环境,促进自我意识形成,提高心理发展水平的重要媒介。只有健康的儿童,才能充分享受游戏和其他活动带来的乐趣,在不断参与活动的过程中获得认知、情感、意志力、社会化等多方面的发展,从而获得正常的心理发展。

2. 学前儿童身体健康的人类价值

学前儿童身体健康是人类社会正常发展的基础,是人类生命质量不断提高的基石。关心与重视学前儿童的健康状况,预防儿童疾病的发生,提高儿童生存环境的质量是全世界亟待解决的问题,其结果将直接影响到全人类的发展。学前儿童健康水平的提高体现了人类社会的进步。早在1990年世界儿童问题首脑会议就通过并发表了《儿童生存、保护和发展世界宣言》,明确提出要保证儿童的生存、卫生和教育及保护他们免受暴力和剥削等方面的最低标准;要促进世界各国采取全国范围和国际性的行动,以增进儿童健康。宣言最后写道,我们做此努力不仅是为了现在这一时代,也是为了今后所有世世代代。让每个儿童享有更美好的未来,这是一项最为崇高的使命。由此可见,学前儿童的身体健康,不仅关乎儿童个人的身心,关乎儿童家庭的幸福,更是一个民族、国家甚至整个世界进步与发展的重要保证。

(二)学前儿童心理健康

学前儿童心理健康是指学前儿童心理发展与该年龄阶段儿童心理发展水平相一致,情绪积极,性格良好,有较强的外部环境适应能力。学前儿童心理健康主要表现在以下几方面(表5-1)。

表 5-1 学前儿童心理健康的主要表现

主要表现	主要内容
认知发展正常	随着年龄的增长,学前儿童的认知发展逐步提高。认知的正常发展是儿童正常学习与生活的重要保证。心理健康的儿童,其认知发展符合该年龄阶段的平均水平,即使存在发展良好或发展滞后现象也处于正常范围内。如果儿童出现明显的超前或滞后同龄发展水平现象,则需要成人介入进行干预
情绪良好	心理健康的儿童会表现出更多的正面情绪,这些情绪有利于提高儿童学习与活动的效率;反之,心理不健康的儿童会表现出更多的负面情绪。此外,学前儿童还应具备一定的情绪适应与调整能力。随着儿童年龄的增长,儿童情绪的自我调控能力和稳定性都会逐步提高
人际交往融洽	心理健康的儿童更加愿意参与集体活动,乐于与人交往、合作。心理不健康的儿童会表现出人际交往的障碍,如成为不受欢迎的儿童,主动避免与人交往等。作为成人,应引导儿童合理解决在交往中遇到的问题,使其愿意主动与同伴交往
性格特征良好	心理健康的儿童表现出诚实、谦逊、勇敢、果断、开朗等人格特征;反之,心理不健康的儿童更多地表现出骄傲、怯懦、优柔寡断、冷漠、退缩、思维迟缓及没有逻辑性等人格特征
不存在异常行为	儿童的心理健康问题往往会通过行为表现出来,如目光回避正常接触,语言发育迟缓、口吃等。这些异常的行为需要得到家长和学前儿童教师的足够重视,尽早找出儿童产生异常行为的原因,并帮助儿童解决存在的心理问题

(三)学前儿童社会适应能力良好

社会适应能力是指人为了在社会中更好地生存而进行的心理上、生理上及行为上的各种适应性的改变,是与社会达到和谐状态的一种执行适应能力。学前儿童的社会适应能力表现为以下几方面。

第一,能够较好地融入集体生活,愿意参与集体活动,乐于与人交往,有较好的社会交往能力。

第二,能够应对压力,具有较强的自我调控能力。

第三,能应对环境的变化,努力使自身与环境达到平衡。

三、影响学前儿童健康的因素

影响学前儿童健康的因素主要包括以下几部分。

(一)儿童自身因素

生理因素是儿童自身因素中对健康影响较大的因素之一。生理因素包括遗传因素、病原微生物因素和儿童自身生物学特征。

遗传因素直接决定了儿童是否具有先天性遗传疾病。

病原微生物因素可能导致儿童因疾病引发身体损失,如因脑膜炎引起的脑损伤,因结核杆菌引起的肺损伤,因小儿麻痹症引起的肢体残疾等。

儿童自身生物学特征也在一定程度上影响儿童的健康状况。

除生理因素外,因自身生长发育所处的阶段不同,儿童自身的先天气质类型等也是影响其健康的因素。

(二)外界环境因素

1. 自然环境

自然环境是人类赖以生存的物质基础。

清新的空气能够帮助儿童获得新陈代谢的氧气。

充足的阳光能够帮助儿童获得足够的维生素 D,从而保证儿童骨骼、牙齿的发育。

干净的饮水能够保证儿童免受细菌和重金属的伤害。

不同的气候条件给儿童以不同的体感温度,增强了儿童的抗病能力。

而不适合的自然环境有可能危害儿童的健康,如地下水重金属超标、空气中细颗粒物超标,长期缺乏光照等,都会给儿童健康带来相应的危害。

2. 社会环境

社会环境对儿童健康的影响既体现在生理层面,也体现在心理层面。

(1)从生理层面讲

第一,安定的社会环境,保证了儿童能够获得安全的生活环境,减少了因意外致病、致残、致死的概率。

第二,健康的生活方式,保证了儿童良好的营养供给从而获得健康的体质。

第三,良好的医疗体系和制度,健全的国家保障制度确保了儿童在患病的情况下能获得及时、有效的治疗,从而保证了儿童身体的健康。

(2)从心理层面讲

社会环境对儿童心理层面健康的影响更大。布朗芬布伦纳的生态系统理论明确指出了在心理发展过程中社会环境对个体心理与行为的制约作用。其中,家庭、托幼机构、社区对儿童心理发展的影响都不容忽视。

四、健康教育的概念

随着健康教育定义的不断补充和完善,现代健康教育的含义包括以下几方面。

(一)健康教育者应首先了解健康的决定因素

健康教育工作者必须首先对当前和将来影响人们健康和健康相关行为的决定因素,以及影响健康的环境条件有一个基本了解。只有这样,才能明确教育的具体内容,并有针对性地开展教育活动。

(二)健康教育是教育活动

健康教育是有目的、有计划、有组织、有评价的教育活动,关系到人们的知识、态度和行为的改变。健康教育的目的是预防疾病、增进健康和提高生活质量,其着眼点是人民群众和他们的行为,诱导并鼓励人们养成并保持有益于健康的生活方式,合理而明智地利用已有的保健措施,并自觉地开展改善个人和集体状况或环境的活动。

(三)健康教育需要社会行动和行政干预

社会行动强调的是全社会的配合和支持,只有人人参与,才能最终实现人人享有卫生保健。行政干预是指各有关行政、研究、教育机构或部门,各项法律、法规和政策,在加强健康教育,改变不健康的生活方式,创设有利于健康的环境,建立和完善保健体系等方面所进行的干预。总之在有计划学习经验的同时,健康教育还应该强调社会行动和行政干预。

五、学前儿童健康教育的概念

对学前儿童健康教育内涵的认识,不同的研究者从自身的角度出发,有着不同的观点。目前,对学前儿童健康教育概念的理解,比较公认的是教育部基础教育司组织编写的《〈幼儿园教育指导纲要(试行)〉解读》中所给出的定义,即"学前儿童健康教育是根据幼儿身心发展的特点,提高幼儿健康认知,改善幼儿健康态度、培养幼儿健康行为,维护和促进幼儿健康的教育活动"。

六、学前儿童健康教育的必要性

(一)严酷的社会现实使学前儿童健康教育成为必然

当前,我国学前儿童呈现出健康问题日益严重的倾向。一方面,学前儿童身体健康问题值得关注。据一项研究表明,过去30年里,我国的肥胖率急剧上升,导致3亿人"超重"。这份发表在著名医学杂志《柳叶刀》上的研究报告指出,虽然我国的肥胖问题多出在成人身上,但儿童和青少年也未能幸免。该研究报告的作者表示,我国儿童的肥胖问题令人担忧。研究发现,2岁以下的男孩中,有23%超重或肥胖,女孩中该比例为14%。如此严重的儿童肥胖问题,是我们必须面对的社会现实。另一方面,学前儿童的心理健康问题也日益凸显。我国某沿海城市通过儿童行为问题量表对小学低年级儿童进行了不良行为调查,调查结果显示男女儿童检出率分别为13.6%和9.2%。该调查报告指出,小学阶段儿童行为问题与幼儿园教育、家庭教育关系密切。严酷的社会现实,要求我们必须重视学前儿童心理健康教育。

(二)现有幼儿教育本身存在一定问题

当前,绝大多数家长把智力教育放在幼儿教育的首位。虽然,认知发展属于幼儿健康教育的重要组成部分,但家长更愿意看到儿童在语言、科学等领域取得成绩。在家长观念的影响下,无论是幼儿园教育还是早期教育都呈现出与语言、科学等领域相关的教育蓬勃发展,健康教育应有的地位沦为口头表达,健康教育应有的活动时间被其他与未来课业相关的活动时间占有的现象。因此,学前教育机构的健康教育必须加强。

七、学前儿童健康教育的任务

（一）树立健康的态度和信念

态度是情感领域的一个重要方面，学前儿童有了对待健康问题的正确态度，才能促使其将知识转化成健康的行为和习惯。对于学前儿童而言，为了培养他们形成自我保健的意识和能力，就要使他们确信：只要自己掌握了必要的卫生保健知识，从小养成良好的卫生习惯，自身的健康就不必完全依赖于他人。有了健康的态度和信念，学前儿童才能逐渐学会自觉地利用一切有益于自身健康的保健机构和保健服务，从而增进自身的健康。

（二）传授健康的基本知识

学前儿童健康教育的一个重要方面就是健康知识的传授，它是使学前儿童确定健康信念和行为的基础。有时儿童的不健康行为和习惯，往往是由于他们缺乏健康知识造成的。所以，学前儿童对健康知识的掌握对他们的健康行为和习惯的形成起着积极的指导作用。教师和家长在传授卫生保健知识时也要考虑学前儿童的身心发展水平和理解能力。健康教育也可以寓于讲故事或游戏中，把知识性和趣味性结合起来，才能引起学前儿童学习卫生知识的兴趣。

（三）培养健康的行为和习惯

健康行为指人们为了增强体质和维持身心健康而进行的各种活动，如充足的睡眠、平衡的营养、运动等。健康行为不仅能使人不断增强体质，维持良好的身心健康和预防各种行为、心理因素引起的疾病，而且也能帮助人们养成健康习惯。学前儿童正处于人生的初始阶段，一切都要学习，可塑性强，自控能力较差，既是养成良好行为习惯的关键时期，又是沾染不良行为习惯的危险阶段，如果不适时培养学前儿童良好的行为习惯，便会错失良机，使其养成不良的行为习惯。

1. 健康行为的特征

健康行为具有以下几方面的特征。
健康行为具有以下八个特征，这些特征也可以作为健康行为的标准。

（1）习惯性

习惯性指已形成动力定型。

（2）规律性

行为表现有一定的重复性和恒常性，如起居有常，饮食有节。

（3）有利性

有利性即行为表现对自身、他人、环境有益。

（4）适宜性

适宜性即行为强度在常态水平及有利健康的方向上。

（5）合理性

表现为行为可被他人和社会理解、接受，不荒唐。

（6）同一性

表现为外在行为与内在思维动机协调一致，与所处的环境条件无冲突。

（7）整体性与和谐性

整体性与和谐性即个人行为具有的固有特征，与他人或环境发生冲突时，表现出容忍和适应，随着自身和外界条件的变化能调试自己的行为。

（8）创造性

不墨守成规，勇于探索，能适应环境的新变化。

2. 健康行为的促成

可以通过以下几种方式来促成学前儿童健康行为的养成。

（1）树立行为信念

行为信念是人们对于在自己生活中所应遵循的原则和理想的信仰，通常和情感、意志融合在一起，支配着人们的行为。

（2）特殊人物的导向作用

对学前儿童来说，对其影响较大的人群包括教师、父母以及同伴，尤其是父母的行为对其影响最大，父母要注意自己的言行举止。

（3）模仿学习

模仿学习自婴儿期开始持续至人的一生，在生活的早期影响最为强烈。所以，必须为学前儿童设立适当的、可信的榜样，使之成为他们自我指导的标准。

（4）建立行为资源

人的行为总是建立在一定的行为资源之上，在此说的资源主要是指卫生资源。卫生资源是实现健康行为所必需的技术和资料，主要包括三个方面。

第一，保健人员、设施、学校、医院、诊所或任何相关的资源。

第二,各种资源的可得性,即费用、交通工具、距离、开放时间等。

第三,自我保健"技能"。

学前儿童健康教育将学前儿童健康行为的养成视为核心目标。学前儿童的身心健康,归根结底取决于学前儿童的健康行为和习惯。学前儿童健康教育所期望获得的结果就是让学前儿童自觉地、主动地产生和形成各种有益于自身、社会和民族健康的行为和习惯。学前儿童的行为可塑性大,接受能力强,是养成良好习惯的最佳时期,而且行为一旦成为习惯,就会形成条件反射并具有动力定型的作用,长期不易改变。因此,在学前儿童期还未受到不良卫生行为影响时就应当适时地进行健康教育,这对于学前儿童健康行为的形成和确立能起到事半功倍的作用。

八、学前儿童健康教育的意义

（一）国家和民族发展的需要

学前儿童是民族和祖国的希望,是国家发展、民族兴盛的保证,儿童的健康决定着未来民族和国家的发展,儿童的健康行为影响着个人及群体未来的健康行为。学前儿童健康教育保证了儿童个人的身体健康,为儿童形成受益终身的生活习惯奠定了坚实的基础,这是民族和国家发展的需要,也是党和国家对学前儿童教育提出的必然要求。

（二）为学前儿童奠定了其一生的健康基础

学前儿童健康教育直接目的是提高学前儿童对健康的认识,培养健康行为,促进儿童身心发展。儿童期生命健康的可塑性极大,通过健康教育可以有效促进儿童身心发展,预防疾病和意外伤害的发生,为儿童的将来奠定健康基础。

（三）能够保障学前儿童身心的顺利成长

健康的生命是学前儿童得以顺利成长的必要保障,更是学前儿童全面发展的前提。学前儿童处于身心发展的关键时期,受生理、心理发展制约,其自我保护与生存能力相对于成人要薄弱很多,因此学前儿童的成长需要成人特别的呵护。一方面,成人要给学前儿童提供生长发育所必需的充足营养和合适的生活环境;另一方面,成人更要帮助学前儿童掌握生存的基本技能,掌握自我保护的相关知识,培养良好的生活习惯,也就是要对学前儿童进行必要的健康教育。

（四）能够促进学前儿童道德发展与审美发展,是素质教育和全面教育的基础

学前期是学前儿童道德感形成的关键期和审美情感形成的奠基期。学前儿童健康教育在确保儿童身心健康发育的同时,对学前儿童道德感的形成也起着积极的促进作用。

第一,健康行为本身体现着道德行为,如爱护环境、遵守社会道德、与他人相处和谐友爱、遵守秩序等。

第二,健康问题本身就是复杂的社会道德问题,在追求个体健康的同时也有利于社会进步,有利于促进道德水准的提高。

同时,健康教育促进了儿童身体的健康,可以帮助儿童获得良好的外貌,有利于儿童给人留下良好的第一印象,因此健康教育帮助儿童创造美好的起点。

此外,健康教育为学前儿童创造了美好的心灵,和谐的人际关系,有目的地引导学前儿童体会生命之美,是学前儿童审美发展的重要基础。学前儿童健康教育致力于培养儿童自觉地形成健康习惯,不同于传统的课程教育,其充分体现了素质教育的理念,为学前儿童素质教育和全面教育保驾护航,是素质教育和全面教育的重要基础。

第二节　学前儿童健康教育的目标

一、学前儿童健康教育的总目标

《幼儿园教育指导纲要(试行)》根据《幼儿园工作规程》提出以下四条

幼儿园健康领域总目标。

第一,身体健康,在集体生活中情绪安定、愉快。

第二,生活、卫生习惯良好,有基本的生活自理能力。

第三,知道必要的安全保健常识,学习保护自己。

第四,喜欢参加体育活动,动作协调、灵活。

学前儿童健康教育的总目标,是学前儿童阶段健康教育总的任务要求,它原则性地指出在学前儿童阶段进行健康教育的范围和方向,是健康教育所期望的最终结果,具有较强的特殊性和相对的独立性。学前儿童健康教育的总目标是学前儿童教育总目标的一个组成部分,二者在方向上是一致的、相辅相成的。学前儿童健康教育的总目标是在整个学前儿童教育阶段,通过一系列的健康教育活动的过程来实现的,因此,在学前儿童阶段进行健康教育都应以总目标为指导思想。

二、学前儿童健康教育的年龄阶段目标

学前儿童健康教育年龄阶段目标就是以不同年龄阶段学前儿童的身心发展特征为依据而确定的健康教育目标。年龄阶段目标反映了不同年龄段儿童的目标要求的差异性,是对总目标的细化,又是制定具体活动目标的直接依据,可以保证学前儿童活动的适宜性和发展性。

(一)0~3岁儿童健康教育目标

基于0~3岁儿童身心发展的特点和规律,对他们的教育必须与培养密切配合来进行,保教并重的教养方式是婴幼儿教育的基本原则。在保教工作中,应把儿童的健康、安全及养育工作放在首位,促进儿童生理与心理的和谐发展。下面我们以《上海市0~3岁婴幼儿教养方案》为例,来熟悉0~3岁阶段儿童教养内容和要求(表5-2)。

表5-2 0~3岁阶段儿童教养内容和要求

年龄段	教养内容和要求
新生儿	(1)自然睡眠,保持房间内空气清新、温度适宜 (2)勤洗澡,勤换衣裤和尿布,保持皮肤清洁、干燥 (3)接受适当的视听刺激,常听舒缓柔和的音乐声、玩具声和讲话声,常看会动的玩具和人脸等,适宜距离为15~30厘米

第五章　学前儿童健康教育的内涵

年龄段	教养内容和要求
1～3个月	（1）自然形成有规律的哺乳、睡眠，及时补充营养 （2）在适宜时间内进行适量的户外运动和户外睡眠 （3）提供便于抓握带声响的、色彩鲜艳、无毒卫生的玩具，练习俯卧抬头、目光追视、抓握、侧翻等动作 （4）在逗引交流中，对亲近的人和声音产生反应，从微笑发展到大声笑，情绪愉快，培育母婴依恋亲情
4～6个月	（1）睡眠时间充足，逐渐养成自然入睡、有规律睡眠的习惯 （2）能扶着奶瓶吸吮奶、水，逐渐养成定时进食的习惯 （3）在穿衣、盥洗中，乐于接受洗脸、洗手、洗屁股、洗澡 （4）学习翻身和靠坐，主动伸手抓住玩具，并用于自玩 （5）学习辨别亲近人的声音，转向发声的方向，用"咿呀"声与人交流 （6）注视和学习辨别周围生活环境中的人、物和事
7～12个月	（1）逐渐形成定时睡眠（白天睡2～3次，一昼夜睡13～15小时），自然入睡 （2）逐渐提供各类适宜的食物，初步适应咀嚼、吞咽固体食物，尝试用杯喝水、用勺进食 （3）配合成人为其穿衣、剪指甲、理发和盥洗等活动。学会坐盆排便，对大小便的语音信号有反应，有一定的排便规律 （4）练习独坐、爬行、扶住行走、捏拿小物件，学会简单的模仿动作 （5）模仿成人的发音，听懂简单的词，并做出相应的反应（如指认五官等） （6）用表情、动作、语音等回应他人 （7）跟着音乐节律随意摆动身体
13～18个月	（1）按时起床、入睡，醒后不哭闹，情绪保持愉快（白天睡1～2次，一昼夜睡12～14小时） （2）自己用杯子喝水（奶），形成定时、定位专心进餐的习惯 （3）饭前要洗手，饭后要擦嘴、喝水漱口。学用语言或动作表示大小便，并在厕所坐盆便溺 （4）练习独立行走、下蹲、转弯、学着扶栏杆上下小楼梯等 （5）尝试用喜、怒、哀、乐行为表达自己的情感 （6）感知周围生活环境中的花草和树木、人和物，会指指认认 （7）感受音乐节奏带来的快乐，跟着音乐做肢体动作，尝试涂涂画画

续表

年龄段	教养内容和要求
19～24个月	（1）有充足的睡眠时间（一昼夜睡 12～13 小时），睡前要脱衣裤 （2）学用小勺自己进餐，口渴时喝水 （3）在盥洗时学着使用肥皂、毛巾。在成人的帮助下学脱鞋子、裤子、袜子和外衣 （4）练习自如地走、跑，双脚原地并跳，举手过肩扔球，垒高小积木，传大珠子，并学着收放玩具 （5）经提醒与人打招呼，学着在同伴中玩耍、游戏。初步懂得简单是非，学着遵守规则 （6）辨别周围环境中的常见物，对物体形状、冷热、大小、颜色、软硬差别明显的特征有初步的认知体验
25～36个月	（1）按时上床，安静入睡，醒后不影响别人，养成良好的睡眠习惯 （2）用小勺吃完自己的一份饭菜，愿意吃各种食物，自主地用杯喝水（奶） （3）学用肥皂、毛巾自己洗手擦脸，主动如厕 （4）学习自己穿脱简单的衣裤、鞋袜，自己洗脸、洗手等 （5）练习钻爬、上下楼梯，学走小斜坡，体验到其中的乐趣，有初步的环境适应能力 （6）逐渐适应集体生活，愿意亲近老师和同伴，淡化对父母的依恋，有初步的自我安全保护意识 （7）学习对人有礼貌，不影响别人活动。

（二）幼儿园各年龄阶段儿童健康教育目标

　　幼儿园健康教育的年龄阶段目标是以小、中、大各年龄班学前儿童的身心发展的特征为依据而确定的健康教育活动目标。幼儿园健康教育的年龄阶段目标具体表述如下（表5-3）。

表5-3　幼儿园各年龄阶段儿童健康教育目标

年龄段	目标
小班	（1）了解盥洗的顺序，初步掌握洗手、刷牙的基本方法；学习穿脱衣服；会使用手帕和纸巾；养成坐、站、行、睡的正确姿势；能及时排便；有良好的作息时间 （2）进餐时保持愉快的情绪，愿意独立进餐；认识最常见的食物，爱吃各种食物，主动饮水 （3）了解身体的外形结构，认识并学习保护五官；能积极配合疾病预防与治疗 （4）知道过马路、乘坐交通工具、玩滑梯、转椅等大型运动器械时要注意安全，了解日常生活中的安全常识

第五章 学前儿童健康教育的内涵

续表

年龄段	目标
小班	（5）知道自己的性别 （6）喜欢并愿意参加体育活动，能自然地走、跑、跳、投掷 （7）初步学会听各种口令和信号并做出相应动作 （8）能边念儿歌边听音乐节拍做模仿操或徒手操 （9）初步掌握有关体育活动的知识、技能和规则，团结合作，爱护公物 （10）能合作收拾某些小型体育器材
中班	（1）学习穿脱衣服、整理衣服；学习整理玩具，能保持玩具清洁；有初步的生活自理能力 （2）帮助儿童进一步认识各类常见食物，在爱吃各种食物的同时，懂得要科学合理地进食，逐步形成良好的饮食习惯 （3）进一步认识身体的主要器官，逐步形成接受疾病预防与治疗的积极态度和行为；在成人帮助下学习处理常见外伤的最简单的方法，知道快乐有益于健康 （4）认识有关安全标志，能够在成人提醒下遵守交通规则；不接触危险物品；遇到危险时能告诉成人，有初步的自我保护意识 （5）愿与父母分床而眠 （6）喜欢并积极参加体育活动，能听各种口令和信号并做出相应的动作 （7）能按节奏协调地走、跑和跳；能按要求投掷、抛接，能左右手拍球 （8）能随着音乐节奏做徒手操和轻器械操；能注意活动中的安全与合作 （9）具有及时收拾小型体育器械的能力 （10）具有一定的抵御寒、暑、饥、渴的能力和抵抗疾病的能力 （11）掌握有关体育活动的知识和技能，熟练掌握有关体育活动的最基本的规则 （12）懂得在生活中互助合作、团结友爱、遵守规则、爱护公物，具有一定的集体意识
大班	（1）保护个人卫生，关心周围环境的卫生；进一步提高独立生活能力，初步养成良好的学习习惯 （2）初步理解不同的食物有不同的营养，身体需要各种营养；会使用筷子；进一步养成独立进餐的习惯 （3）进一步认识身体的主要器官及重要功能，并懂得简单的保护方法；了解有关预防龋齿及换牙的知识；注意用眼卫生 （4）初步了解应付意外事故（如火灾、雷击、地震、台风等）的常识，具有粗浅的求生技能 （5）知道男女厕所，初步具有性别角色意识 （6）喜欢锻炼身体，热爱并积极参加体育活动，对体育活动有浓厚的兴趣 （7）能轻松自由地走、跑、跳、攀登、翻滚；会肩上挥臂投掷轻物并投准目标；能抛接高球 （8）能熟练地听各种口令和信号并做出相应的动作 （9）能与音乐节奏合拍，动作有力、到位，有精神地做徒手操和轻器械操 （10）能注意安全，自觉遵守体育活动规则

续表

年龄段	目标
大班	（11）懂得在活动中要合作、负责、宽容、谦让、遵守规则，爱护公物，有较强的集体观念 （12）不怕困难，勇敢坚强，能体验克服困难取得胜利后的愉悦 （13）能独立或合作收拾各种小型体育器材

三、学前儿童健康教育的具体活动目标

具体活动目标与总目标、年龄阶段目标不同，一般由教师自己制订，并通过教师的活动设计和教育的活动实践得以实现。

（一）学前儿童健康教育活动目标的维度

根据幼儿园健康教育活动的特点和规律，以幼儿健康成长为主线，教师应以本班幼儿的年龄特点、原有水平和能力、活动内容和性质来确定具体活动目标。每个具体教育活动目标都是总目标和年龄阶段目标的细化，一般应包括情感与态度、知识与经验、能力与方法（行为与技能）三方面的内容，但并不意味着每一个活动都需要从这三方面确定目标。

（二）学前儿童健康教育活动目标的表述

1. 表述的形式

从表述的角度不同，学前儿童健康教育活动目标可分为以下两种表述方式。

（1）从教师的角度表述

说明教师期望通过活动帮助幼儿获得的学习成果。

（2）从幼儿的角度表述

说明幼儿活动前后的行为变化。

在目标的表述上，应尽量避免从教师的角度表述培养目标，倡导从幼儿角度表述目标，这样更能够提醒教师关注幼儿的发展变化。但需要注意的是，无论是哪种表述方式，都应侧重于说明活动之后幼儿行为或能力方面的变化。

2. 表述的要求

（1）目标要清晰准确、可检测

教师在表述健康教育活动的目标时，应清晰准确，目标内涵不要过大，条目不要过多。教师还应注意幼儿的年龄特点和个别差异，目标的内容要表述具体、清晰。有些教师表述活动的目标是用活动的过程或方法手段去代替行为的结果，混淆了它们之间的区别。

（2）具有可操作性

幼儿园健康教育活动的目标应该是具体和明确的，具有可操作性。而在教育实践中，许多教师只是照搬照抄，导致活动目标过于笼统、概括和抽象。

（3）从统一的角度表述目标

幼儿园健康教育活动包含了教师的"教"和幼儿的"学"两方面的互动，那么，在表述活动目标时，既可以从教师的"教"这一角度出发确定活动目标，表述教师期望通过教育活动帮助幼儿获得的学习结果，也可以以幼儿的"学"为出发点，指出幼儿在学习以后应该知道的和能够做到的表现。一般来说，我们常用"教育""帮助""激发""要求""培养"等词语表述教师的"教"，用"学会""理解""知道""说出""喜欢""区分""创编"等词语表述幼儿的"学"，但是，无论从哪个角度表述活动目标，都应注意出发点要一致。

四、制订学前儿童健康教育目标的依据

制订学前儿童健康教育目标应依据以下几个方面。

（一）学前儿童身心发展的特点和规律

学前儿童健康教育的目标依赖于学前儿童身心发展的特点和规律，只有充分把握学前儿童身心发展的现状及发展趋势，才能切实促进学前儿童的身心健康，只有立足于学前儿童健康教育发展的适宜目标，才有实践和实现的可能。《幼儿园工作规程》中指出："幼儿园教育工作要遵循儿童身心发展的规律，符合儿童的特点，注重个别差异，因人施教，引导幼儿个性的健康发展。"同一年龄段的儿童，由于遗传、环境、教育的影响有所不同，其身心发展特点必然表现出差异。因此，学前儿童健康教育目标的制订必须遵

循儿童发展的一般性和特殊性规律,且具有时代性和可行性。

(二)社会发展与需求

不同的社会发展阶段以及不同的社会政治制度有着不同的教育目的,同时,不同国家的文化背景也使教育培养的人各具特色,所以说,教育产生于社会需要,并要服务于社会,特定的社会政治、经济、文化发展水平是制定教育目标的客观依据。社会环境对人的思想、行为具有潜移默化的影响,学前儿童的接受能力较强,所以,社会发展与需求是学前儿童健康教育目标确定的重要依据。学前儿童健康教育要积极适应现代社会发展需要,适时调整健康教育的目标和内容,以促进学前儿童身体、心理及社会性的和谐发展。

第三节 学前儿童健康教育的组织与设计

一、学前儿童健康教育的组织形式

(一)结合日常生活进行

学前儿童的年龄特点决定了学前儿童日常生活的重要性,学前儿童在园一日生活中的每一个方面都渗透着对学前儿童进行健康教育的内容,包括晨检活动、餐饮活动、睡眠活动、如厕活动、整理活动、锻炼活动、自由活动等环节。例如,餐饮活动中可教育学前儿童不挑食,进餐时不说话、不浪费粮食,餐后要漱口等,培养学前儿童口渴了自觉饮水的好习惯等。

(二)集体健康行为与个别健康行为指导相结合

学前儿童健康教育活动多半是以集体健康行为指导为主。但由于学前儿童常常存在着个体的特殊健康问题,必须进行个别化的指导。例如,有的学前儿童挑食,只吃肉不吃菜,还有的学前儿童只吃菜不吃肉,这就需要教师就要针对学前儿童的实际情况进行教育和指导,帮助学前儿童克服挑食的不良习惯。

(三)家、园、社区教育有机配合

家庭教育与幼儿园教育对幼儿的成长和发展共同起着决定性的作用,两者都是为了促进幼儿身心和谐全面发展。

二、学前儿童健康教育的组织方法

学前儿童健康教育的方法主要包括以下几种。

(一)讲解示范法

讲解示范法是指教师具体而形象地向学前儿童讲解健康知识,并结合身体动作或事物或模型加以示范,从而帮助学前儿童尽快掌握有关健康的技能技巧,并提高学前儿童对健康的认知水平。

(二)感知体验法

感知体验法是指学前儿童通过多种感知器官参与认识活动,从而增强对事物的认知。

(三)动作与行为练习法

动作与行为练习法是让学前儿童对已学过的基本动作与基本技能、健康行为与生活技能等进行反复练习,从而加深理解,形成稳定的动作、行为习惯。

(四)榜样示范法

榜样示范法是指通过模仿来习得或掌握新行为的方法。为学前儿童树立榜样,是一种行之有效的训练方法。

(五)情境表演法

情境表演法是指教师或学前儿童就特定的生活情景加以表现,然后让学前儿童思考、分析情境中所涉及的健康教育的问题。

(六)游戏法

游戏法是指通过学前儿童喜闻乐见的游戏,让他们在玩中习得良好的健康教育的知识、技能技巧和行为习惯。例如,训练学前儿童的投掷动作,可组织他们用沙包练习投掷,玩"炸碉堡"的游戏。

(七)讨论评议法

议论评议法是指让学前儿童参与健康教育过程,为他们提出问题、发表意见、自己得出结论提供机会。这种方法能有效促进学前儿童表达自己的真实想法,并鼓励学前儿童评价他人的思想,从而提高学前儿童辨别是非的能力。

需要注意的是,各种方法在运用时,应根据不同的健康教育内容和不同年龄学前儿童的实际需要灵活选择。另外,以上的方法并不是绝对的,其中会有一定的交叉或包含的关系,因此在健康教育活动的设计中,应根据具体的教育目标和内容,选择合适的教育方法。

三、学前儿童健康教育活动设计的基本原则

学前儿童健康教育活动设计需要遵循一定的原则。概括来说,这些原则主要包括以下几方面。

(一)主体性原则

学前儿童虽然尚未发育成熟,还需要成人的保护和帮助,但他们是独立成长着的、具有极大发展潜能的主体。教师要充分认识到学前儿童的主体性,善于引导、激发学前儿童参与活动的兴趣和积极性,充分发挥学前儿童

的主体性作用,这样会对教育起到事半功倍的效果。

(二)发展性原则

在学前儿童健康教育中,无论是良好情感态度的培养,还是健康行为的养成,都要从终身发展的理念出发,把握学前儿童原有的特点和水平,并以此为基础,由易到难、循序渐进,使大部分孩子经过一定的努力能够掌握,把学前儿童发展的可能性与积极引导辩证地结合起来,既符合学前儿童的现实需要,又利于其长远发展。

(三)全面性原则

健康生活教育关系到学前儿童日常健康行为的养成,体育锻炼关系到学前儿童的身体素质,安全教育关系到学前儿童的身体健全,心理教育关系到学前儿童的心理健康。因此,我们要兼顾学前儿童多方面的需求,全面而均衡地选择健康教育的内容。

四、学前儿童健康教育活动设计的步骤

学前儿童健康教育活动设计的步骤如图5-1所示。

(一)分析学前儿童情况

分析学前儿童已具备哪些与该活动有关的知识、技能、能力、兴趣,以及存在哪些问题。

(二)确定活动目标

具体的活动目标是健康教育总目标和年龄阶段目标的细化。编写目标时要注意目标应简洁、清晰、具体、明确、具有可操作性,这样才能保证活动应有的方向性,并使学前儿童获得一定的发展,达到教育的效果。活动目标的表述要突出重点具体应做到以下几方面。

第一,目标中行为的发出者应一致,都是教师或都是学前儿童,保持主语一致。

```
┌─────────────────────┐
│   分析学前儿童的情况   │
└──────────┬──────────┘
           ↓
┌─────────────────────┐
│     确定活动目标      │
└──────────┬──────────┘
           ↓
┌─────────────────────┐
│     做好活动准备      │
└──────────┬──────────┘
           ↓
┌─────────────────────┐
│  选择适当的活动形式和方法  │
└──────────┬──────────┘
           ↓
┌─────────────────────┐
│     选择活动内容      │
└──────────┬──────────┘
           ↓
┌─────────────────────┐
│     设计活动过程      │
└─────────────────────┘
```

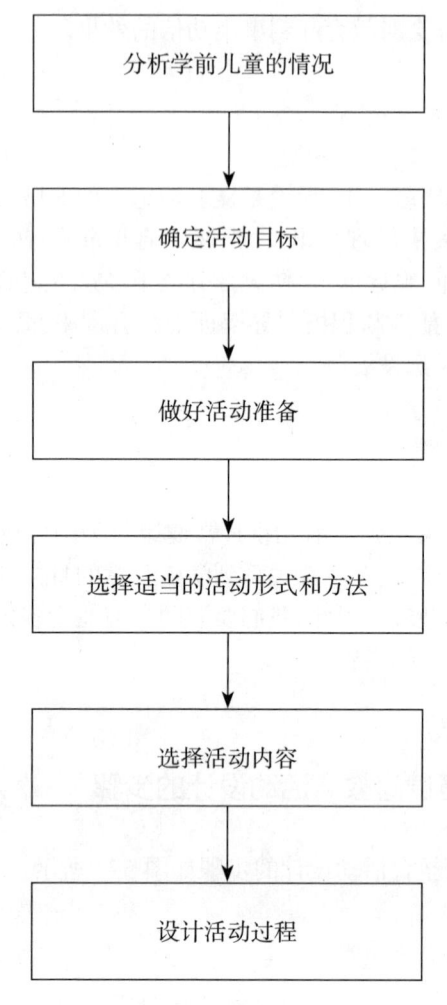

图 5-1　学前儿童健康教育活动设计的步骤

第二,活动目标应指向教育结果,而非过程。
第三,表述应以可用于观察的外显性行为为主,以便于教学效果评价。

(三)做好活动准备

活动准备包括以下三个方面内容。
第一,物质材料和环境创设的准备。
第二,知识经验的准备。
第三,教师情绪的准备,教师不要将消极情绪带入课堂,以免影响学前

第五章　学前儿童健康教育的内涵

儿童。

（四）选择适当的活动形式和方法

教师应根据活动目标和活动内容、学前儿童的发展水平及教育条件的不同,有针对性地选择适宜的活动形式和活动方法。活动方法可以采取一种,也可以多种方法有机组合使用,使学前儿童在生动有趣的活动中,通过师幼互动,充分发挥学习的主动性、创造性,使每个学前儿童都能获得发展。

（五）选择活动内容

健康教育内容的选择应该考虑学前儿童认知事物的特点及学前儿童本身知识经验的局限,注重内容的科学性、趣味性、通俗性及可操作性,使学前儿童对活动内容感兴趣,从而积极投入。

（六）设计活动过程

一般来说,一个完整的健康教育活动过程包括开始部分、基本部分、结束部分等环节。

1. 开始部分

活动开始部分的主要任务是引起学前儿童对健康教育活动的注意,激发学前儿童对活动的兴趣和求知欲望等。在导入健康教育活动时,教师可直接开门见山式地开始活动,也可以利用教具间接地导入。以上几种方法应根据具体活动内容来灵活选择,可用一种或两种方法。但不管使用什么方法,都应从学前儿童已有的经验入手,这样才能使学前儿童比较自然地进入活动主题。

2. 基本部分

活动的基本部分为整个活动的主干部分,其主要任务是紧紧围绕活动目标和学前儿童的需要,为学前儿童提供充足的活动材料和使用材料的大量机会,让他们自己去做、自己去看、自己去想、自己去经历,使健康教育活动真正成为学前儿童的主体活动。教师在给学前儿童自由的同时,给予必要的指导,教师运用生动形象的语言把学前儿童的注意力始终集中在活动的目标上,可以用启发性的提问,为他们提供一些能帮助解决问题或寻求答案的思维方式或线索,引导学前儿童充分进行各种感知操作、讨论等活动,以减少学前儿童的盲目性和随意性。

3. 结束部分

结束部分可以分为以下几个步骤来进行。

第一,对活动情况进行小结评价,给学前儿童以积极的鼓励为主,并为下一次继续学习做好铺垫。

第二,可安排一些延伸活动,让学前儿童继续探索,如让学前儿童在活动区继续活动、提出一些新的问题,让学前儿童思考等。

第三,可以指导学前儿童一起整理活动材料,培养学前儿童良好的日常生活习惯。

第六章 学前儿童的身体保健教育研究

学前儿童身体保健内容涉及生活的方方面面,本章重点论述学前儿童饮食与营养教育、体育教育、安全教育以及易患的身体疾病。通过学习,可以初步掌握学前儿童身体保健教育理论及幼儿身体保健教育活动设计的要求,能根据不同年龄儿童的特点和学习规律,开展身体保健教育,实现学前儿童身体保健教育目标。

第一节 学前儿童饮食与营养教育研究

一、学前儿童需要的营养素和热量

(一)蛋白质

蛋白质是构成人体细胞、组织、器官的基本成分。从胎儿发育到成人的由小到大的生长过程中,需要不断地合成和积累体内的蛋白质,细胞组织才能增多、长大。此外,食物的消化吸收所需要的酶、调节人体生长发育的激素、抵抗疾病的免疫球蛋白等重要生命物质都是由蛋白质构成的。

1. 蛋白质的生理功能

蛋白质的生理功能包括以下几方面。
第一,蛋白质是构成人体细胞组织的主要成分。
第二,蛋白质能调节生理机能。
第三,蛋白质可以使机体对外界某些有害因素保持高度的抵抗力。
第四,蛋白质是供给人体热能的营养素之一。

2. 膳食中的蛋白质供给量

3～5岁学前儿童每日的蛋白质供给量为40克,5～6岁为50克,其中必须有一半来自动物蛋白或豆类蛋白。学前儿童如果长期在膳食中蛋白质摄入不足,就会引起生长发育迟缓,体重过轻,抵抗力降低,病后恢复缓慢,甚至有智力障碍。

(二)脂类

脂类包括脂肪与类脂。

1. 脂类的生理功能

脂类的生理功能主要包括以下几方面。
第一,脂类是人体组织细胞的重要组成部分。
第二,脂类能供给身体热能。
第三,脂类可以促进脂溶性维生素A、D、E、K的吸收。
第四,脂类能防止体内热量大量散发,能固定脏器位置,减少它们之间的摩擦,有保护内脏的作用。
第五,脂肪能延缓胃的排空,增进饱腹感。

2. 膳食中脂类的供给量

学前儿童每千克体重每日需要3克脂类。长期缺乏脂肪,学前儿童容易营养不良,生长迟缓,缺乏各种脂溶性维生素;脂肪摄入过量,幼儿会消化不良,食欲不振。

（三）碳水化合物

1. 碳水化合物的生理功能

第一，碳水化合物是人体热能的主要来源。
第二，碳水化合物是构成机体的一种重要物质。
第三，碳水化合物能维持心脏和神经系统的正常功能。

2. 膳食中的碳水化合物供给量

学前儿童每千克体重大约需要12克碳水化合物。

（四）热量

1. 热量的生理功能

学前儿童需要热量，主要是为了维持基础代谢、参加活动、消化食物和身体的生长发育等。

2. 热量的供给量

儿童基础代谢快，生长发育迅速，热能不足，营养素就不能很好地发挥效能。每日热能供给量是 3～5 岁儿童 5 861 520 焦耳，5～7 岁儿童 6 698 880 焦耳。人体所需热能的来源是食物中的碳水化合物、脂肪和蛋白质。

（五）微量营养素

微量营养素即人体含量很少，但对生存和健康是必不可少的重要的营养素，包括矿物质和维生素。

1. 矿物质

（1）钙
①钙的生理功能
钙是构成人体骨骼和牙齿的主要成分，人体内的钙有99%以上是在骨骼和牙齿中。钙具有重要的生理功能，主要包括以下几方面。
第一，钙能维持肌肉、神经正常的兴奋性。

第二,能参与血凝过程,是血液凝固的要素。

②膳食中钙的供给量

学前儿童处在生长时期,需钙量较多,每日 600 毫克。钙的吸收与食物中的蛋白质、维生素 D 含量有关。钙来源于乳类、蛋黄、虾米皮、芝麻酱等。

（2）铁

①铁的生理功能

铁是合成血红蛋白的重要原料之一,参与氧的输送和组织的呼吸。人体内如果铁的数量不足,一般表现为缺铁性贫血。

②膳食中钙的供给量

学前儿童每日需要 7～12 毫克铁。铁主要来源于动物的肝脏、肌肉、蛋黄、豆类、绿叶菜类。

（3）磷

①磷的生理功能

磷是构成人体骨骼和牙齿的重要材料,也是构成组织的重要成分的原料。

②膳食中磷的供给量

学前儿童每日需要 900 毫克磷。磷来源于乳类、肉、肝、禽蛋、鱼类、谷类、硬壳果、豆类和马铃薯等。

（4）碘

①碘的生理功能

碘是组成甲状腺素的主要成分,能调节机体的新陈代谢,帮助生长发育。

②膳食中的碘供给量

学前儿童每日需要 80～90 微克碘,缺碘可引起甲状腺肿大。机体所需的碘,可以从水、食物的食盐中取得。海盐、海带、海鱼等海产物含碘量丰富。

（5）锌

①锌的生理功能

锌参与核酶和蛋白质的代谢,主要存在于肌肉、骨骼、皮肤(包括头发)和血中。锌能协调葡萄糖在细胞膜上的运转。锌与胰岛素活性有关。

②膳食中的锌供给量

学前儿童每日需要 10 毫克锌。锌主要来源于牛肉、猪肉、羊肉、鱼类及海产品、豆类和小麦。

2. 维生素

维生素是食物中含量极微而人体维持生命所必需的有机物,一般存在于天然食物中,在人体内不能合成或合成的数量极少。如果食物中缺乏维生素,人体就会出现病态。下面主要对几种重要的维生素类型进行简要介绍。

（1）维生素 A 和胡萝卜素

①维生素 A 和胡萝卜素的生理功能

胡萝卜素可以在人体肝或小肠内,经过酶的作用变成维生素 A。维生素 A 和胡萝卜素溶于脂肪而不溶于水,对热和酸碱反应稳定,一般不会被烹调和制罐头过程破坏,但容易被空气中的氧氧化而破坏。维生素 A 是合成视紫红质的原料。眼睛对暗适应的快慢决定于机体维生素 A 的充足与否。维生素 A 若充足,则视紫红质的再生快而安全；若缺乏,则视紫红质的再生慢而且不安全,容易导致夜盲症。

②膳食中的维生素 A 和胡萝卜素供给量

学前儿童每日需要维生素 A_2 200 国际单位(660 微克)和胡萝卜素 4 毫克。

（2）维生素 D

①维生素 D 的生理功能

维生素 D 能增进人体对钙和磷的吸收和利用,帮助骨骼和牙齿生长。食物中如果维生素 D 长期供应不足,或者长期生活在室内、少见阳光,婴幼儿容易得佝偻病和手足搐搦症。

②膳食中的维生素 D 供给量

学前儿童每日大约需要 400 国际单位,相当于 10 微克的维生素 D。由于含维生素 D 的食物有限,而其中的含量又不能满足幼儿的需要,因此要经常让儿童在太阳下活动,使之得到足够的维生素 D。维生素 D 来源于动物肝脏、鱼肝油、禽蛋等。

（3）B 族维生素

①维生素 B_1

维生素 B_1 是酶的重要组成部分。这种酶能促进碳水化合物的新陈代谢；可刺激胃的收缩,促进胃内容物的排空,帮助消化；能保持神经系统健全、心脏机能健康,可以预防及治疗脚气病。B_1 缺乏,人容易疲劳,食欲不振,腓肠肌酸痛,膝腱反射消失,严重时肌肉萎缩,呼吸困难,心跳加速,常因心脏衰弱而致死。维生素 B_1 来源于动物的心脏、肝、肾、脑,瘦猪肉,蛋类,植物中的谷类、豆类、干果、硬果、芹菜叶和莴苣叶等。

②维生素 B_2

维生素 B_2 是酶的重要组成部分。这种酶的主要功能是促进细胞氧化。

B_2 缺乏症常见的症状有口角炎(口角乳白色或裂开)、唇炎(多见下唇微肿、脱屑和色素沉着)、舌炎(舌紫色或紫红色,肿大,并出现皱褶裂纹)、角膜血管增生、畏光与巩膜出血等。维生素 B_2 主要来源于各种动物性食物,特别是动物的内脏、蛋和奶,其次来源于豆类和新鲜绿叶菜。学前儿童每日维生素 B_2 的供给量标准与维生素 B_1 相同。

(4)维生素 C(抗坏血酸)

①维生素 C 的生理功能

维生素 C 能促进人体生长,维持骨骼及牙齿的健康,增强对疾病的抵抗力,促进伤口愈合,增强血管的韧性,预防与治疗坏血病。

②膳食中的维生素 C 供给量

学前儿童每日大约需要 50 毫克的维生素 C。维生素 C 主要来源于新鲜蔬菜和水果。只要能经常吃到足够的蔬菜和水果,并注意合理烹调,一般说来维生素 C 不会缺乏。

(六)膳食纤维

食物中的膳食纤维主要来自植物性食物的纤维素、半纤维素、果胶、树胶、海藻多糖、木质素等。膳食纤维不被小肠酶消化,因此有吸收大肠水分、软化大便、增加大便体积、促进肠蠕动等功能。膳食纤维在大肠还被细菌分解,产生短链脂肪酸,防止肠萎缩,降解胆固醇,改善肝脏代谢。学前儿童食物中每日膳食纤维的适宜摄入量约为 20~35 克(约 250~300 克新鲜蔬菜)。

(七)水

水是人体的重要成分,占体重的 61%,儿童约占 80%。人的许多重要生理活动都离不开水,人体失去 10% 的水分即危及生命。人体需要的水主要从饮用水和食物中获得,同时其组织代谢和食物在体内氧化过程也可产生一部分水。

1. 水的生理功能

(1)水是细胞和体液的重要成分。

(2)水能帮助体内生理活动的进行。

(3)水的比热数值大,人体需要失去较多的热或获得较多的热才能使体温发生变化。水的这种性质有利于人体维持体温。人体产热过多时,水

第六章 学前儿童的身体保健教育研究

分可以因蒸发而带走热量，使体温保持正常。

2. 水的需要量

学前儿童体内含水量多。他们水的需要量还与能量摄入、食物种类、肾功能成熟度、年龄等因素有关。体内水分不足，会导致消化不良、体温增高；喝水过多，又会引起胃胀，食欲减退。学前儿童每日需水量大约为1 600～1 800毫升。水主要来源于饮料，如每日饮的水、喝的汤等，也来源于食物，饭菜中含有大量水分。

二、各类食品的营养价值和饮食卫生

食品的营养价值通常是指食品中所含营养素和热能能够满足人体营养需要的程度。营养价值的高低，取决于食品中所含营养素种类是否齐全，数量是否充足，及其相互比例是否恰当。实际上，天然食品中所含的营养素，其分布及含量都不是十分均衡的，有各自的特点。因此，在选择各种食物配膳、制定食谱、加工、烹调、贮存食品时，均需掌握各类食品的营养特点，注意饮食卫生。下面即对各种食品的营养价值及饮食卫生进行研究（表6-1）。

表6-1 各种食品的营养价值及饮食卫生

食品种类	营养价值和饮食卫生
粮食类	粮食类包括稻米、麦子等主粮及玉米、小米、薯类等杂粮。粮食类主要含淀粉，是膳食中最主要的热量来源；粮食类含一定量蛋白质，因是主食，所以是膳食中主要的蛋白质来源；粮食类的脂肪含量少；而含多种无机盐，其中磷最多，钙、铁少，粮食中植酸盐影响无机盐的吸收利用。多种食物混合食用，粗细粮搭配，可提高粮食的营养价值，预防脚气病。学前儿童食用的粮食要新鲜、干燥，制作、烹调时不要放碱
豆类食品	豆类的品种很多，根据营养成分可以分为两类，一类是大豆（黄豆、黑豆及青豆）；另一类包括豌豆、蚕豆、绿豆、小豆等。大豆含有较多的蛋白质和脂肪，淀粉相对较少。大豆蛋白质是最好的植物性优质蛋白质，含有丰富的赖氨酸、钙等。其他豆类含脂肪不多，但含有较多的淀粉和蛋白质，其他营养素与大豆相似。豆类制品主要有豆腐、豆浆、豆芽、豆乳等。大豆制成豆制品后，可明显提高消化率，并且大豆中的植酸被分解，可提高大豆中铁、锌、钙、镁的利用率。豆类及其制品是学前儿童既营养又经济的食品，但要注意生豆浆必须彻底煮沸才能食用，否则容易引起中毒

续表

食品种类	营养价值和饮食卫生
蔬菜水果	蔬菜水果含有人体需要的多种营养素,是膳食中无机盐和维生素的主要来源。水果味美香甜、营养丰富,是学前儿童喜爱的食品。蔬菜的营养价值不亚于甚至超过水果,而且蔬菜价廉物美,有的可作水果食用,如西红柿、黄瓜、胡萝卜。蔬菜水果含有机酸、果胶、纤维素,有利于食物的消化、吸收,防止便秘。学前儿童必须每日摄入一定量的蔬菜水果。蔬菜水果易被农药污染和发生腐败变质,一定要挑选新鲜、良好的蔬菜水果。水果应削皮吃,蔬菜要清洗干净,蔬菜水果不宜贮存时间过长,烹调加工时要先洗后切,避免长时间浸泡,急火快炒,适当加点醋
肉鱼禽蛋类	猪、牛、羊及家禽肉富含优质蛋白质、脂肪和能量,以及一定量的无机盐和维生素,钙含量较低。禽肉脂肪富含必需脂肪酸,而畜肉主要含饱和脂肪酸,禽肉比畜肉鲜嫩、味美,也易于消化。鲜肉易腐败变质或被微生物污染,要选购新鲜肉类食品,冷冻保存。生熟肉类食品分开切洗和存放,学前儿童不宜吃含亚硝酸盐的熏制腊肉 动物肝脏富含多种维生素和无机盐,营养价值优于肉类。要采用多种烹调方法,改善肝脏的色香味,并鼓励学前儿童喜欢吃肝脏 鱼类包括鱼虾和蟹等,是优质蛋白质的良好来源,脂肪多为不饱和脂肪酸,消化率高。学前儿童的鱼类食品要新鲜无污染,应去掉鱼刺,可做成鱼泥、鱼丸等。虾可引起过敏反应,吃虾时要观察学前儿童的表现 蛋类是营养价值很高的食品,所含蛋白质是最理想的优质蛋白质。富含脂类、钙、铁、碘等无机盐,其中蛋黄的营养价值比蛋清高。蛋要注意保鲜,皮蛋中含有较多的铅,在制作过程中因加碱而破坏了B族维生素,所以学前儿童不宜多吃皮蛋
奶类及奶制品	奶类包括人奶、牛奶、羊奶等种类。奶类是营养成分齐全,容易消化吸收的食品,含优质蛋白质、脂肪微粒、乳糖、无机盐、维生素和免疫球蛋白等,尤其富含钙,且易消化吸收。奶制品有炼乳、奶粉和酸奶。甜炼乳含糖量太高,脱脂奶粉含维生素A、维生素D少,不适合学前儿童食用。淡炼乳调制的奶粉、酸奶适合学前儿童食用,调制奶粉是按母乳组成成分和模式配制而成,易于消化吸收,利用率高,能促进学前儿童生长发育。酸奶是鲜牛奶发酵而成的,营养丰富,易消化吸收,有抑菌和刺激胃酸分泌作用,其中乳糖已分解,食用不会发生腹泻、腹痛,是学前儿童喜爱的食品。奶类及其制品易受污染而腐败变质,食前要煮沸消毒,过期奶制品不能食用
食用油和糖类	油包括动物性油和植物性油,富含脂肪酸、热量、脂溶性维生素。植物油中亚油酸含量高于动物性脂肪,营养价值优于动物油。油脂存放过久、有水分或含有杂质,易发生酸败,脂溶性维生素被破坏,不能食用;油料种子在存放时易被霉菌污染,如花生最易被黄曲霉毒素污染。食糖主要含低分子碳水化合物,富含热量,其他营养素含量很少,摄入过多易造成龋齿、肥胖等。应控制学前儿童对糖的摄入量,尤其是蔗糖的摄入量,应选营养价值较高的蜂蜜食用

续表

食品种类	营养价值和饮食卫生
调味品	调味品包括酱油、醋、盐、味精,还有一些佐料和添加剂。调味品中也含有一些营养素,具有一定的营养价值,但因用量不大,并不是营养素和热量的主要来源。供给学前儿童的调味品不应含有人工色素、糖精、防腐剂等

三、学前儿童营养教育活动的组织

（一）合理组织学前儿童的膳食

营养学上建议的合理膳食（平衡膳食或健康膳食）是指不仅含有人体需要的各种营养素,而且各营养素的数量和相互比例亦合适的膳食。学前儿童正处于生长发育时期,新陈代谢旺盛,每天必须从膳食中摄入一定量的营养素和热能,才能满足生长发育和活动的需要。如果营养素或热能缺乏或不平衡,不但影响学前儿童生长发育,还可能引起身心疾病。因此,合理组织学前儿童的膳食是学前儿童健康教育的主要环节,是保证学前儿童身心健康的主要措施。为保证学前儿童身心健康的需要,应科学合理地供给学前儿童膳食,其基本原则如下。

1. 膳食中含有机体所需要的一切营养素和热量

各种食物的营养价值不同,任何单一天然食物都不能供给人体所需的全部营养素,因此,学前儿童每日所吃的食物一定要多样化,这样才能达到平衡膳食的目的。

2. 学前儿童的膳食应当容易消化,又能促进食欲

学前儿童消化系统发育还未完善,因此,食物要细、软、烂、新鲜、清洁,避免吃刺激性食物与含脂肪和糖过多的食物。为保持和促进学前儿童的食欲,烹调时,既应注意食物的多样化,尽量保持食物中的多种营养素,还应强调食物的色、香、味,引起学前儿童的食欲。尤其是富含营养的食物,如猪肝、胡萝卜等,有的学前儿童不喜欢吃,更应注意善于改变烹调方法。

3. 食物中不应含对有机体有害的物质

食物必须清洁卫生、新鲜良好,不含致病微生物、污染和腐败变质的成分。

(二)创设适宜而健康的膳食环境

膳食环境包括适合学前儿童生理、心理的进餐环境。

餐厅光线充足,空气新鲜流通,温湿度适宜,餐桌与食具清洁美观,室内布置优雅整洁。膳食气氛和谐、组织有序,进餐前或进餐时不要体罚或批评学前儿童,使学前儿童保持愉快的情绪。可播放轻松、优美的音乐,以促进食欲,防止噪音影响或他人的干扰。每班有盥洗室,每个学前儿童有专用的盥洗用具和食具,并要经常清洗消毒。

(三)幼儿园膳食的卫生管理

食品的卫生管理,首先是根据各种食品的营养特点进行合理选择、科学搭配与烹调加工,从而提高其营养价值,使食物在人体内发挥最大的营养效能。其次,还要预防食品污染。

1. 食品的烹调加工

烹调加工是合理利用食品的重要环节。通过对食品的整理、洗涤和加热烹调,可以去除食物中的病菌、寄生虫卵等有害物质;可以增加食物的色、香、味,改善感官性状,刺激食欲,并使之更易于消化和吸收。如果烹调加工的方法不合理,就使得营养素的丢失更多。因此,要改进不合理的烹调加工方法。科学合理的烹调加工方法应注意以下几点。

第一,煮饭应该减少淘米次数,不要用热水搓洗和冷水冲洗。采用生米煮饭或焖饭,不用捞蒸丢弃米汤的方法。

第二,烹煮各种食品,尤其是蔬菜,不要用铜锅。动物性食品和蔬菜可稍加豆粉之类的淀粉,可保护食品的营养素,又可使食品滑嫩可口。

第三,蔬菜要尽可能做到现炒现吃,避免用水浸泡。

第四,烹调各种面食时,应尽量不放碱。学校要少吃炸油条等油炸食物。

2. 食堂的卫生管理

第一,食堂里食品要新鲜,严格做到对腐败食物不采购、不验收、不烧煮、不供应。夏秋季,食物要现炒现供应,隔顿和隔夜的饭菜,在不变质的情况下,要回锅炒透后再供应,外购的卤味熟食,也要回锅炒后再供应。吃凉拌菜要特别注意消毒、操作卫生。在冬季,要保证供应热饭菜,夏季饭菜要清爽可口。

第二,生、熟食品要分开。在采购、运输、保存、烹调过程中,生、熟食品要严格分开。切洗、盛装器具、抹布和贮存设备等均应分开使用。

第三,搞好食堂环境卫生。食堂要订立卫生制度,确保环境卫生。对食堂的环境要求是不拥挤、空气流通、光线充足、清洁美观。

第四,食具要严格消毒。公用食具要做到一洗、二过(清水过)、三消毒、四密封保存。一般可用煮沸、蒸气或药物消毒。

第五,注意个人卫生。食堂职工应做到工作前和大小便后洗手,勤换衣服、勤洗澡理发、勤剪指甲。工作时不吸烟,不随地吐痰,不直接尝菜(最好将菜放入小碗中尝),不用手抓熟食品。工作时最好穿工作服,但不要穿着工作服到处乱走。

第六,幼儿园的领导要加强对食堂的领导和卫生管理工作,要为食堂增加必要的设备。注意为学前儿童方便就餐配置餐桌和餐具。幼儿园要经常对食堂职工和管理人员进行饮食卫生知识的宣传教育,可组织炊事人员学习业务。

第七,平时要加强饮食卫生和饮食营养的指导和监督工作。要定期为炊事员进行健康检查,发现有传染病者,要及时建议调离食堂,进行治疗。

(四)注意学前儿童膳食的心理卫生

合理膳食应符合学前儿童的膳食心理特点和卫生。

1. 模仿作用

学前儿童的模仿性强,极易受家长、同伴饮食习惯的影响,因此,家长要防止自己的不良饮食习惯影响学前儿童,或以自己对食物的喜好教育影响学前儿童。对于偏食、挑食、厌食的学前儿童,可安排与饮食习惯好的学前儿童一起进餐,使其受到影响,可纠正其不良习惯。

2. 暗示作用

家长、教师的语言、表情和动作对学前儿童起着暗示作用,积极的暗示可使学前儿童养成良好的饮食习惯。如教师说:"吃了猪肝,小朋友身体健康,长得高。"学前儿童吃了猪肝后就会觉得自己很健康,便可改正原来不喜欢吃猪肝的习惯。消极的暗示反而助长学前儿童不良习惯的养成,如父母总是当着孩子的面说:"这孩子不愿意吃蔬菜,挑食。"这样会强化学前儿童偏食的心理。因此,在进行营养教育时,要避免消极的暗示作用。

3. 逆反心理

目前,很多孩子厌食常见的原因是家长逼着他们吃饭,从而使学前儿童产生逆反心理,甚至可以造成神经性厌食。对于存在这种情况的学前儿童,可采取饥饿法,暂时停止供给食物,等其饥饿后再吃。此外,还可加强体育活动量,注意食物的色香味,食谱经常改变,保持愉快轻松的情绪,创设安静舒适的进餐环境,以使学前儿童产生良好的进餐心理,刺激其产生食欲。

(五)学前儿童营养教育活动组织中应注意的问题

1. 重视学前儿童膳食心理卫生

掌握学前儿童膳食的心理特点,采取心理卫生措施和方法,是学前儿童营养教育的关键。随着经济发展和人民生活水平的提高,学前儿童一般都能获得充足的食物,但学前儿童的营养状况仍不尽人意,之所以出现这种情况,除营养知识普及不够外,最主要是心理因素造成的。因此,重视学前儿童膳食心理卫生是进行营养教育的关键。

2. 注意个体差异

由于学前儿童对营养需要存在个体差异,因此在教育、指导、评价个别学前儿童营养和膳食时,要结合营养、生长发育、遗传等多方面情况进行分析、判断。

3. 注意随机教育

针对学前儿童进餐情况,及时、随机地进行教育,尤其对饮食习惯不好或体弱多病的学前儿童,要进行个别教育,给予及时地纠正和耐心细致的帮助。对于过食引起肥胖的学前儿童要适当地控制进食量,同时注意培养其节制食量的意识。

4. 加强全方位合作

幼儿园园长、保教人员、保健医生、营养员、炊事员必须密切配合,家庭和幼儿园密切配合,社会和幼儿园密切配合,才能保证营养教育的最佳效果。

第二节 学前儿童体育教育研究

一、体育锻炼对学前儿童身心发展的作用

（一）体育锻炼对学前儿童生理发展的作用

1. 体育锻炼对学前儿童运动系统的作用

体育锻炼能使骨组织增厚，增大，促进生长，骨骼也更加结实，提高抗压性。同时体育锻炼能加强肌肉的工作能力，提高对蛋白质等营养物质的吸收和储存功能，使肌纤维变粗，肌肉显得结实有力，从而促进学前儿童骨骼的生长发育。

2. 体育锻炼对学前儿童神经系统的作用

体育锻炼能促进脑细胞的生长发育，同时体育锻炼还能在运动中通过对各个器官的控制，促进学前儿童的手眼协调能力，并通过对不同系统、不同器官的调节、控制促进其神经系统的发展。

3. 体育锻炼对学前儿童呼吸系统的作用

学前儿童胸廓狭小，呼吸肌力较弱，肺活量较小，呼吸较浅。体育锻炼时，活动量加大，新陈代谢也相应加速，机体对氧气的需求量也随之增加。长期的体育锻炼能促进学前儿童呼吸肌的发育，增加学前儿童的肺活量，提高学前儿童的呼吸功能。

4. 体育锻炼对学前儿童免疫系统的作用

学前儿童免疫系统发展还不成熟，身体较为柔弱，皮肤对温度的调节能力较差，抵抗力较弱。当季节变化，尤其是气温骤然变化的时候，学前儿童容易患病。参加体育锻炼能增强儿童体质，改善学前儿童对冷热的耐受力，增强皮肤在气温急剧变化时对体温的调节能力，减少学前儿童患病的概率。

5. 体育锻炼对学前儿童循环系统的作用

体育锻炼时,由于心跳速度和血液排出量的改变,所以心跳又快又重,血压比平时高,从而增加了心脏的负担,而这种负担,通过长期的体育锻炼,能让学前儿童的整个循环系统功能得到增强,心脏更加发达,重量增加,体积增大,心肌收缩力增强,搏动更加有力,供血更加充分。

(二)体育锻炼对学前儿童心理发展的作用

1. 体育锻炼有助于学前儿童认知能力的发展

学前儿童经常进行体育锻炼,掌握各种动作技能,这本身就是一种认知能力的发展。体育锻炼还能促进血液循环,使大脑的血流量增加,改善大脑的供氧情况,有助于提高大脑的工作效率,增强学前儿童的记忆力和注意力。

2. 体育锻炼有助于学前儿童意志品质的发展

学前儿童的体育锻炼大部分是集体锻炼,因此就有规则和纪律。体育锻炼能让学前儿童学会遵守活动规则,遵守集体纪律,学会等待。同时体育活动中还有许多具有挑战性的项目,如从高处往下跳、走平衡木等,都要求学前儿童表现出勇敢的品质。这些都有助于学前儿童意志品质的发展。

3. 体育锻炼有助于学前儿童完善个性的发展

学前儿童的体育锻炼都有一定的组织形式和相应的规则和纪律要求,这就要求学前儿童学会控制自己的行为以服从集体,养成遵守纪律和有组织活动的习惯。参加体育锻炼,参与其他小朋友的活动,能培养学前儿童积极乐观、活泼开朗的性格。学前儿童的体育活动往往有竞赛性的成分,这些活动能培养学前儿童的上进心,培养他们初步的集体荣誉感。

4. 体育锻炼能调节和发展学前儿童的情绪

幼儿园的体育活动形式多样,内容丰富,学前儿童从中可以得到极大的快乐与满足,保持良好的情绪与精神面貌。同时,一些认知活动或一些室内的安静活动容易让学前儿童疲劳。在这种情况下,学前儿童的体育锻炼是一种积极的休息,它能帮助学前儿童很快消除疲劳,重新焕发出活力。

第六章　学前儿童的身体保健教育研究

二、学前儿童体育目标和内容设定的原则

在设定学前儿童的体育目标和内容时需要遵循一定的原则。概括来说，这些原则主要包括以下几方面。

（一）发展性原则

学前期是儿童生理系统迅速发展的时期，这一时期的体育锻炼应注意使学前儿童生理的各个系统、各个部位、各个器官都能在体育活动中得到锻炼。在注意生理机能发展和锻炼的同时，也要让学前儿童的心理方面在体育活动中得到锻炼和发展，通过体育活动培养儿童的认知能力，愉悦儿童的情绪，培养儿童良好和谐的个性，做到生理和心理全面发展。学前儿童体育的目标和内容的设计要重视大多数儿童的发展，将大部分学前儿童的发展水平视为一般水平，以此为目标和内容设计出发点，设计合理的目标和内容，从而促进大部分学前儿童的发展。

（二）保教结合原则

学前儿童身体发展较弱，各个生理系统有待发展，这些都要求在教学过程中遵循"保教结合"原则，学前儿童体育的目标和内容亦是如此。在实践中做到"教"中有"保"，"保"中有"教"，两者并举，有机结合。比如"跑"是学前儿童体育中基本动作之一，学前儿童"跑"动作的发展规律是：一岁半就能学着跑，到两三岁时基本上会跑，三岁儿童跑的时候有了明显的腾空阶段，四岁以后才有了明显进步，跑得自然，提高了奔跑能力。因此教师在这个时候对学前儿童的跑步进行锻炼不宜进行静力性活动，不能长时间停留在一种姿势上，应该有计划有目的地开展相应的体育活动，内容要多样化，运动量要适当。但同时，也要根据学前儿童的运动系统和生理发展特点，有指导性地进行锻炼，通过少量多次、小步子的训练步骤来锻炼儿童的跑步能力。

（三）适应性原则

学前儿童年龄小，好动，情绪不稳定，注意时间不长，因此在教学内容的选择中应尽可能地选择以游戏为主的活动，在复习动作的时候应以竞赛性的活动为主。在体育活动中做到游戏化，以激发和维持学前儿童的兴趣。

三、学前儿童体育教学活动的设计与组织

(一)学前儿童体育教学活动的设计

学前儿童体育教学活动,俗称体育课,是学前儿童体育的重要形式。

1. 学前儿童体育教学活动的基本类型

按照学前儿童对体育教学活动内容的熟悉程度不同,可以划分为新授活动和复习巩固活动。

(1)新授活动

新授活动是指以学习新动作、新内容、新知识为主的活动。

(2)复习巩固活动

复习巩固活动是指对新学习的内容进行重复锻炼、复习和提高的活动,在这个活动中还可以有新的延伸。这种延伸可以是在活动的背景上的变化、活动中主体或角色的变化、数量的变化等,通过这些变化进一步锻炼儿童在新授活动中掌握的动作和能力。

2. 学前儿童体育教学活动设计的步骤

学前儿童体育教学活动设计的步骤如图 6-1 所示。

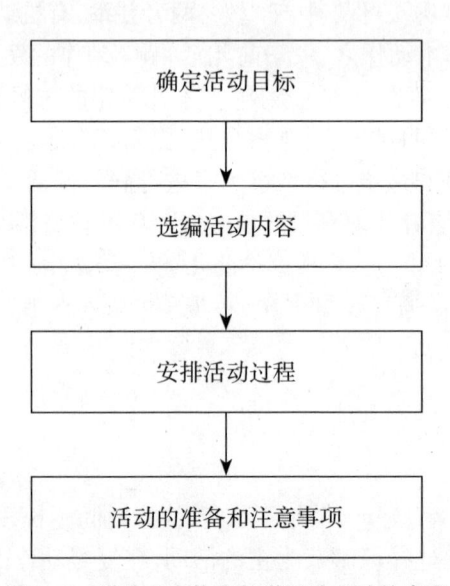

图 6-1　学前儿童体育教学活动设计的步骤

(1)确定活动目标

学前儿童体育教学活动目标的确立要考虑以下三个方面的因素。

第一,上位目标。它是指某体育教学活动的具体目标隶属于幼儿园周教学活动的目标、幼儿园月教学目标,年龄阶段目标,学前儿童体育课堂活动的目标,是这些上位目标实现的最基本的元素。这些上位目标也具有对某次体育教学活动目标的规定性。因此幼儿教师在确立具体课堂教学目标时要注意与这些目标在方向上的一致性。

第二,幼儿园的体育教学活动都不是单一的,在确立体育教学活动目标的时候要根据前面已经实施过的体育教学活动中学前儿童对动作的掌握程度、存在的问题来进行考虑。

第三,确定学前儿童体育教学活动的目标还要根据幼儿园所在地区环境和本园幼儿的实际情况来进行。

第四,作为教学的活动目标,一定要有行为目标,即要有可操作性的目标,切忌在活动目标中过多出现诸如"发展儿童基本动作"这样的大目标。同时学前儿童体育不仅仅是动作训练,在目标上还应有认知、情感、个性方面的要求,才能促进儿童的全面发展。

(2)选编活动内容

选编活动内容时,教师可以根据教学活动或课程指导用书选择相应内容,也可以在互联网上搜索相应内容,教师要对这些借鉴的内容进行消化吸收,并根据幼儿的实际情况来进行选择和改编。同时,在幼儿园的教育教学实际过程中,幼儿教师更多地应根据本地、本园和本班幼儿的实际情况,依据教学目标来创编活动内容。

(3)安排活动过程

安排学前儿童体育教学活动的过程时要注意以下一些方面。

第一,节奏的安排,要注意结合学前儿童生理发育的特点采取合适的节奏。

第二,活动时间和活动量的安排。要根据活动内容,儿童的实际能力和掌握情况安排体育教学活动的时间。一般来说,大班一次体育教学活动的时间不宜超过40分钟,中班不宜超过30分钟,小班以20分钟为宜。活动量的安排一般是指儿童重复次数的多少,如果是动作训练,次数不宜过多,要遵循分散练习的原则。

第三,活动的方式方法安排。安排体育教学活动的过程还要考虑教学活动的方式和方法。

(4)活动的准备和注意事项

要根据内容和活动方法来考虑需要什么材料和场地。事先在设计活动的时候记录下来,以免临时准备过于匆忙。这四个体育教学活动设计的过程既是学前儿童体育教学活动设计的基本过程,同时也是学前儿童体育教学活动教案编写的基本组成部分。

(二)学前儿童体育教学活动的组织

学前儿童体育教学活动的组织分为以下几个步骤(图6-2)。体育教学活动这三个阶段,紧密联系,三位一体,构成了学前儿童体育教学活动的基本过程。

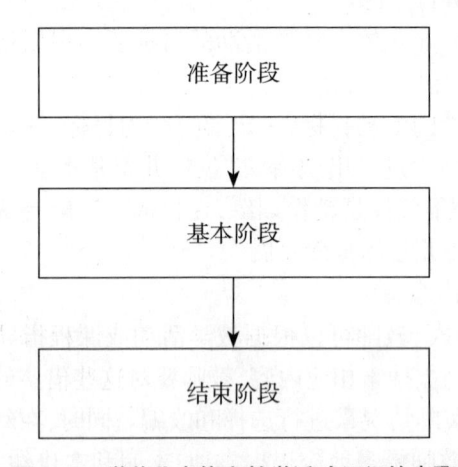

```
准备阶段
  ↓
基本阶段
  ↓
结束阶段
```

图 6-2　学前儿童体育教学活动组织的步骤

1. 准备阶段

在准备阶段,幼儿教师的主要任务是用较短的时间提高学前儿童大脑的兴奋性,组织学前儿童列队,集中他们的注意力,让他们在认知上、情绪上都为体育教学活动做好准备。

2. 基本阶段

基本阶段也是体育教学活动的进行阶段。在这个阶段教师主要进行新动作、新内容的传授,并进行新动作的交替练习。这个阶段中,幼儿教师要采用讲解、示范等多种方法让学前儿童理解动作的基本要领、活动的基本规则,并通过游戏、分组竞赛等多种方式让幼儿乐于练习和巩固所学到的动作和知识。在这个过程中,教师要注意体育教学活动节奏的调控,防止儿童过度兴奋和疲劳,也要维持整个活动能有序地进行。

3. 结束阶段

结束阶段幼儿教师的主要任务是安排学前儿童进行放松练习,并对活动过程进行小结,提出新的要求,激发儿童进一步活动的兴趣。

四、学前儿童体育活动的设计与组织

（一）学前儿童早操活动的设计与组织

1. 学前儿童早操活动设计的基本原则

（1）合理性原则

合理性是指在早操活动的设计和编排时要符合动作设计的基本规律,即从局部到全身,从简单到复杂,从易到难。同时一套操中动作的安排应该是由慢到快、由小到大逐渐增加运动量,通常是由运动量较小的上肢开始,然后是下肢、胸部、体侧、体转直到大量的腹背运动,最后是跳跃运动。

（2）科学性原则

科学性是指在早操活动设计和选编的过程中要注意不同年龄阶段儿童生理和心理发展的特点,学前儿童生理系统和各项生理机能发展还不成熟,因此动作要简单易行。同时儿童的模仿性强,在选编和设计的时候要注意动作要形象,并且是儿童能理解的动作。

（3）全面性原则

全面性是指一套早操的动作要以能加强儿童的大肌肉动作,形成正确姿势为主。因此早操中的动作要包括上肢、下肢和躯干等部位的动作。

2. 学前儿童早操活动的组织

（1）学前儿童早操活动的准备

幼儿园的早操一般安排在早饭后、上课前进行,夏秋两季一般安排在8点半左右,春冬两季一般安排在9点左右。早操活动一般安排在室外操场,如遇阴雨天气,则安排在室内、教室走廊或音乐厅等。教师在进行早操之前应对早操的时间和地点进行安排。

教师要在早操前准备好早操活动所需的音乐,以减少儿童的等待时间。

同时中班及大班在早操前要事先准备好器械操所需的器械，做到器械的整洁、干净和充足。

在到达操场后，要指示儿童站队。要求儿童站队时注意力集中，要有精神。教师或示范的儿童站在队伍前面。

（2）学前儿童早操活动的进行

在早操活动中，小班和中班一般由教师在队伍前面带操，在大班的时候可以由幼儿带操。在进行示范的时候，要注意以下要求。

第一，带操人要站在全体幼儿都能看到的地方。

第二，带操人的动作要准确、规范。

第三，如果幼儿教师带操，则应该进行镜面示范；如果是幼儿带操，则应让带操人与全体幼儿面朝同一个方向。

（3）学前儿童早操活动的结束

早操活动结束之后，要求儿童便步走，调整呼吸。在早操结束之后要注意提醒儿童收拾器械，由教师带回教室。有些儿童回教室的时候较易推拉，应提醒儿童注意安全。在回到教室后，提醒儿童注意衣服的增减。如在夏天有些儿童较易出汗，应提醒其将事先带来的小毛巾贴在后背吸汗，以防感冒。

（二）学前儿童户外体育游戏活动的设计与组织

1. 户外体育游戏活动设计的基本原则

（1）目的性原则

在设计户外体育游戏时，要明确体育游戏的目的首先是发展某一种基本动作，从而根据这个目的来选择相应的游戏。

（2）趣味性原则

要提高游戏的趣味性可以从以下方面着手。

第一，创编游戏情景。学前儿童体育中对儿童动作的要求比较简单，因此要保证体育游戏的趣味性，就要将这些动作贯穿在游戏活动的情景中。这个游戏情景可以是老师讲过的某个故事中的某个情景，也可以是幼儿熟悉的电视动画节目中的某个情景，也可以是幼儿当前正在看并关注的卡通书中的故事情景。

第二，利用道具。学前儿童的思维处于具体运算思维阶段，容易被形象具体的事物所吸引，因此在体育游戏中要提供相应的体育活动道具，或者是动物头饰。

(3)教育性原则

体育游戏不仅要能锻炼儿童的基本动作,还要在活动的过程中增加儿童的认识,激发和保持儿童快乐的情绪,并培养儿童良好的个性品质。如《红灯停,绿灯行》的游戏,就能让儿童认识和掌握相应的交通规则。

2. 户外体育游戏活动的组织

(1)准备工作

在进行户外体育游戏之前,教师要熟悉和掌握游戏的过程,明确游戏的目的,了解游戏中的重难点,清楚准备如何向儿童讲解和示范动作、规则。

(2)游戏的进行

教师在准备活动后,向儿童说出本次游戏的名称,用生动、形象的语言将游戏的玩法有步骤地讲解清楚,并可以在讲解之后,对儿童进行提问,以巩固儿童对规则的掌握。教师可以根据儿童的兴趣程度来进行调控活动过程的次数和时间,也可以根据儿童对动作或规则掌握的程度来进行安排。一般而言,儿童满头大汗,呼吸急促,面部通红,表明儿童已经开始疲劳,不应再进行大运动量的活动,而应转为休息的活动。

(3)游戏的结束

在儿童对游戏已感到满足,又不感到疲劳的时候,教师可以结束游戏活动。在游戏结束时,教师要对儿童进行小结。首先是评价儿童在游戏中的良好表现;其次纠正某些动作;如果有竞争性的游戏,则要评定出哪组儿童是获胜者,并给予相应的奖励。在结束小结后,教师要提醒儿童整理好各组或各自的游戏器材,检查自己的衣物,并提醒儿童回到教室后进行盥洗。

(4)游戏的巩固

由于时间有限,户外体育游戏活动所锻炼的动作和培养的能力往往不足,因此需要在其他时间进行巩固和提高。游戏的巩固可以在平时的幼儿园教学中进行,比如在早操前的等待时间,在午饭前或自由活动时间进行巩固。同时,教师还应该在家园联系中将本周或本次户外游戏活动的名称、内容和玩法介绍给家长,让家长在家中和双休日的时候,与儿童一起玩,从而进一步巩固和提高集体活动中的教学效果。

(三)幼儿园"亲子运动会"的设计与组织

1. 亲子运动会的设计

亲子运动会的设计主要体现在两个方面,首先是亲子运动会游戏或竞赛项目的选择。亲子运动会的游戏和比赛项目首先有年龄阶段上的差异，小班的亲子游戏或比赛项目一般比较简单，以家长为主要角色，而大班一般都是家长和儿童的合作项目。亲子运动会的比赛项目一般都是游戏性较强。同时，在设计的过程中，还要对亲子运动会的时间进行安排，这主要指两个方面，首先是整个运动会的时间，一般都安排在节假日放假前的最后一天，这样儿童在参加完运动会后有比较多的时间休息，家长也可以在参加完运动会之后直接就带孩子回家，教师也可以有时间来休息。其次时间的安排还指不同年龄段时间的安排，幼儿园的亲子运动会由于人员和场地的限制，不会一次性三个年龄段同时安排，而是分年龄段逐个进行。可以从小到大的方式进行安排，也可以从大班到小班的方式进行安排，一个年龄段的儿童在举行运动会的时候，其他年龄段班级的老师可以前去帮忙，其他年龄段的孩子也可以过去参观加油。

2. 亲子运动会的组织

（1）亲子运动会的前期准备

在亲子运动会的时间和内容确定好之后，幼儿园和各班幼儿教师要制订出周密的运动会方案，每一个年龄段确定每个比赛项目，每班儿童和家长参与的人数，比赛所需的工具和材料，运动会的具体程序，每个项目的比赛规则，奖励奖品的设置等。最后要形成一个亲子运动会的安排表或者是程序册。在亲子运动会的计划制订之后，要将亲子运动会的时间和计划安排通过家园联系栏或者是家长会的形式与家长进行沟通，发动和鼓励家长积极报名。同时幼儿园还要根据比赛的项目以及规则等事先准备相应的器械器材、场地、奖品等。

（2）亲子运动会的进行

一般亲子运动会要安排各班的入场仪式，各班教师要根据本班的特点来选择和设计独特的入场仪式和口号，一般要求儿童统一着装。入场的时候一般要求幼儿整齐地便步走，经过主席台的时候向家长和嘉宾挥手致意。入场仪式结束后，是园长、家长、教师或者是嘉宾的讲话，讲话务必简短，以减少家长和儿童的等待时间，防止运动会现场出现躁动。在开幕式或仪式结束后，即开始进行分组的比赛。比赛过程中，教师要注意提醒参赛的家长和儿童做好准备，维持比赛的秩序，讲明比赛的规则，同时要通过音乐、广播或者是鼓点等带动参赛家长和孩子以及旁观的家长和孩子的热情和积极性。

（3）亲子运动会的结束

在分组比赛结束之后，一般情况下，由班级老师带儿童回教室或活动室喝水,吃点心,然后由家长将儿童接回家。在亲子运动会结束之后,要注意打扫运动会现场、收拾器械、清理垃圾等。

3. 亲子运动会的意义

第一,亲子运动会能检阅幼儿园体育教学活动开展的情况,检测幼儿体育锻炼的效果和水平。

第二,亲子运动会还是一个宣传幼儿园特色、扩大幼儿园影响的很重要的方式和途径。

第三,通过亲子运动会,还可以加强家园联系,进一步加深幼儿园同家长的联系、沟通和了解,充分发动家长参与到幼儿园的教育教学活动中来,开发和利用好家长这一宝贵的教育资源。

4. 亲子运动会组织和设计的注意事项

第一,家长和儿童在比赛中的安全,同时在亲子运动会上还要注意防止儿童的走失,因此一般要求在活动和比赛中,由父母自己带着自己的小孩。

第二,亲子运动会的时间一般在2.5个小时到3个小时左右。一般幼儿园的亲子运动会在8点半或9点开始,在11点半左右的时候结束。时间太短,家长和小朋友意犹未尽,时间太长,家长和小朋友容易疲劳,亲子运动会的秩序不容易保持和维持。

五、学前儿童体育教学的基本方法

(一)帮助法

帮助法可以有两种方式。

1. 语言方式

如教师在讲解某种动作后,有个别儿童的动作仍不正确,教师可以用语言提醒这个儿童哪个部位应该如何进行纠正。

2. 具体帮助

当某个儿童在教师语言帮助的情况下,仍不能进行动作的纠正,或者教师在巡视检查儿童动作的时候,都可以采用这种方式,帮助儿童作出正确的动作。

(二)讲解和示范法

1. 讲解法

讲解是教师在教学中,用语言向学前儿童说明所学动作的名称、要领、做法及要求,指导学前儿童掌握所要学的动作和内容。在学前儿童体育教学中对讲解的要求包括以下几方面。

第一,讲解要求明确,清晰,有重点,在难点和儿童容易犯错误的地方要详略得当。

第二,讲解语言要生动,逼真,形象化,要注意结合儿童生活实际和所见所闻,减少专业术语的使用,避免艰涩难懂。

第三,讲解的过程中还要注意启发儿童的思维。

2. 示范法

示范则是教师用具体的动作来展示所学动作的基本形态和过程。

一般在学前儿童体育教学的过程中,讲解和示范两种方法是结合使用的。

(三)练习法

练习法是根据教学任务和动作要求,有目的地重复某一种或某一套动作。使用练习法时要注意以下几点。

第一,要不断变换方式和场景。单调地重复某一个动作或场景,很容易让儿童疲倦,因此要在练习过程中不断变换方式和任务情景。

第二,要采用分散练习的方式。心理学的研究表明,分散练习的效果好于集中练习的效果。特别对于学前儿童来说,集中长时间的练习会让儿童感到疲倦。因此在学前儿童体育教学中要多采用分散练习。

第三,在练习中,教师要对儿童的动作进行纠正和进一步讲解。教师还要就儿童的动作和对教学内容的掌握情况进行评估,适时结束练习,转入新内容的教学。

六、学前儿童体育教学的注意事项

（一）教师要起示范作用

第一，教师动作的示范要准确、到位，讲解要清晰、明了。

第二，同时教师在体育教学活动中要有饱满的情绪，显得有精神，这样才能带动儿童活动的积极性。

第三，在一些有挑战性的活动中，教师还要亲自示范，从而消除儿童的畏难情绪和恐惧心理。

（二）建立体育教学活动的常规

要在学期初期建立儿童进行体育教学活动的常规，比如列队、做准备活动，活动结束后的器械收拾、盥洗等，以免教师在这些内容上花费太多的时间，压缩了活动时间，同时及早建立良好的常规，也可以减少儿童等待的时间。

（三）对个别儿童区别对待

在教学过程的设计和组织中，教师面对的主要是一般水平的儿童，但在教学的过程中，教师同样要关注个别儿童。例如，对于身体较弱的孩子，教师要区别对待，提出不同的要求，通过小步子策略慢慢提高其水平，在活动中予以关注，并在空余时间进行单独辅导，或者请其他掌握得快的儿童来帮助他们。

第三节　学前儿童安全教育研究

一、学前儿童安全教育的目标

（一）学前儿童安全教育的总目标

学前儿童安全教育的总目标包括以下几方面。
第一，获得有关安全和促进健康的基本知识。
第二，具有自我保护和自我防护意识。
第三，提高自我保护和自我防护能力。

（二）学前儿童安全教育的年龄阶段目标

1. 小班目标

了解并遵守日常生活中的安全常识与规则，能接受成人相关的提示，学习避开活动中可能出现的危险因素。不跟陌生人走，不吃陌生人给的东西。在公共场所走失时，知道在原地等待或找警察帮助，能正确说出父母姓名、电话号码或家庭住址。

2. 中班目标

在小班基础上，认识多种安全标志，有自我保护意识。在活动中学会保护自己，对危险的标志与信号能做出及时的反应。在公共场所不远离成人的视线单独活动。

3. 大班目标

在中班基础上，除自己不到危险的地方去以外，学会提醒别人不到危险的地方去。学习沉着处理日常生活中可能出现的紧急情况。

二、学前儿童安全生活教育的内容

（一）食品卫生安全教育

幼儿园必须教育学前儿童注意以下食品卫生安全问题。

1. 养成良好的饮食习惯

不吃腐烂的、有异味的食物。生吃瓜果时一定要先看看或问问是否已洗干净。在吃鱼时一定要注意不要吃鱼刺,喝水之前一定要注意吹一吹,以免烫伤等。

2. 不随便饮用不明物

要教育学前儿童一定不要将各种非食物放入口中。不食用以前没有吃过的东西,不要将体积较小的物品放入口中玩耍,以免吞咽入肚。

3. 不随便吃药

目前,市面上有许多儿童药品包装美观,口感也相对较好,很多儿童对此都比较喜欢,对于这种情况,一定要进行教育引导,告诉学前儿童不能随便吃药。

（二）交通安全教育

对学前儿童进行交通安全教育不容忽视。

1. 了解基本的交通规则

"红灯停、绿灯行、黄灯亮了等一等",作为家长和老师,一定要让学前儿童了解最基本的交通规则。

2. 认识常见的交通标识

如红绿灯、人行横道线、禁止行人通行等标志,并且知道这些交通标志的意义和作用。

3. 初步形成交通安全意识

在对学前儿童进行交通安全教育时,可请交警叔叔来园授课,进行模拟表演,还可利用网络资源对学前儿童进行教育。

(三)消防安全教育

1. 懂得玩火的危险性

知道如果发生火灾,不仅会损坏财物,还会危及人的生命。

2. 进行火灾疏散演练

教师可在学前儿童了解火的用途和危害后,开展防火自救演练,让学前儿童学习拨打119,尝试简单的应急措施——用床单塞门缝、用湿毛巾捂住嘴巴和鼻子、尽快逃离火灾现场等。

3. 利用多媒体演示

通过多媒体让学前儿童观看消防队员灭火的情景,向学前儿童介绍火灾的形成原因、消防车的作用、灭火器的使用方法及使用时应注意的事项等。

(四)防触电教育

幼儿园应从以下几个方面对学前儿童进行防触电教育。
第一,懂得不能随便玩电器,不拉电线,不用剪刀剪电线等。
第二,一旦发生触电事故,懂得如何自救和他救。
第三,在遇到突然停电等情况时,不慌不乱、不到处跑。

(五)防溺水教育

幼儿园应从以下几个方面对学前儿童进行防溺水教育。
第一,不能私自到河边或者井边玩耍。
第二,不能将脸沉入水中,做憋气游戏。
第三,不能自己去海里或者河里游泳。
第四,当遇到同伴落水的情况要懂得找大人来救助。

（六）防拐骗教育

教育孩子不轻信陌生人的话，不跟陌生人走。独自在家，有陌生人叫门时，不随便开门。不吃陌生人给的东西等。另外，还要让学前儿童学会在遇到拐骗时如何寻求帮助。

（七）生活安全教育

第一，告诉学前儿童尖锐利器的危险，避免随意玩利器。
第二，认识一些安全标志，特别是一些禁止性的。
第三，不从楼梯扶手往下滑，以防摔伤。推门时要推门框，不推玻璃，手不能放在门缝中。
第四，打雷闪电时，不站在大树底下等。

（八）疾痛自护

当感觉自己身体不舒服和有疾病症状时，如头痛、发热、咳嗽、肚子痛、鼻出血等，要及时告诉老师或家长。有病去医院诊治，要主动配合医生，打针吃药时不哭闹。

三、学前儿童应掌握的意外事故处理方法

学前儿童年幼无知，缺乏独立生活能力，各种感知觉及动作能力发育尚未成熟，识别危险的能力差，缺乏自我保护能力，加上好奇心强，活泼好动等，在日常生活中，如果成人一时疏忽，容易发生意外事故，所以，教会学前儿童掌握意外事故的急救处理方法是非常重要的。

（一）出血

不少意外事故的伤害可引起不同程度的出血。对于出血，特别是大动脉出血，首先应采取有效的止血措施，然后再作其他处理。学前儿童的血液量较少，如在短时间内失血过多，超过人体血液量的三分之一就可危及生命。因此，应该教会学前儿童掌握一些止血的方法。

1. 加压包扎止血法

常用消毒纱布、干净毛巾、棉布等,折成比伤口稍大的垫子盖住伤口,然后再用绷带或三角巾加压包扎,以达到止血的目的,可用于毛细血管或静脉出血。

2. 指压止血法

用手指或手掌等将出血的血管上端(近心端)用力压向贴邻的骨骼上,以阻断血流,达到暂时止血的目的。

3. 止血带止血法

适用于大血管出血,使用一般加压包扎无效时可使用此法,止血效果较好。使用此法时常用橡皮管、绷带、三角巾等。上止血带前,先抬高伤肢,帮助静脉血回流。看准出血点,在止血带与皮肤间垫上垫子,将止血带扎在伤口的近心端接近伤口处,止血带的松紧应适度,以摸不到远端的脉搏为宜。每隔半小时左右,应放松止血带,以免组织坏死,如果出血停止,就不必再扎止血带,如仍出血,则放松30秒至1分钟后再扎上止血带。

(二)呼吸、心跳停止

1. 人工呼吸

意外事故都可能导致呼吸停止,需要立即进行人工呼吸。口对口进行人工呼吸,是在无抢救用具的情况下最常用的简单有效的方法。

首先,迅速清除小儿口内的脏物或呕吐物,使小儿仰卧,头尽量后仰。

其次,急救者一手托起小儿的下颌,避免舌根后坠而减少气体进入消化道;另一只手捏住小儿的鼻子,嘴紧紧对住小儿的嘴,用力吹气;当看到患儿胸腹部稍膨起,则停止吹气,放开鼻孔,移开嘴,转压其胸部,帮助小儿呼气。牙关紧闭者可采用口对鼻孔吹气,重复上述动作,直至小儿恢复呼吸。

2. 胸外心脏按压

当患儿心跳停止,要立即采用心脏复苏的方法恢复心跳和血液循环。患儿仰卧于坚硬的地面或床板,急救者跪在患儿身边。用一手掌根压住患儿胸骨下段,肘关节伸直,有节律地向脊柱方向按压胸骨下段。压力要适中,频率约为100次/分左右。在一般情况下,口对口人工呼吸和心脏按压需要同时进行,称为"心脏复苏"。每吹一口气,做心脏按压4~5次。若是一名救护人员,可先吹两口气,做8~10次心脏按压,反复、有节奏地进行,也能收到较好的抢救效果。

(三)烧伤、烫伤

对于烧伤或烫伤的处理应注意以下问题

1. 消除烧(烫)伤

如果学前儿童是由于火焰烧伤的,则应立即脱去着火的衣服,如衣服和皮肤粘在一起时,切勿撕拉,只能将未粘的部分剪去,粘着的部分留在皮肤以后处理,并用冷水冲患处,防止烧伤范围的扩大。

2. 特殊处理

被化学药品烧伤时,一般损伤面应用大量净水冲洗;被碱烧伤,则可用弱酸性溶液如醋酸冲洗。但是,被石灰烧伤时,切忌用水冲洗,因为生石灰与水作用可放出大量热能,加重烧伤,这种情况可用干净纱布轻轻擦去石灰颗粒后再清洗。

(四)骨折

学前儿童在意外事故中容易发生骨折,以四肢骨折为多见。骨折分为闭合性骨折和开放性骨折,两者紧急处理不相同。骨折处理的正确与否,直接影响到骨折的愈合。若处理不当会造成肢体严重残废,甚至危及生命。学前儿童的骨折常伴有剧烈的疼痛,骨折的肢体失去功能,骨折处肿胀、畸形,复杂性骨折除以上症状外,还可伴有血管、神经、肌肉的损伤,发生出血、骨折远端以下肢体麻痹等。学前儿童发生"青枝骨折"后疼痛不明显,肢体仍能活动,易被忽视,骨折自愈后会形成畸形。对于骨折的处理应注意以下几方面。

第一,急救的重点应是及时止痛、止血、防止休克,不要盲目地搬动患儿,以免加重伤势。

第二,固定骨折,确定是闭合性骨折后,可使用绷带和夹板,将骨折处上下关节都固定起来。绷带不宜绑得过紧,时间不宜过长。在紧急情况下,如无夹板,也可用木棒、竹片、手杖等代替,下肢骨折也可将伤肢和健肢绑在一起进行固定。

第三,如是开放性骨折,在夹板固定以前应先止血,创面消毒处理,外露骨头应盖上无菌纱布,再用夹板固定,送医院治疗。

(五)脱臼

牵拉上肢或穿脱衣服用力过猛,常引起学前儿童脱臼,骨与骨之间的连结完全或部分地脱离了原来正常的位置,正常的运动功能受到了限制。脱臼后肢体变形。紧急处理方法与处理骨折相似,不能胡乱搬动,止痛固定以后送医院处理。

(六)食物中毒

食物中毒是误食含毒的食物而引起的中毒,包括细菌性食物中毒、化学性食物中毒及有毒动植物中毒,其中以细菌性食物中毒为最多见。细菌性食物中毒,多发生于天气炎热季节,主要由于食物在制作、储存、运输、出售过程中处理不当而被细菌污染,食用后引起中毒,常见的细菌有沙门氏菌、大肠杆菌、嗜盐菌等。另一种原因是食物被葡萄球菌、肉毒杆菌和链球菌污染后,细菌在食物中大量繁殖,释放出外毒素,食用后被肠道吸收引起中毒反应,这种被细菌外毒素污染的食物经高温处理后,细菌虽被杀死,但毒素未破坏,食用后仍可引起中毒。

对于食物中毒,急救时需要及时催吐、导泻、补液、抗休克等,应立即将患儿送医院进行抢救,并收集残留食物、呕吐物、排泄物及时送医院检查。

(七)惊厥

惊厥又称抽风,是学前儿童常见的急症。原因多见于高热、低血糖、低血钙、癫痫以及某些急性传染病等。惊厥常突然发作,表现为意识短暂丧失,眼球固定、上转或斜视,面部及四肢肌肉发生阵发性痉挛,面部呈青紫色,呼吸弱而不规则,或有窒息。惊厥时间可从一分钟到十几分钟不等。

学前儿童惊厥时,应让其平卧,保持安静,少移动,解开衣服,用筷子或手帕垫在患儿的牙齿之间,防止患儿咬破舌头,用针刺或手指重压人中、合谷、内关等穴位,使痉挛停止,并及早送医院治疗。

第四节　学前儿童易患身体疾病的表现与预防

学前儿童易患的身体疾病有很多,下面仅选取几类进行简要研究。

一、佝偻病

(一)病因

(1)紫外线照射不足。人体所需要的维生素 D 除了一小部分可从食物中摄取外,主要通过皮肤接受紫外线照射后产生。若缺乏户外活动,人体缺乏维生素 D,影响钙的吸收,可导致佝偻病。

(2)生长过快。早产儿、双胎儿出生后生长速度较快,对维生素 D 的需要量较多,易患佝偻病。

(3)长期腹泻。长期腹泻会导致人体对钙、磷的吸收减少。

(二)表现

1. 一般症状

多发于佝偻病早期,表现为睡眠不安,夜间常惊醒哭叫;多汗,与气候冷暖关系不大,出现枕秃。

2. 骨骼改变

(1)头部

乳儿颅骨生长很快,颅骨的改变常常出现在佝偻病的早期,常会发生颅骨软化、方颅前囟晚闭等。

新颅骨软化多发生在 3 ～6 个月的患儿。颅骨钙化不好变薄,用手指轻按枕部,有乒乓球样感觉,即手指用力时颅骨稍内陷,手指放松时弹回。3 个月以下的儿童,特别是早产儿,有颅骨软化现象,可视为正常。方颅多见于 8 个月～9 个月以上的患儿。由于两侧的额骨、顶骨及枕骨向外隆起,使颅骨呈方形,头大脸小,称为方颅。前囟晚闭指前囟在生后一岁半尚未闭合。

（2）胸部

胸部串珠肋：于患儿前胸，左右相对称，由上到下，钝圆形的隆起连续呈串珠状，故称串珠肋。于肋骨与肋软骨结合处，由于钙化不好，肋骨组织堆积，可见到或摸到呈钝圆形的隆起，尤以第7～10肋骨最明显。这种肋骨组织隆起，在胸腔内部比胸壁外更为明显，则使下面的肺受压迫，而致局部肺不张，因此，易患肺炎。

肋膈沟或称哈氏沟：肋骨因含钙少，缺乏韧性，受呼吸的影响，在膈肌附着处的肋骨被牵拉而内陷；同时，下部肋骨常因腹部大而外翻，于是形成从剑突到腋线横向的沟形凹陷。

鸡胸、漏斗胸：由于胸壁两侧下陷，致胸骨向前突出，而出现"鸡胸"样变形。若剑突内陷则呈漏斗胸。

上述畸形均可影响呼吸功能，使肺活量减少。

（3）四肢

佝偻病手镯或脚镯：正常长骨的增长主要是在骨的两端骺软骨中进行。患佝偻病时，增生的骺软骨由于钙化受阻而大量堆积，致使骺端膨大畸形。一岁左右的儿童，于腕、踝部因骺端肥厚，形成钝圆形环状隆起，称为佝偻病手镯或脚镯。

下肢弯曲：由于骨质缺钙软化，肋骨组织又缺乏支持力，且肌肉关节韧带松弛，特别是在学站、走时，在重力作用下可使骨干弯曲，尤以胫骨最易变形，出现"O"形腿或"X"形腿。

（4）脊柱

儿童学坐后，因脊柱无支撑能力，加上肌肉韧带松弛，可使脊柱后凸或侧弯。

(三)预防

（1）多在户外活动，接受阳光紫外线的照射。
（2）提倡母乳喂养，及时添加辅食。
（3）北方因冬季寒冷漫长，小儿出生后两周可开始服鱼肝油。若用浓缩鱼肝油，每日3～4滴。两岁以后，生长速度减慢，又常在户外活动，就不必再服用了。
（4）预防先天性佝偻病。若孕妇少见阳光，饮食中缺钙，胎儿出生后可能患先天性佝偻病。因此，孕妇要常晒太阳，吃含钙丰富的饮食。

二、肥胖病

一般认为,体重超过相应身高应有体重的20%以上即为肥胖。

(一)病因

(1)多食、少动。很多家长误认为孩子越胖越健康,使小儿养成过食的习惯,所摄入的热能长期超过消耗量,剩余的热能转化为脂肪积存体内。肥胖的小儿大都不喜欢运动,形成恶性循环,从而更加超重。因多食少动所致的肥胖,称为单纯性肥胖。
(2)遗传因素。父母肥胖,子女易成肥胖体型。
(3)心理因素。受到精神创伤或心理异常的小儿可能有异常食欲,导致肥胖病。
(4)内分泌疾病。因内分泌功能异常所致的肥胖,可与单纯性肥胖相鉴别。

(二)表现

(1)食欲特别旺盛,食量超过一般小儿甚多。
(2)体脂聚集以乳房、腹部、肩部尤为显著。

(三)预防

(1)饮食管理。食物应以蔬菜、水果、粮食为主,加适量的瘦肉、鱼、鸡蛋、豆类等。饮食管理需长期坚持才能获得满意的效果。
(2)增加运动量。提高小儿对运动的兴趣,使之成为习惯。应避免因剧烈运动使食欲大增。逐渐增加每天的运动量,至每日1小时左右。
(3)因内分泌失调所致肥胖,可针对病因进行治疗。
(4)因心理异常、精神因素所致肥胖,应进行心理治疗。

三、近视

近视眼是由于眼对光的屈折力同眼轴长度不相适应造成的。

(一)病因

儿童不良的用眼习惯。

(二)表现

看不清远处的物体。

(三)预防

(1)不要在光线比较暗的地方看书或者画画等。
(2)用眼一段时间后要注意进行调节,比如向远处看看或者进行一下户外活动。
(3)不要躺着看书等。
(4)看电视、上网应限制时间。每次,小班不超过半小时,中、大班不超过1小时。

四、斜视

(一)表现

人们的眼睛在注视某一方向时,两眼的动作应该是协调一致的。若两眼视轴不能同时注视同一目标,这种现象称为斜视。

(二)分类

斜视按视轴偏斜方向可分为内斜视、外斜视、上斜视、下斜视等。按发病年龄分为先天性斜视(生后6个月前发生)或后天性斜视(出生6个月后发生)。按融合状态分为隐斜、显斜和间歇性斜视。所谓融合状态是指视中枢把两眼的视觉冲动分析融合成一个完整的、具有立体感的单一物像,即双眼单视功能。当眼球有偏斜趋势,因有正常融合功能的控制仍能维持双眼单视,不显露偏斜,一旦融合功能受到干扰,即出现偏斜,这种潜在性偏斜称为隐斜。时而隐斜时而显斜者,称为间歇性斜视。按引起偏斜的原因可分为共同性斜视和麻痹性斜视两种。其中,共同性内斜视最常见,多发生在3岁左右,是因远视性屈光不正使眼过度调节而引起的内斜。

(三)矫治

斜视应及早治疗,使两眼视功能恢复,获得正常眼位。家长普遍重视斜视对儿童美容的影响及由此产生的心理压力,但对于斜视可引起弱视而失去完善的双眼单视功能却缺乏足够的重视。因此,常不能尽早带病就医,错误地认为待成人后做美容手术即可,以致延误治疗的最佳时期。

五、龋齿

(一)病因

残留在牙齿上的食物,在口腔内细菌的作用下产生酸,酸把牙齿腐蚀成了龋洞。

(二)表现

(1)乳牙的牙釉质、牙本质较薄,龋洞易达到牙本质深层,遇冷、热、酸、甜等刺激会出现不适的感觉。
(2)龋洞深入牙髓,可致牙髓炎,可引起剧烈牙痛。

(三)预防

1. 注意口腔卫生

3岁以前,饭后漱口,及时清除食物残渣。3岁以后,可学习刷牙,早晚各一次。采用顺着牙缝直刷的方法,刷上颌牙从牙龈处往下刷,刷下颌牙从牙龈处往上刷,可刷净牙缝里的食物残渣,且不损伤牙龈。

2. 合理营养

多晒太阳,使牙釉质正常钙化,增强抗酸能力。

3. 预防牙齿排列不齐

用奶瓶喂奶，勿使瓶口压迫乳儿牙龈；纠正学前儿童吸吮手指等不良习惯，以避免影响颌骨的正常发育。若颌骨发育不正常，可致牙齿排列不齐。

六、湿疹

（一）病因

湿疹是一种比较常见的过敏性皮肤病。引起过敏的原因很多，一般较难找出准确的原因。

（二）表现

湿疹多发生在2～3个月的乳儿。因皮肤刺痒，乳儿睡眠不安、烦躁哭闹。多数在2岁左右可自愈。

（三）预防

（1）给儿童勤剪指甲，以免抓伤皮肤引起感染。
（2）打扫房间要先洒水，避免尘土飞扬。
（3）不用化纤、羊毛织品做贴身的衣服、帽子等。
（4）不要用碱性肥皂给儿童洗脸，可用中性硼酸软皂。用肥皂或洗衣粉洗过的衣服、尿布，要用清水漂洗干净，以免刺激皮肤。
（5）乳母尽量少吃刺激性食物，多吃含维生素丰富的食物。如怀疑儿童对牛奶过敏，可试用其他乳类或乳制品。

七、鹅口疮

（一）病因

鹅口疮又称"雪口"，是由真菌感染引起的。真菌污染乳头、食具等，再通过摄食等侵入口腔后，如遇口腔不清洁、黏膜有损伤、营养不良、抵抗力低下等情况，就会繁衍起来，使人患鹅口疮。大量使用抗菌素，也会引起鹅口疮。

（二）表现

口腔黏膜出现白色点状或片状物，轻微的仅在两侧颊部出现，严重的扩展到舌面、牙龈、上腭，有时还可延伸到咽喉、气管、食道。

（三）预防

注意食具的消毒，喂母乳要注意乳头和手的清洁。

八、中耳炎

致病菌侵入中耳引起的炎症称为中耳炎。中耳炎有化脓性和非化脓性之分，两者又各有急、慢性之别。

（一）急性化脓性中耳炎

婴幼儿多见，系因耳咽管较短、宽，且接近水平位，鼻咽部的病菌易循耳咽管侵入中耳。本病易复发。

1. 病因

急性上呼吸道感染易诱发本病；患猩红热等急性传染病时，致病菌经血循环进入中耳；鼓膜外伤穿孔，细菌直接侵入中耳；用力擤鼻，病菌自鼻咽部经耳咽管进入中耳。

2. 表现

起病急,伴发烧等全身症状。早期有耳堵塞感,继之出现剧烈搏动性耳痛。婴幼儿常表现为惊哭、烦躁、摇头、拒绝吃奶等现象。鼓膜穿孔,脓液流出,耳痛骤减。痊愈后鼓膜小穿孔可愈合,听力不受影响。

3. 治疗

一旦发病应立即用抗生素药,坚持用药,彻底治疗。急性化脓性中耳炎延误未治、处理不当或疗效不好,病程超过 2 个月以上时,可转变为慢性化脓性中耳炎,不仅使听力减退,还可能发生危及生命的并发症。

(二) 急性非化脓性中耳炎

1. 病因

中耳腔是一个含气腔,借助吞咽、呵欠、喷嚏等使耳咽管有规律地开放,调节中耳腔气压,保持与外界大气压力平衡,维持正常听觉功能。鼻、鼻咽部炎症,腺样体肥大等,可导致耳咽管梗阻,中耳腔内的气体被吸收,形成负压,造成中耳积液,从而引起急性非化脓性中耳炎。

2. 表现

多有感冒史。听力减退、耳鸣、耳痛和眩晕。

3. 治疗

去除病因,排除积液。早诊断早治疗,可以减少后遗症。若延误治疗或治疗不彻底,迁延不愈可致鼓膜内陷、听小骨坏死等后果,导致耳聋。

九、腹泻

(一) 病因

腹泻是儿童的常见病。造成腹泻的原因较多。有的是喂养不当造成的。有的则因食具、食物被细菌污染,如吃了变质的牛奶、馊饭菜或是被污染的饭菜等,引起肠内感染,导致腹泻。还有的因患感冒、中耳炎、麻疹、肺炎或泌尿系统感染,伴有腹泻。

(二)表现

病情轻者,大便一日数次或十余次,呈蛋花汤样,酸臭味,偶尔伴呕吐,精神尚好,无脱水、酸中毒现象。

(三)预防

应避免暴饮暴食,注意饮食卫生。护理腹泻时,儿童的消化能力下降,肠道有病变,这时应限制饮食,禁食不易消化的食物,以减轻胃肠道的负担,利于疾病的恢复,同时应口服补液。腹泻减轻后,再慢慢恢复平时的饮食。

十、厌食

(一)病因

厌食往往是不良的饮食习惯造成的。如吃饭不定时,生活无规律,饭前吃糖果及高糖高蛋白饮食等。也有的是精神因素造成的,如精神压力、恐惧、家庭不和、饭前挨批评情绪不佳、父母饭前过多的唠叨等。

(二)表现

不愿吃饭,时间一长,病儿变得消瘦,体重下降,影响生长发育。

(三)预防

养成儿童良好的饮食习惯,建立起规律的生活制度。消除诱发食欲下降的各种精神因素。如果是由疾病引起的,则抓紧治疗原发病。

十一、细菌性痢疾

(一)病因

细菌性痢疾是由细菌引起的肠道传染病。

(二)表现

第一,起病急,发烧、腹痛、腹泻,大便内有黏液和脓血。
第二,少数未见脓血便,就发生高烧、抽风、昏迷,为中毒型痢疾。

(三)护理

第一,要坚持治疗。按医嘱给病儿按时服药,不要刚好一点就把药停了。急性痢疾治疗不彻底,转成慢性痢疾,再治疗就困难了。
第二,注意饮食。病初以流质、半流质食物为主,病情好转后逐步改为软饭,并加强营养。
第三,每次排便后,用温水洗屁股。
第四,注意消毒隔离。患儿饭前、饭后用肥皂洗干净手。食具、便盆专用,单独洗涤消毒。护理者要注意手的清洁。护理患儿或接触患儿的食具、便盆等以后,要用肥皂洗手。

第七章 学前儿童的心理健康教育研究

　　心理健康教育是学前儿童健康教育的重要组成部分。学前儿童虽然已具有人体的基本结构,但是各器官、各系统尚未发育完善,其生理和心理特征与年龄较大的学龄儿童及成人相比有着很大的不同。对学前儿童进行心理健康教育,不仅有可能纠正学前儿童的心理障碍和行为问题,更为重要的是,有利于增进他们的心理健康。

第一节　学前儿童心理健康教育的内涵

一、学前儿童心理健康的概念

　　学前儿童心理健康是指学前儿童心理方面的良好状态,没有心理和精神疾病的症状,认知能力、情感表达、行为表现等方面达到相应年龄组儿童的正常水平,能够正常对待并适应环境的各种变化。
　　学前儿童心理健康的重要标志是自我体验愉悦、情绪反应适度、心理发展达到相应年龄组儿童的正常水平、社会适应良好。总的来说,学前儿童的心理健康可以具体从动作、认知、情绪、人际关系、性格特征、自我意识等方面来进行衡量。

（一）动作发展正常

动作是反映儿童生长发育的指标，也是制约儿童心理发展的一个重要因素。瑞士著名的儿童心理学家皮亚杰认为，动作是儿童智力的起源。个体动作的发展与脑的形态及功能的发育是密切相关的。从这方面来看，我们可以认为，学前儿童躯体大动作和手指精细动作的发展水平是否处于正常范围，是其心理健康与否的一个重要标志。一般来说，学前儿童手指精细动作发展的过程大致如下所示。

在儿童2～3岁期间，会做简单的穿衣和脱衣的动作；可以拉开和拉上大的衣服拉链；会用小匙吃饭。

在儿童3～4岁期间，会扣上和解开衣服的扣子；已学会自己吃饭；会模仿画出垂直的线段和圆圈；会使用剪刀；可以画出蝌蚪式的人物图画。

在儿童4～5岁期间，会用剪刀按直线剪东西；能够写字母；可以模仿画出矩形、"十"字形。

在儿童5～6岁期间，能系鞋带；画人能画出人体的六个部分（头、躯干、双手和双脚）；能模仿写出数字和简单的字。

一般来说，学前儿童躯体大动作发展的过程大致如下所示。

在儿童2～岁期间，其走路更有节奏；由疾走转变为跑；可以边走边推玩具小车，但是经常会把握不住方向；当儿童做跃起、向前跳跃和接物的动作时，其上身运动仍会显得比较僵硬。

在儿童3～4岁期间，能双脚交替地上楼梯，但是，在下楼梯时还需要用单脚引导；能双手扶把踩三轮小童车；当儿童做向上、向前跳跃动作时，上身已经显得比较灵活；有时要依靠上身做扔物和接物的动作，如仍然需要依靠胸部才能接住一个球。

在儿童4～5岁期间，能双脚交替地下楼梯；能跑得很稳；可以用单足飞快地跳跃；能依靠躯体的转动和改变双脚的重心去扔球；仅依靠双手就能拦住球；能够飞快地踩三轮童车，方向也可以把握得很稳。

在儿童5～6岁期间，其奔跑的速度越来越快；在飞跑时也可以跑得很稳；能够骑带有训练轮子的自行车；能够做真正的跳跃动作；表现出成熟的扔物和接物动作。

（二）认知活动积极

客观来说，正常的认知水平是儿童与周围环境取得平衡和协调的基本心理条件。从这个意义上来说，一定的认知能力是学前儿童学习与生活的重要前提。通常情况下，学前儿童的认知发展水平会表现出一定的个体差异，但如果某个儿童的认知水平明显低于同年龄儿童，且不在正常的范围内，那么就可以认定该儿童的认知能力是低下的，心理也是有问题的。儿童的积极认知活动主要表现为两个方面。

第一，表现为知识领域的发展，如时间、空间、运动、速度、因果等儿童认知不同领域的发展。

第二，表现为各种认知心理机能的发展，如感知能力、注意能力、记忆能力和思维能力等的发展。

（三）情绪积极向上

积极的情绪状态反映了个体中枢神经系统功能的协调性，也表明个体的身心处于一种良好的平衡状态。一般来说，学前儿童的情绪具有很大的冲动性和易变性，不过，随着学前儿童年龄的逐步增长，其情绪方面的自我调节能力也会有所加强，稳定性逐渐提高，并开始学习合理地疏导自己消极的情绪。由此可见，如果某个学前儿童经常表现出消极的情绪状态，那么该儿童的心理就很有可能存在某些方面的问题。

（四）性格特征良好

就个体发展的角度而言，性格是个性最核心、最本质的表现，它反映在个体对客观现实的稳定态度和习惯化了的行为方式中。一般来说，心理健康的学前儿童往往具有热情、勇敢、自信、主动、合作等性格特征，而心理不健康的学前儿童通常具有自卑、被动、冷漠、胆怯、孤僻等性格特征。

（五）自我意识良好

自我意识在学前儿童的个性形成中有重要的作用，它反映在学前儿童对客观现实和自我关系的稳定态度以及习惯化了的行为方式中。心理健康的学前儿童一般具有正常发展的自我评价、自我控制和自我体验，以及自信、自尊、主动、合作等特征；而心理不健康的学前儿童常常具有自卑、被动、偏激、执拗等特征。

（六）人际关系融洽

学前儿童之间的交往活动是一种全新的人际关系的体现，它既是维持学前儿童心理健康的重要条件，也是学前儿童获得心理健康的必要途径。心理健康的儿童乐于与人交往，能与同伴合作，也能跟同伴快乐地游戏；而心理不健康的儿童，其人际关系往往是失调的，他们或远离同伴，或攻击同伴，成为同伴群体中不受欢迎的人。

二、学前儿童心理健康的特点

学前儿童心理健康的特点包括以下几方面。

（一）身心和谐

学前儿童健康应包括身体健康和心理健康两个方面。学前儿童的身体健康以发育健全，并且具备良好的生活自理能力为主要特征，学前儿童的心理健康以其拥有良好的情绪状态和能力很好地适应集体生活为主要特征。学前儿童只有身心和谐，才能既保证身体健康，又保证心理健康。

（二）多样性

幼儿园的健康教育活动的形式是多种多样的，教师应根据不同的教学内容，充分利用周围环境的有利条件，为学前儿童提供充分活动的机会，如体育运动中就可根据学前儿童的实际需要，分为室内和室外运动、徒手和器械运动等。游戏是学前儿童喜闻乐见的形式，在健康教育活动中，可开展各种各样的游戏活动，如结合生活教育的主题，开展一系列的游戏活动，如"我有一双小小手""比一比，看谁穿衣穿得快"等。

（三）生活化

幼儿园健康教育活动具有生活化的特点，主要体现在健康教育的内容都是以满足学前儿童基本生活需要的活动为主线。例如，幼儿入园的晨检活动,就是学前儿童在园生活的一个重要环节,保健医生和迎接幼儿入园的教师,都要对幼儿进行以下几方面的工作。

1."一摸"

幼儿有无发热现象,可疑者测量体温。

2."二看"

一般情况下,观察幼儿精神状态、面色等,传染病的早期表现,咽部、皮肤有无皮疹等。

3."三问"

询问个别幼儿饮食、睡眠、大小便情况。

4."四查"

检查有无携带不安全的物品,发现问题迅速处理等。

(四)实践性

幼儿园健康教育活动的内容上有其实践性的特点。幼儿期思维以行动性思维和具体形象为主,他们需要在实践活动中习得生活的技能、养成良好的生活卫生习惯。例如,洗手、吃饭、喝水、睡觉、如厕等方面,都需要幼儿亲自参与实践活动之中。另外,在健康教育活动的方法上,也体现了实践性的特点,幼儿教师需要组织幼儿通过积极地参与活动,即通过摆弄物体、做游戏、实际操作练习等,让幼儿在实践活动中学习。

三、影响学前儿童心理健康的因素

一般认为,个体的生物学因素、心理因素和外部世界的社会文化因素在共同作用和影响着学前儿童的心理健康。

(一)生物学因素

生物学因素对学前儿童的心理健康有着直接的影响。

1. 孕期的健康状况

一个人漫长的发展过程从受精卵形成的那一刻就开始了,因此胎内环境对胎儿的生长和出生后的发展具有重要的意义。孕妇的身体状况,情绪状态,怀孕时的营养,接触烟酒、噪声及药物的情况都有可能直接或间接影响胎儿的发育,进而影响学前儿童心理健康。

2. 遗传

遗传是指那些先天继承的、与生俱来的机体构造、形态、感官和神经系统等通过基因传递的生理解剖特点,是儿童心理发展的物质前提。遗传的不同奠定了儿童心理发展个别差异的最初基础。

3. 机体损伤和疾病

由意外伤害和疾病造成的脑损伤可直接引起学前儿童失语、痴呆等症状,从而对学前儿童的心理健康产生消极影响。此外,意外伤害和疾病造成的残疾、并发症和后遗症等,也会间接影响学前儿童的心理健康。

(二)心理因素

1. 需要

人在活动中不断地产生需要和满足需要。当需要被满足时,会产生积极的情绪,比如喜悦、振奋等;当需要无法得到满足时,就会产生消极的情绪,比如失望、痛苦、悲伤等。

2. 自我意识

自我意识对学前儿童的心理活动和行为起着调节作用,主要包括三种形式:自我认识、自我评价和自我调节。

3. 情绪

情绪包括情感感受力、情感控制力和理解、影响他人情绪的能力。情感感受力正常的儿童在受到别人的爱抚、关爱、照顾时会感到心情愉快,反之则表现出与亲人不亲近、冷漠、紧张、恐惧等。情感控制力正常的儿童能合理宣泄自己的不良情绪。另外,积极的情绪有益健康,消极的情绪有损健康,其中焦虑和恐惧对儿童的心理健康影响明显,经常使儿童产生一些问题行为。

(三)社会文化因素

社会文化因素主要指家庭、社会环境和托幼机构。

1. 家庭

家庭是以血缘为纽带的社会生活基本单位,家庭对孩子的影响是潜移默化的,具有强制性和导向性的特点。家庭结构、家长的素质、父母期望、父母的榜样作用、教养方式以及家庭中重要的生活事件,都会对学前儿童产生不同程度的影响。。

2. 社会环境

学前儿童是在一定的社会环境中成长的,社会环境对学前儿童的影响是十分广泛和复杂的。一定社会的文化背景、社会风气、社区环境、学习生活环境等都会对学前儿童的心理健康产生一定的影响。

3. 托幼机构

托幼机构是学前儿童走出家庭、最早进入的集体,在课程设置、生活常规、健康安全等方面都能结合学前儿童的年龄特征和认知发展规律进行。在托幼机构中,影响学前儿童心理健康的因素主要有物质环境和人文环境两大类。良好的物质环境和人文环境能够培养和锻炼学前儿童的独立生活能力、社会适应能力、学习能力以及人际交往能力等,对学前儿童的心理发展起到极为重要的作用。

四、判别学前儿童心理是否健康时应注意的问题

以上对学前儿童的心理健康进行了说明,但在实际的生活和工作中,要具体判断某个学前儿童的心理是否健康时,还应该注意以下几个方面的内容。

(一)心理健康标准只是一种理想尺度

在日常实践中,我们可能会发现,完全符合心理健康标准的学前儿童并

不多。这主要是因为,人的心理健康标准与生理健康标准一样,其高度完全相符的人并不多,它更多的是一个人在心理发展过程中努力的方向。作为学前教育工作者,其应该做到具体判断学前儿童的心理健康水平,应该因人、因事、因时做具体分析,并且要帮助学前儿童为达到这个理想标准而努力,从而使孩子们具有健康的心理和健全的人格,使其潜能得到充分发挥。

(二)心理不健康与有不健康的心理和表现不能等同

客观来说,心理不健康是指一种持续的不良状态,偶尔出现一些不健康的心理和行为并不等于心理不健康,更不等于已患上心理疾病。从这个方面来说,绝不能只是根据一时一事就简单地得出某个学前儿童存在心理疾病的结论。

(三)心理健康的状态是一个动态变化的过程

随着学前儿童的成长、经验的积累和环境的改变,其心理状况也会随之发生改变。因此,我们所做的每一次判断只能反映学前儿童在某一段时间内的心理健康状态。

(四)心理健康与不健康之间没有绝对的界限

客观来说,良好的心理健康状态与严重的心理疾病之间有一个相对的过渡带。在通常情况下,两者之间的区别更多表现为程度上的差异。

五、学前儿童心理健康教育的原则

(一)整体性原则

学前儿童心理健康教育的整体性原则是指在学前儿童心理健康教育中,教育者要运用系统的观点指导工作。其具体要求有以下几个方面。

1.树立学前儿童全面发展的观点

在学前儿童心理健康教育活动中,学前教育工作者不但要关心学前儿童知识与能力的发展,同时也要关注学前儿童人格整体素质的全面提高。之所以进行学前儿童心理健康教育,其最终目的是为了促进学前儿童人格的整体性发展,提高学前儿童的心理素质。从这方面考虑,对学前儿童心理健康问题必须要从多角度、全局来进行分析。

2. 保教并重

在学前儿童心理健康教育教学实践中,学前教育工作者要将心理健康教育渗透在儿童一日生活的各个环节之中,这也是现代学前儿童心理健康教育的特点。同时,还要将学前儿童的心理健康教育与语言教育、科学教育、健康教育、社会教育和艺术教育五大领域的教育内容相结合。

3. 幼儿园教育、家庭教育和社会教育相一致

在当前阶段,学前儿童心理健康教育强调以幼儿园教育为基础,即以幼儿园教育为主,使幼儿园、家庭和社会教育三者之间能够相互联系、相互配合,多方面人员可以进行团队合作,更好地发挥其各自的积极作用。

(二)个性化教育原则

学前儿童心理健康教育的个性化教育原则要求学前教育工作者必须充分尊重学前儿童的主体地位,尊重每个孩子独特的人格特点。

1. 了解每个学前儿童的气质特点

气质是个体与生俱来的差异特征,是人格发展的基础,它使每个人的行为方式都带有独特的色彩。家长和教师只有真正了解了学前儿童的气质特点,才能够充分尊重他们的个体差异,避免对他们进行不合理的横向比较,或者是按照成人的期望去教育他们。

2. 了解学前儿童的心理年龄特征

儿童的学前时期有其特定阶段的特点,而且有规律可循。例如,两三岁的时期是幼儿发脾气的高峰期,因为人生的第一个"反抗期"到来了。但是,如果过了这段时间,幼儿仍然频繁地发脾气,那可能就是心理问题了。再如,低年龄儿童的注意力不集中是正常的。随着年龄的增长,注意力集中的时间逐渐延长,这也是正常的。但是,如果幼儿注意力集中的时间长短没有变化,就可能是行为问题了。

3. 个性化与社会化相协调

在学前儿童心理健康教育教学实践中,为了切实贯彻个性化教育原则,就必须要重视社会发展所需要的共同性心理特征,如学前儿童与他人相处的问题等。多元化是现代社会的一个突出的特征,从这个角度来考虑,具有独特个性的个体应该得到社会足够的重视和鼓励,但是,也必须要注意与社会发展相协调。

(三)全体性原则

学前儿童心理健康教育的全体性原则是指学前儿童心理健康教育工作要面向所有学前儿童,全体学前儿童都是学前儿童心理健康教育的对象。

1. 平等对待全体学前儿童

在学前教育活动中,要平等地对待所有的学前儿童,尽可能地创造机会和条件,让所有的孩子都能够参与园内的所有活动。

2. 具体问题要具体对待

学前儿童心理健康教育工作中,在面向全体学前儿童的同时,对于具体问题要具体对待。在坚持全体性原则的同时,也要考虑个别孩子的需要,使学前儿童心理健康教育发挥最大的价值。

3. 综合考虑全体学前儿童的发展规律

在对学前儿童进行心理健康教育时,要综合考虑到全体学前儿童共同的发展规律和普遍存在的问题,设计学前儿童心理健康教育计划,组织和开展教育活动。

(四)活动性原则

学前儿童的心理发展是通过活动来进行的,学前儿童心理健康教育也可以通过活动来进行。学前儿童心理健康教育必须遵循其活动性原则,这具体表现为以下几个方面。

1. 游戏是学前儿童心理健康教育的主导活动

在学前儿童的游戏活动中,幼儿能够最充分地表达自己、认识自己、实现自我价值和潜能。尤其是假想游戏,学前儿童在这一类游戏中能够很好地满足自己盼望长大成人的种种假想,情绪能够得到适当的宣泄,解决成长与自己能力低的矛盾,从而促进其自身心理的健康发展。

2. 教师和家长的直接指导与间接指导相结合

在学前儿童心理健康教育实践活动中,教师和家长应把直接指导与间接指导结合起来,耐心地指导学前儿童进行实际操作,使其获得亲身体验,让学前儿童对成功充满自信,促进其富有个性的发展。例如,成人可以在学前儿童游戏情节单调时提示他们增加内容;同时,成人也可以直接参与学前儿童的角色游戏。

3. 自发活动与教师和家长的设计活动相结合

一般来说,学前儿童的游戏应该是自发的,如果全部由教师和家长设计,那么就失去了游戏本身的意义。不过,针对学前儿童的心理健康问题,必须要有成人精心设计的、符合其发展需要和兴趣爱好的各种活动。尤其是在幼儿园,幼儿教师要鼓励园内的学前儿童积极主动地参加诸如此类的专门设计的活动,激发他们参与活动的主动性和自觉性。例如,可以开展同伴分享游戏,以帮助过分以自我为中心的幼儿。

(五)保密性原则

学前儿童心理健康教育的保密性原则是指在对学前儿童进行心理健康教育的过程中,教师和家长及相关的成人对学前儿童的心理问题等情况应该予以保密,学前儿童的隐私权应该受到道德上的维护和法律上的保护。

1. 尊重学前儿童的人格

在对学前儿童进行心理健康教育时,教师必须尊重学前儿童的人格,尊重学前儿童的合理要求。具体来说,教师要积极鼓励学前儿童建立起与自己相互信任的心理基础,使之大胆讲出自己的心里话。

2. 对学前儿童的隐私严格保密

教师切忌在学前儿童面前议论其心理问题以及一些明显的缺陷,同时,教师也有责任、有义务对所有涉及学前儿童心理健康隐私的相关信息做好保密工作。客观来说,公开议论孩子的问题是教育者的失职,也是对孩子人格极大的不尊重,这样的教师不仅要受到道德的谴责,更要负法律责任。

(六)发展性原则

发展性原则既要求教师以发展的眼光来看待学前儿童,又要求教师以发展为重点,最大限度地发展学前儿童的潜能。

1. 坚持尊重和发展相结合

在学前儿童心理健康教育活动中,要正确对待学前儿童发展过程中所出现的心理问题,不要对他们过分苛求。要尊重学前儿童,鼓励他们战胜困难,变消极的矫治为积极的发展,努力使每名学前儿童都能健康地成长。

2. 坚持预防和发展相结合

在组织学前儿童进行心理教育活动的工作中,必须要明确一点,即发展是心理健康教育的出发点和归宿,要将预防与发展结合起来。

六、学前儿童心理健康教育的特点

(一)阶段性

不同年龄段的学前儿童具有不同的身心发展特点。例如,学前初期的儿童思维主要是直觉行动性的思维,即在动作中思考,其思维活动往往随着动作的停止而停止。学前晚期的儿童则主要是具体形象性的思维,并伴有一些简单的抽象逻辑思维。学前儿童心理健康教育面对的是众多不同的孩子,而不同年龄的孩子具有不同的身心发展特点。在这种情况下,面对不同的对象,学前儿童心理健康教育不仅要达到的目标不相同,而且运用的教育方法也不一样,具体做法要因人而异。在具体的学前教育实践活动中,同样是交往训练,对于不同年龄段的学前儿童,其心理健康教育的内容也会有不同的侧重。例如,对于小班的儿童,可以帮助他们体验与同伴共同游戏的乐趣;对于中班的儿童,可以让他们讨论与同伴交往的策略,学习化解同伴间矛盾的方法;对于大班的儿童,则可以培养他们与同伴协商合作、共同解决困难的能力。由此可见,学前儿童心理健康教育要讲究科学,需要运用心理学、教育学的原理,遵循学前儿童心理发展的阶段性特点和规律,唯有如此,才能取得较好的教育效果。

第七章 学前儿童的心理健康教育研究

（二）个性化

在学前儿童心理健康教育实践活动中，应该根据学前儿童的个性特点进行教育。由于每个学前儿童的家庭背景、成长经历都是各不相同的，因而其个性特点方面也是千差万别的。作为一名现代社会中的学前教育教师，不但要熟悉学前儿童共同的年龄特点，还要了解他们之间的个性差异。然后，进一步针对学前儿童的不同个性而采取不同的方法，真正做到因材施教。例如，对于一些性格内向的幼儿，就不应该采取当众批评的方法，因为这样往往会使他们的自尊心受到极大的打击，正确的做法是对幼儿进行侧面提醒，私下交流，这样的效果往往较好。除此之外，每个孩子的能力有所不同，有的擅长音乐，有的擅长舞蹈，还有的语言表达能力极强等。幼儿教师要善于把握学前儿童之间的能力差异，尊重他们的性格，根据他们的表现特点进行教育，促使每一个学前儿童都能在原有基础上得到发展。

（三）整合性

客观来说，学前儿童心理健康教育必须充分整合幼儿园与家庭的力量，如果条件允许，最好能同时对社区的力量进行合理的整合。只有通过这样的方式，架起幼儿园教育与家庭教育的桥梁，才能更好地坚持学前儿童心理健康教育的一致性，使家庭成员之间、幼儿园与家庭之间、教师与家长之间对学前儿童的心理健康教育的要求、教养态度、教育方法一致，形成家园整合的强大合力，使学前儿童心理健康教育产生最大的效益。只有家园同步教育，综合利用各种教育资源，才能共同为学前儿童的心理发展创造更好的条件。

学前儿童心理健康教育的整合性还表现为其具有融合性的特征，这主要是指学前儿童的心理健康教育与各种活动相融合，其具体表现在四个方面。

第一，教学活动与心理健康教育相融合。
第二，游戏活动与心理健康教育相融合。
第三，体能活动与感觉统合训练相融合。
第四，日常生活与心理健康教育相融合。

从整体上来说，维护和提高学前儿童的心理健康水平，提高学前儿童的整体心理素质，就要做好以下几个方面的统筹工作。

第一，既要注重专门的心理健康教育活动，又要将教育活动渗透生活的方方面面。

第二,既要注重物质环境的创设,又要关注人文环境的建设。
第三,既要面向全体,又要关注少数个体。
第四,既要幼儿园高度重视,又要家庭、社会的关注、参与。
只有经过各方面的共同努力,学前儿童心理健康教育才有可能取得理想的效果。

七、学前儿童心理健康教育的要求

（一）体察学前儿童的内心感受

著名的意大利幼儿教育学家蒙台梭利在其所著的《童年的秘密》一书中记载了她在一次旅行中的经历。在旅行途中,一名1岁半的幼儿哭闹不停,大家都在帮助这位母亲哄孩子,但是都没有效果。而蒙台梭利走过去,帮助母亲把放在手臂上的衣服穿好,小孩立即停止了哭闹。蒙台梭利根据自己多年对儿童的观察,了解到这名幼儿正处于秩序敏感期,正因为如此,当物体没有放在它应该放的位置时,孩子就会感到不安。为了使学前儿童的身心得到全面、和谐发展,家长和幼儿教师需要具有正确评价学前儿童心理健康和了解学前儿童心理特征的能力,特别是要具有体察学前儿童的内心感受的能力。例如,某幼儿走到老师面前说自己想喝水,老师很亲切地抚摸了他的头,然后说:"去饮水机那里接吧。"紧接着,这名幼儿一连三次走到老师面前说要喝水,这引起了老师的注意。原来这个孩子不是真的要喝水,而是希望能够引起老师的注意,让老师抚摸他的头,这就是幼儿对爱的需要。在学前儿童心理健康教育中,教师与家长都应该学会体察儿童内心深处的感受。

综上所述,我们可以发现,家长和教师只有根据学前儿童的年龄特征,及时体察学前儿童内心的感受,并给予他们充分的关爱,才能够提高学前儿童心理健康教育的成效。反之,如果教师在日常活动中,未能对学前儿童情绪上的不愉快做到敏锐觉察和及时疏导,就会降低心理健康教育的成效,还会对学前儿童的心理造成伤害。

（二）满足学前儿童的心理安全需求

和谐的氛围有助于满足学前儿童安全的需求,促使他们充满爱心,形成

第七章　学前儿童的心理健康教育研究

健全的人格,以及建立和谐的家庭关系、师生关系和同伴关系。相反,不良的心理环境,如父母关系紧张、教师过于严厉、同伴的欺侮行为等,只能使学前儿童感到处处受压抑,导致其形成各种不良的个性品质,致使其在学习、游戏中情绪低落,容易出现行为问题。一般来说,根据学前儿童成长的特性,其生活的物质环境应该具有安全、舒适、卫生、实用等特点,家庭和幼儿园内的设备和材料应该丰富多彩,能够满足不同孩子的不同需要。学前儿童生活的环境不仅有物质环境,还有心理环境,其主要包括学前儿童生活、学习和游戏的全部心理空间,特别是他们生活的氛围。

目前,我国大多数家庭虽然在很大程度上满足了学前儿童的物质需求,但是对于学前儿童心理安全需求的了解却极为缺乏,家长们往往将自己的意志强加给孩子,从而导致儿童缺乏心理安全感。

(三)引导学前儿童多为他人着想

在学前儿童心理健康教育教学实践中,幼儿教师要引导学前儿童换位思考,多为他人着想,融洽人际关系。这具体要做好以下几个方面。

第一,要引导学前儿童在日常生活中观察、体验、感受别人对他们的态度,激发学前儿童与他人情感上的共鸣。例如,当成人对学前儿童的礼貌行为给予相应回报时,孩子就会很开心,通过这样的方式,孩子们不仅体验到自己快乐的情感,同时也体会到成人快乐的情绪表现。

第二,要引导学前儿童学会主动利他,主动关心父母、老师和小朋友。比如,对新来的小朋友会主动帮助他熟悉环境,陪着他玩;看到老师不舒服,要知道询问,表示同情;父母工作疲劳时,自己不哭闹,主动帮助倒水;等等。

第三,要引导学前儿童学会在感知他人的情感体验的同时,调整自己的态度和行为方式。例如,不小心撞倒了别的小朋友,就要马上道歉,安抚人家;在与其他小朋友玩耍的时候抢了人家的玩具,看到人家不高兴了,就要马上把玩具还给人家;等等。

(四)将心理健康教育渗透于生活教育

从根本上来说,学前儿童心理健康教育是为了提高儿童学前时期的生活乃至整个生命的质量。因此,我们可以认为,学前儿童心理健康教育是一种生活教育,应当在盥洗、清洁、进餐、睡眠、游戏、锻炼等日常生活的每一环节都渗透心理健康教育理念,实施心理健康教育策略。在当前阶段,我们必须要充分认识到,传统意义上的心理健康教学活动是不可或缺的,但是,仅仅依靠这样的教学活动是不可能真正达成学前儿童心理健康教育的目标的,要积极探寻日常生活中学前儿童健康教育的特点和规律。

八、学前儿童心理健康教育的意义

学前儿童处在心理成长发展和人格形成的关键时期,具有巨大的发展潜力,他们的心理尚不成熟,自我调节、控制水平较低,自我意识还处在萌芽状态,很容易受到外界不良因素的影响,从而形成不健康的心理和人格特点。学前儿童的心理健康程度会在很大程度上影响着他们的认识、情感、个性、道德和社会适应性等的发展。由此可见,我们必须充分认识心理健康教育的意义,积极开展心理健康教育。具体来说,进行学前儿童心理健康教育的意义主要体现为以下几个方面。

(一)促进学前儿童的全面、和谐发展

学前儿童心理健康教育能够满足幼儿的心理需要。在学前儿童心理健康教育教学实践活动中,学前教育工作者可以通过采取教育、训练、咨询、辅导等多种方式、方法开发学前儿童的潜能,促进学前儿童的观察力、记忆力、思维力、注意力、创造力、想象力、适应力、承受力、自制力等方面能力的发展。通过学前儿童心理健康教育,还可以使学前儿童形成积极而稳定的情绪、高尚的情感、正确的动机、顽强的意志、合理的需要、积极而乐观的心态等非智力心理品质,最终提高他们的心理素质,塑造其良好的心理品质,使其形成健全的人格,促进其身心全面、和谐地发展。

(二)促进家长素质的提高

在学前儿童心理健康教育教学实践中,学校与家庭必须要紧密配合,才能取得良好的心理健康教育效果。在当代学前教育活动中,家长既是实践的主体,又是活动的客体。通过对学前儿童进行的心理健康教育,家长同样可以获得丰富的心理学知识,进而形成良好的心理品质,掌握科学的心理教育方法。从这个角度来看,学前儿童心理健康教育对于提高学前儿童家长的综合素质也有着十分重要的意义。

第七章　学前儿童的心理健康教育研究

（三）促进学前教育事业的发展

在当代社会中，进行学前儿童心理健康教育可以有效地促进学前教育事业的发展。其主要表现在以下两个方面。

第一，学前儿童心理健康教育是将德育的社会化要求内化为个体内在素质的重要手段。在学前教育活动中，心理健康教育与德育两者是融为一体的，在德育中不失时机地渗透心理健康教育，对保证德育工作的科学性与实效性具有重要意义。

第二，学前儿童心理健康教育可以有效促进幼儿教师教育水平的提高。学前儿童心理健康教育主要表现为一种实践活动，在学前教育活动中，幼儿教师要不断地学习、深造，使自己的心理学知识和教育理论得到拓展和深化，也使自己能够永远保持积极、乐观的心态，心理素质得到提高，巩固与完善自己的心理品质。

（四）促进国民素质的提高

客观来说，心理健康教育是在一定的时代背景和环境中进行的，社会应当满足心理健康教育活动的需要，为心理健康教育提供其存在与发展的条件。同时，心理健康教育又能够满足社会的需要，这不仅在于它可以维护单个学前儿童的心理健康，更在于它面向全体学前儿童、面向社会，可以全面提高人们的心理素质水平。由此可见，学前儿童心理健康教育对于提高国民素质、促进社会和谐发展有着十分重要的意义。

九、学前儿童心理健康教育的现状

学前儿童心理健康教育作为心理健康教育的一个重要组成部分，在当代中外学术交流中得到了充分的发展。但不可否认的是，我国现阶段的学前教育体系仍不够完善，其最大的局限性在于学前儿童心理健康教育环节还很薄弱，并明显地存在下列一些问题。

（一）思想观念落后

现代社会中，虽然人们在主观上意识到了对学前儿童进行心理健康教育的必要性，但是，在具体的学前儿童教育实践工作中，却只注重对其在物质条件和生理健康需要方面的满足。之所以会出现这种情况，主要是由于人们的学前儿童心理健康方面的知识比较匮乏，特别是学前教育工作者的学前儿童心理健康教育观念还很落后，这在具体的学前儿童教育中有着各种各样的表现。例如，由于对学前儿童心理健康的认识不够，相当多的学前儿童心理健康教育工作被简单地用德育工作代替了，把学前儿童的心理问题片面地归为思想品德问题。另外，还有一部分学前教育工作者将学前儿童的心理健康教育成人化。

（二）偏重于身体健康

目前，国内幼儿园普遍把测查幼儿的身高、体重、血色素这三大指标作为衡量幼儿健康与否的主要依据。为了确保本园的体检能达到国家规定的标准，幼儿园的管理者制定了一系列严格的措施。例如，教师为了完成幼儿园的考核达标，在幼儿进餐、午睡、户外锻炼等方面下功夫；家长尤其看重幼儿体重或身高的增长，关注幼儿园的膳食搭配是否合理；医生对全园发病率、营养计算等非常关注；等等。客观来说，这些做法确实是很有必要的，但是，很显然，在这样的学前儿童教育模式下，学前儿童心理健康教育并没有得到足够的重视。

（三）只重视发展较好的学前儿童，忽视了发展相对滞后的学前儿童

对现阶段我国的学前教育工作进行综合分析，我们可以发现，有相当一部分幼儿教师对本班发展好的孩子常常在各种活动中给予更多的机会，而对班级中发展相对滞后的部分孩子则关注不多，从而影响了这些孩子自信心的形成。

（四）忽略良好的人际交往氛围和师生关系的构建

随着社会经济发展水平的不断提高，许多幼儿园越来越重视对活动环境的优化，为学前儿童提供的高结构材料过多，而忽视低结构材料的使用。同时，幼儿园的管理者将环境创设作为评价教师工作的重要指标，而对班级中教师之间、师幼之间的人际交往关系一般不做过高的要求。

第七章　学前儿童的心理健康教育研究

(五)忽略对学前儿童的情绪、情感、态度、社会交往能力的培养

在当代社会中,家长、教师往往过于偏重对孩子的知识技能的培养,对于孩子的兴趣和承受能力则欠缺考虑,对孩子的情绪、情感、态度等不太在意。

(六)忽略家庭中的教育和社会文化环境的影响

在学前教育教学实践活动中,许多幼儿园只重视园内的教育,对于如何将教育延伸至家庭、社区的问题,幼儿园还没有给予广泛的重视。

十、学前儿童心理健康教育的途径

在学前儿童教育实践中,学前儿童心理健康教育可以通过多种途径和方式来实施。

(一)创设和利用各种有利的环境

环境是一种重要的教育资源。在学前儿童心理健康教育实践中,应通过环境的创设和利用,有效地促进学前儿童的发展。学前教育工作者要为学前儿童创造多方面的环境保障。

第一,学前教育工作者要为学前儿童创设良好的物质生活环境,如改善空气质量、饮水条件、居住与活动场所的环境条件,改善膳食结构及进食环境。

第二,学前教育工作者要净化社会大环境,避免不良文化对学前儿童心理发展的危害。

第三,学前教育工作者还应该创设良好的心理环境,提高幼儿教师的心理健康水平,使其端正教育态度,为学前儿童营造一种温暖、关爱、民主和平等的心理氛围。

(二)拓展并丰富各类活动

在学前教育实践中,幼儿园的各类活动都是实施心理健康教育的方式。例如,幼儿广播操比赛、参观、运动会、文艺演出等活动都是可以突出心理健

康教育的内容,可以有效地拓宽学前儿童活动的范围和领域,让学前儿童通过亲自参加、亲自动手、亲临现场、亲身感受,在活动中学会体验、学会交流、学会交往、学会寻找快乐。幼儿教师应该为学前儿童提供活动和表现能力的机会与条件,支持他们的各种活动,努力成为学前儿童活动的支持者、合作者和引导者,尊重学前儿童在发展水平、能力、经验、学习方式等方面的个体差异,真正做到因材施教。

(三)坚持家园同步

家园达成共识,协调教育方法,统一教育要求,是促进学前儿童心理健康发展的一个重要保证。学前儿童心理健康教育的家园同步具体有以下两个层面的含义。

第一,是指让正常幼儿与有特殊需要的幼儿在幼儿园共同生活。通过与不同特点的人交往,可以解决独生子女的任性、自我封闭、不合群等方面问题,更重要的是,可以为有特殊需要的幼儿回归社会主流,与正常人一起生活打下良好的基础。

第二,是指幼儿园、家庭和社区共同关注,形成合力,开展幼儿心理健康教育,实现时空开放,积极利用社区资源,努力形成一体化的教育网络,提高心理健康教育工作的综合能力。幼儿园是生态环境中学前教育子系统的支柱,对学龄前儿童的教育起着导向作用。在现代社会中,家庭是学前儿童赖以生存和发展的社会组织,家庭的教育功能在很大程度上影响学前儿童的健康发展。幼儿园应该主动与社区沟通,优化社区的教育环境,使幼儿的心理在自然的、社会的规范环境中,得到健康发展。

(四)开设专门的辅导活动

为学前儿童开设的心理健康教育活动,在教学目标、教学内容、教学组织形式以及教学效果评价等方面都不同于一般教育。幼儿心理健康教育必须根据儿童在幼儿阶段的生理和心理上的个体差异,有针对性地进行教育。例如,有的孩子性格内向、胆怯,不愿意与同伴交往,针对这种情况,可以设计活动课程"娃娃过生日",有意识地引导这部分孩子参与活动。引导孩子们在活动中相互交谈,唱生日歌,跳快乐舞,在轻松、欢乐的气氛中自然地交往,通过这样的方式,即使平时性格孤僻的幼儿此时也会活跃起来。

第七章　学前儿童的心理健康教育研究

（五）全面渗透一日生活

全面渗透一日生活就是指把心理健康教育融合到整个学前教育的过程中,使学前儿童日常生活的各个环节和幼儿园教育工作的方方面面都能体现对学前儿童心理健康的维护,都能注重培养学前儿童良好的心理素质。

1. 生活渗透

科学、合理地安排和组织好学前儿童的一日常规生活,对学前儿童的日常生活进行常规指导和训练,可以有效地帮助他们养成良好的行为习惯。客观来说,学前儿童日常生活的各个环节都蕴含着丰富的教育内容。其中,既有兴趣、情感成分,又有意志、个性成分;既有德育、智育等教育因素,也有心理健康教育方面的因素。这些都是心理健康教育实践中的重要资源,应该充分利用学前儿童的一日常规生活来实施心理健康教育。

2. 领域渗透

各领域的教学内容都从不同方面渗透着对学前儿童的人格要求和智能训练要求,是心理健康教育的重要资源。例如,对于胆小、不愿跟别人交流的儿童,幼儿教师可以创设"胆小先生"的语言活动,通过续编故事和讨论感受等,培养儿童大胆、勇敢的品质。由此可见,在各领域的教学中都应该注重对学前儿童进行心理健康教育,这是学前儿童心理健康教育的有效途径之一。

3. 随机教育渗透

所谓随机教育,就是指根据临时出现的事件进行有针对性的教育,它对培养、巩固学前儿童良好的个性和心理品质具有十分重要的作用。例如,在学前儿童绘画教育活动中,有的孩子因不会画而哭,有的干脆把笔一扔不画了。遇到这种情况,教师要抓住机会,进行随机教育,让他们明白哭是没有用的,并让大家讨论应该怎么办,引导孩子克服困难,完成作品,建立起自信。

（六）心理咨询与辅导

在当前阶段,心理咨询与辅导是学前儿童心理健康教育的重要组成部分。这里所说的学前儿童心理咨询与辅导,主要是根据学前儿童心理发展的特点与规律,由受过专业训练的教育者运用心理学的理论和技术,以活动为基本方式,通过设计和组织,让学前儿童进行角色扮演,引发学前儿童的主观体验和感受,从而对他们的心理状态产生积极的影响,达到改善其心理健康水平的一种方法。在学前儿童心理健康教育实践活动中,可以面向全体幼儿,开展小组或团体心理咨询和辅导,但更主要的是以遇到心理困惑或有强烈心理冲突与矛盾的个别幼儿为对象。从根本上来说,幼儿心理咨询与辅导是建立在教育者与学前儿童良好的人际关系基础上的,其实质就是一种教育的过程,以及使学前儿童产生某种合理的转变、促使其健康成长的过程。幼儿教师要在专业的指导下开展活动,积极矫正学前儿童的心理健康问题,促使他们的心理健康地发展。

从整体上来看,学前儿童心理健康教育是素质教育的一个重要组成部分。从人发展的阶段性的角度来看,学前时期是一个人身心发展最为迅速的时期,也是人格和心理品质形成的非常重要的阶段,由此可见,学前时期是实施素质教育的一个关键时期。在这一阶段对学前儿童进行心理健康教育,可以有力地促进幼儿良好心理素质的形成与发展,并为其未来的科学文化素质等方面的教育打下良好的基础。

第二节 学前儿童心理健康教育的目标与内容研究

一、学前儿童心理健康教育的目标

(一)学前儿童心理健康教育总目标

学前儿童心理健康教育的总目标包括以下几方面。
第一,培养对他人的积极情感。
第二,学习适当表达情绪情感和思想的方法。
第三,改善与人交往的技能。
第四,形成与人合作、分享和商量的品质。
第五,增强积极的自我意识。

第七章 学前儿童的心理健康教育研究

第六,发展自尊、自信、自主和自我控制。

第七,养成良好的习惯以及培养对问题的决策能力。

(二)学前儿童心理健康教育各年龄阶段教育目标

学前儿童心理健康教育各年龄阶段教育目标如表 7-1 所示。

表 7-1 学前儿童心理健康教育各年龄阶段教育目标

年龄阶段	教育目标
0~3 岁	1. 通过对婴幼儿的护理和照顾,使婴幼儿情绪愉快,对周围人产生信任感 2. 伴随与周围环境接触增多、情感等心理活动逐渐发展,语言能力发展迅速 3. 经常与婴幼儿交流,促进语言、思维、想象力以及性格的发展
3~4 岁	1. 学习用适当的方式表达情绪,初步学会排解不愉快,喜欢与人分享快乐 2. 愿意与同伴合作玩玩具和游戏,能勇敢地玩一些户外大型玩具 3. 知道男女在外形上的不同,知道并认同自己的性别角色
4~5 岁	1. 喜欢幼儿园集体生活,能与同伴互相合作,团结友爱 2. 能自觉遵守活动的规则和要求,初步形成良好的日常行为习惯 3. 关心周围的人、事、物,学会爱亲人、朋友、老师
5~6 岁	1. 学会用积极的心态去理解和帮助别人 2. 对待挫折、困难,勇敢顽强 3. 对力所能及的事情有自信心,具有较强的竞争和合作意识

(三)制定学前儿童心理健康教育目标的依据

1. 促进幼儿终身发展

新《幼儿园教育纲要》中明确指出,"幼儿园教育是基础教育的重要组成部分,是我国学校教育和终身教育的奠基阶段",它要为"幼儿一生的发展打好基础"。因此,学前儿童心理健康教育要将培养学前儿童终身学习的能力,促进其终身发展置于足够重要的地位,既要符合幼儿现实的需要,又要有利于其长远的发展。融入终身教育理念的学前儿童教育追求儿童健康、真实、全面的可持续发展,使学前儿童心理健康教育真正地成为人生心理健康发展的初始阶段,同时,也奠定了儿童一生幸福观的基础。

2. 社会发展变化和个人适应的关系

学前儿童心理健康教育的目标和内容必须要考虑到学前儿童的年龄特征、心理发展水平和未来的幸福感,与此同时,还必须要根据环境的具体变化而做出相应的调整。随着人类社会的不断发展,人们所处的环境也发生了很大程度上的改变。在这种情况下,过去没有出现过的心理问题也会随之而来,所以,我们必须要因时制宜地调整学前儿童心理健康教育的目标。

3. 从干预到预防

幼儿健康教育的目标包含了"知道必要的安全保健常识,学习保护自己"。从这个角度来看,学前儿童心理健康教育目标不仅要考虑到学前儿童心理障碍和行为异常问题的治疗以及对问题儿童的指导帮助,更重要的是预防,防止异常状态的产生和进一步发展。[1] 在过去的学前儿童心理健康教育实践中,更多的是侧重于在发现幼儿心理健康问题后,再进行干预治疗,而现代心理健康教育观念更侧重于预防,即防止心理问题行为的发生,变被动的心理健康教育为主动的心理健康教育。

二、学前儿童心理健康教育的内容

学前儿童心理健康教育的内容一方面受学前儿童心理健康教育目标的制约,另一方面也要考虑学前儿童的年龄特征和心理发展水平以及心理健康状况。

(一)爱心教育

爱心教育是学前儿童心理健康教育的基础和基本内容。从人的发展角度来说,学前儿童有得到爱和爱别人的需要。学前儿童心理健康教育应当通过爱心教育,使幼儿得到爱的满足和学会从爱别人的过程中得到快乐,提高爱的能力和自尊。无可否认,爱是幼儿健康发展的"精神食粮",是幼儿生活中的"太阳",爱可以使幼儿获得安全感、满足感和幸福感,使其心理得到健康成长。

在学前教育教学实践活动中,从园长到教师、家长,都应该将爱心倾注

---

[1] 刘文. 幼儿心理健康教育 [M]. 北京:中国轻工业出版社,2008.

于幼儿身上,时刻用柔和的表情、适度的动作、乐观的情绪、温柔的语言与每个孩子进行情感接触和交流,对每个幼儿都充满信心,使孩子们在充满师长之爱的摇篮中成长,同时也使他们懂得去关心和爱护周围的人。

(二)帮助学前儿童学会表达情感和调整情绪

帮助学前儿童学会恰当地表达情感。规范学前儿童在不同的场所和氛围中的行为,例如,告诉学前儿童在人多的时候不可以大声喧哗,在客人面前不可以随便乱发脾气等。同时,还要为学前儿童提供可以表达其情绪的机会,帮助他们积极进行调节,这样可以有效减轻学前儿童的心理压力,对其身心健康具有重要影响。

(三)积极的自我意识与主观幸福感的教育

培养幼儿积极的自我意识是幼儿心理健康和人格形成的核心内容。有了积极的自我意识,幼儿才能产生主观幸福感。研究表明,幸福感中的积极情绪与易于社交的性格有关,抑郁和焦虑产生消极的情绪,不是幸福感。快乐是和高度自尊、正确自我评价、生活上自我控制以及乐观、外倾的性情相关的。从这个角度来说,健全幼儿人格,进而针对提升幼儿主观幸福感进行教育,关系着幼儿一生的幸福。

从根本上来说,幼儿对自己积极的认识来源于成人的尊重、认可和夸奖,从而形成积极的自我评价和自信心。因此,成人要经常以肯定的语气鼓励幼儿的进步,使幼儿感觉到自己是有能力的。在学前儿童的教育教学实践活动中,要让幼儿体验成功,形成良好的自我价值感。例如,幼儿教师可以利用幼儿群体的力量和以强带弱的优势,帮助胆小自卑的幼儿找胆大自信的幼儿做朋友,达到双方共同提高的目的。家长和教师要杜绝伤害、贬低幼儿自尊心、自信心的语言和教育方式,使幼儿在和谐、愉快的氛围中感受到自我的尊严和价值,使其自我意识得到升华。

(四)学习独立生活和学习的能力

就人的独立性而言,其培养起始于学前阶段。在这一阶段,针对儿童渴望"独立"的需要,在学前教育活动中,要让儿童学会自己的事情自己做,不依赖他人;要让他们学习自我保护的常识和技能;要帮助他们体验独立自主、获得成功的喜悦,培养其独立的个性心理品质;要使他们学会在日常生活中有主见,学习独立思考并解决问题。

（五）帮助学前儿童学习社会交往技能

研究表明,2~6岁是学前儿童社会能力快速发展的时期,学前儿童在这个阶段通过学习而获得的社会交往技能对其一生的社会适应能力具有非常重要的作用。但是,学前儿童并不是生来就知道如何适应社会生活和如何与人相处的,他们必须向他人学习,这就要求成人进行有效教育,使学前儿童学会人际交往。进入托幼机构后,教师可鼓励学前儿童向同伴表露自己的情绪情感,让同伴知道自己的愿望。这种同伴之间的相互表述和讨论有益于他们将自己置身于他人的立场考虑问题。同样地,角色游戏也是让学前儿童感知和理解他人情感的良好途径。另外,在托幼机构中,教师通过设立一些节日庆祝活动,让学前儿童带上自己喜欢的玩具和食品与同伴分享,感受与表达与人分享的快乐。为学前儿童提供与同伴一起工作、共同完成任务的机会,让他们感受通过合作而获取成功的快乐。

（六）帮助学前儿童养成良好的习惯

1. 帮助学前儿童养成养好的生活习惯

学前儿童的日常生活包括按时睡眠、起床、饮食、排便以及室内外的活动等。要在每天固定的时间让儿童按时睡眠,一旦习惯养成,每到睡眠时间,儿童就会自动入睡。使儿童养成按时按量进餐、细嚼慢咽、不吃零食、不暴饮暴食、不挑食不偏食等良好的饮食习惯。一岁半左右,培养儿童每天按时大便的习惯,一般应在起床后5分钟进行。

2. 帮助学前儿童养成良好的卫生习惯

良好的个人卫生习惯包括勤剪指甲、勤洗澡、勤换衣服、饭前便后洗手、吃东西前洗手、不抠鼻子、不挖耳朵等。要让学前儿童懂得,个人的清洁卫生不只是自己的事,还关系到是否尊重别人。

3. 帮助学前儿童养成良好的行为习惯

家长和教师应努力让学前儿童懂得行为习惯的重要性,要努力纠正孩子的一些不良习惯,例如暴力行为、神经性尿频等。

第七章　学前儿童的心理健康教育研究

（七）预防心理障碍和行为异常

在学前儿童心理健康教育实践中,学前教育工作者要依照心理健康的相关标准,通过调查、观察、筛查和诊断等方法,及早发现学前儿童的各类行为问题、心理障碍和心理疾病,确定问题的性质,采取有针对性的措施,对学前儿童进行早期教育、早期干预或早期治疗其心理问题。

（八）对学前儿童进行初步的性教育

1. 学前儿童性健康教育的必要性

（1）是学前儿童未来性心理健康的需要

在学前期对儿童进行性健康教育是确保儿童身心发展的必要前提。弗洛伊德的《幼儿性欲》一文明确提出了性冲动是儿童与生俱来的,这为学前儿童性健康教育的必然性提出了理论依据；哈维格特也明确提出了性心理的成熟和发展是人生发展中不可错过的驿站。儿童的某些性行为如果不能获得成人的正确看待和引导,可能会出现以下后果。

第一,行为本身有可能造成儿童身体损害。

第二,成人的错误看法有可能成为儿童成年后心理问题的诱因。

因此,正确引导儿童看待性行为有利于确保儿童心理健康发展。

（2）是学前儿童性别认同发展的必然需求

学前期是儿童心理发展最为迅速的一个时期,也是性心理发育的重要时期,其中性别意识的孕育尤为重要。弗洛伊德认为学前期是性别发展最重要的时期,因为这一时期奠定了以后性别发展的基础,其他心理学家对这一观点也持肯定态度。先天因素决定一个人的生物学性别角色。社会性别角色需要儿童认同自己的性别角色并采取与之相符的社会行为。因此,在学前期开展学前儿童性健康教育,帮助儿童识别自己的性别角色并自觉采取与社会性别角色期望相一致的行为,有利于帮助学前儿童心理健康发展。

（3）有利于学前儿童进行自我保护

幼儿园要使学前儿童知道必要的安全保健常识,学会保护自己。目前,儿童性侵害问题普遍存在于世界各国,其危害性越来越引起人们的重视。现有研究已经证明,要使学前儿童免受性侵害,需要做到以下几方面。

第一,成人对学前儿童的保护必不可少。

第二,学前儿童自我保护意识的培养更为重要。

学前儿童性健康教育有利于儿童明确人体性器官的私密性,从而养成自我身体保护和性防卫意识,有效保护儿童自身安全。

2. 学前儿童性健康教育应遵循的原则

(1) 与学前儿童认知发展特点相一致的教育内容选择原则

学前儿童性健康教育的目的是促进学前儿童发展,因此在选择教学内容时要以学前儿童认知发展为基础,并与之相适应。例如,小班的孩子已经发现男女生小便的姿势不一样,并对性器官产生了兴趣,这时一方面要进行幼儿园男、女分厕教育,另一方面,教师可以结合小便姿势的不同讲授男女生理结构的不同。中、大班的孩子已经知道性器官的差异,对性别有了一定的认识,这时他们最感兴趣的话题是自己是怎么来的,此时也是开展性教育的合适时机。总之,学前儿童对性的认识过程是逐步发展的,在对学前儿童进行性健康教育时一定要充分考虑学前儿童各阶段认知水平的差异和学前儿童的需要选择合适的教育内容。

(2) 符合学前儿童发展需要的教育目标构建原则

在构建学前儿童性健康教育目标时要围绕学前儿童发展需要,涵盖认知、技能、情感三个方面,通过学前儿童能够接受的方式,采取多种方式帮助学前儿童获得与性健康相关的心理健康教育内容。

(3) 诚实相告与艺术解释相结合的教学原则

①诚实相告

诚实相告原则即科学性原则,就是要保证性健康教育的内容真实、客观。

第一,在进行学前儿童性健康教育时教育者所传递的基本知识必须科学,如生殖器官使用科学名称命名,而不是用方言或用"这个、那个"代替。

第二,教育内容的科学体现在案例的真实性和准确性上。

②艺术解释

所谓艺术解释,即受儿童认知发展和情感接受程度的限制,有些科学的知识应以隐喻、生动形象的方式告知。例如,面对儿童"我从哪里来"的问题,一方面绝不可以采用蒙骗式的"捡来的、买来的"方式;另一方面,在面对儿童追问怎样从肚子里出来时可以采用较隐晦的方式,如"宝宝自己从妈妈肚子里走出来的",或"医生在妈妈肚子上开了一个口子帮宝宝出来的"。

(4) 正确看待,保护隐私原则

学前儿童因好奇或其他原因,有可能发生与性相关的行为,如触碰、暴露自己的性器官,对异性器官产生好奇心等。当学前儿童发生类似行为时,教师和家长应做到以下几方面。

第一,正确看待儿童的性行为是儿童发展过程中的正常现象。
第二,保护学前儿童隐私,不要发生不必要的讨论。
第三,应帮助学前儿童减少该行为,并正确看待这些行为。
（5）家园合作原则
家园合作对健康教育的重要性不言而喻。当前,一部分家长对于在学前儿童中开展性健康教育的接受程度有限,对于教学内容的选择也有争议。因此,学前教育机构在开展学前儿童性健康教育之前,必须做好家长工作,告知家长学前儿童性健康教育的重要性,教育涉及的内容,需要家长配合的内容等各方面,在充分取得家长共识的情况下开展学前儿童性健康教育一方面可以避免争议,另一方面能够更好地保证学前儿童性健康教育的效果。

3. 学前儿童性健康教育的内容

第一,初步形成正确的"性别认同"和"社会性别角色",即初步形成对"性"的理解。知道区分男孩、女孩的不仅是外形特征,即服装、发型的不同,更重要的是身体结构、生理功能不同,了解两性差异,从而形成正确的性别认知。

第二,正确识别生理性别角色,即正确认识男孩、女孩的生殖器官,并能用正确的名称命名。学习如何辨别男女性别。

第三,知道性行为是正常的自然现象,但人类和动物是不同的,即了解"我从哪里来"的问题,知道父母是因为相爱所以组成了家庭,生育了宝宝。

第四,知道生殖器官的重要性,懂得尊重隐私,养成良好的卫生习惯。

第五,个别儿童可进行性别认同障碍教育。对于某些出现了性别认同异常的儿童,成人要正确教育,帮助儿童形成正确的性别认同。

三、学前儿童心理健康教育应注意的问题

（一）面向全体和照顾个别相结合

对学前儿童进行心理健康教育,既要面向全体学前儿童,又要照顾到个别学前儿童,使不同的学前儿童得到不同的发展。面向全体学前儿童,要根据学前儿童的身心发展规律以及心理健康教育活动自身的特点,精心设计丰富多彩的游戏活动,提高学前儿童参与的主动性。通过参与活动,指导学前儿童处理活动过程中所发生的事情,促使学前儿童心理健康发展。同时,

在游戏过程中还应仔细观察,正确看待学前儿童的个别差异,注意对特殊学前儿童的照顾,使每个学前儿童的心理都能得到健康发展。

(二)家园密切配合

家庭环境是学前儿童形成个性心理的第一场所。家庭成员,特别是父母对孩子个性心理的形成有着很大的影响。因此,需要有效整合幼儿园和家庭的教育影响,使各方面的力量保持一致。对于学前儿童出现的各种心理问题,教师都要及时与家长联系和沟通。一方面,可以了解孩子心理问题产生的原因;另一方面,可以取得家长的支持和配合,共同采取一致性的引导策略,促进学前儿童的心理健康发展。

第三节　学前儿童常见的心理健康教育问题

一、梦游

(一)诱因

第一,家庭性遗传是导致学前儿童梦游的一个重要原因。
第二,白天游戏过于兴奋,以致睡眠中出现模拟白天游戏的动作或者精神焦虑不安,不良情绪得不到缓解,均会导致梦游。
第三,少数学前儿童由于脑部感染、外伤或罹患癫痫、癔症时,也可能发生梦游现象,需要医生加以鉴别。
第四,遗尿症患儿常并发梦游症。

(二)表现

第一,学前儿童在睡眠中突然坐起或下床活动。

第二,意识模糊不清、徘徊走路或做些游戏的动作,不易唤醒,持续大约数分钟后又可安静入睡,醒后全部遗忘。

第三,梦游的儿童常常伴有夜间遗尿。

(三)矫治

第一,学前儿童出现梦游不必过于惊恐,绝大部分随着年龄的增大,中枢神经系统发育成熟会自愈,但如果一周出现三次以上,病情可能会进一步延续到成年。

第二,对有梦游的学前儿童,家长和教师要注意消除和缓解引起其紧张和不安的因素,避免过度劳累和睡眠不足。

第三,在学前儿童发病时可能出现的地方采取必要的安全保护措施,对于由疾病引起的梦游要及时治疗,以免病情加剧。

二、夜惊

(一)诱因

心理因素及环境因素常常是夜惊的诱因。如父母吵架、亲人伤亡、生活中遇到的困难,都会使学前儿童情绪紧张;又如睡前看了惊悚片、听了恐怖的故事,或被家长呵斥后入睡等,都会造成孩子精神紧张;另外,卧室温度过高、手压迫前胸睡觉、晚餐过饱、患肠道寄生虫病等也可导致夜惊。

(二)表现

夜惊的主要表现为学前儿童入睡后不久,在没有受到任何外部刺激的情况下,突然大声哭喊,并从床上坐起,或两眼直视,或两眼紧闭,表情非常惊恐。此时很难唤醒,对他人的安抚、拥抱等不予理睬。持续一段时间后,学前儿童又自行入睡,醒来后什么都记不起来。夜惊以5~7岁的儿童较为多见,男童的发生率高于女童。

(三)矫治

第一,对于躯体有疾病的学前儿童要尽早治疗。
第二,在确保学前儿童躯体没有疾病后,一般不需要特殊治疗。只需要想办法消除心理诱因和改变不良的环境因素,培养学前儿童良好的睡眠习惯。
第三,随着年龄的增长,大多数学前儿童的夜惊会自行消失。

三、睡眠不安

(一)诱因

第一,学前儿童心理压力过大,过于焦虑或紧张。
第二,不良的睡眠习惯也会加重睡眠不安的情况。

(二)表现

第一,睡眠时经常翻动、肢体跳动、反复摇头、无故哭闹、磨牙、讲梦话等。
第二,有的不愿上床睡,要抱着走动,或是迟迟不能入睡、浅睡或早醒。

(三)矫治

睡眠不安一般不需要特殊治疗,通过缓解学前儿童的精神压力,调节作息时间,多参加户外活动即可取得明显效果。

四、恐惧

(一)诱因

关于恐惧发生的原因说法不一。

第一,精神分析学说认为,这是由于潜意识内冲突产生焦虑,而又移置和外表化于所害怕的物体和境遇所致。

第二,相互影响学说认为,恐惧是发生和保持在特定的家庭人际关系和社会关系之中的。

第三,另有学者认为,恐惧与患儿存在的素质因素有关,如个性内向、胆怯、遇事易产生焦虑等。

此外,经历或目睹过意外事件也是造成恐惧的原因之一。

(二)表现

恐惧是指对当前的危险情绪,具有强烈的逃离倾向,伴有交感神经系统的全面启动。由于学前儿童和他们所处的环境是不断变化着的,在某个年龄阶段属于正常的恐惧,几年之后可能是不适当的,甚至成为一种心理障碍。如果恐惧对学前儿童的日常生活影响较小,而且只持续数周,这种恐惧可能是正常发展的一部分。反之,学前儿童处于持续的、极度不安的恐惧状态中,则会影响学前儿童的身心健康。

(三)矫治

对于恐惧的矫治可采用行为治疗的暴露疗法,即通过多种不同形式呈现令学前儿童恐惧的情景或物体。这些方法包括呈现现实的情景或物体、计算机虚拟的情景或物体、角色扮演,通过想象或观察他人在面对这些情景或物体时的表现,以提供应对的有效方法。对症状严重的患儿需要辅以药物治疗。

五、焦虑

(一)诱因

不良的环境、不恰当的教育方法是导致或加重学前儿童焦虑反应的重要原因。如父母对某些危险估计过高,常给孩子一些多余的劝告、威胁等;父母没有针对孩子的年龄特点而过分严厉或过分溺爱等。

（二）表现

学前儿童的焦虑常表现为过度烦躁，焦虑不安，伴有睡眠不好、做噩梦、讲梦话、食欲不振、气促、出汗、尿频、头痛等植物神经功能失调的症状。

学前儿童中最常见的焦虑是分离焦虑，即学前儿童与依恋对象分离时产生过度的焦虑情绪反应。一旦依恋对象离开，则表现出烦躁不安、哭喊、发脾气等躯体症状，但无相应的躯体疾病，当重新与依恋对象在一起时，症状完全消失。

（三）矫治

预防和矫正学前儿童的焦虑，应从改善环境和教育方式入手。

第一，父母应当完善自我、改变自我，以良好的教育方式帮助学前儿童健康成长。

第二，父母应根据孩子的年龄、智力水平等对其有合理的要求。

第三，要从各方面帮助学前儿童树立克服困难的信念，培养孩子形成坚强的意志和开朗的性格。

六、屏气发作

（一）诱因

屏气发作又称呼吸暂停症，是指学前儿童在遇到发怒、惊恐、不如意的事或剧烈哭闹时，突然出现急剧的情绪爆发，随即发生呼吸暂停的现象。屏气发作的原因除了与情绪因素有关外，还与机体缺铁有关，发病的学前儿童中有相当一部分的病例同时患有缺铁性贫血。

（二）表现

屏气发作一般发生于6个月至3岁左右的婴幼儿，3～4岁以后逐渐减少，6岁以上很少出现。

由于屏气导致高碳酸血症和脑缺氧，而且哭泣时脑血管收缩和继发性呼吸道痉挛，使心跳减慢引起血流量减少，最后出现昏厥及抽搐。

（三）矫治

应尽量消除会引起学前儿童心理紧张的各种因素。
第一，正确教养，不溺爱孩子。
第二，补充铁剂，纠正贫血。
第三，注意合理膳食。
第四，当学前儿童屏气发作时，家长要镇静，待其恢复后转移其紧张情绪。

七、暴怒发作

（一）诱因

造成暴怒发作的最主要原因是学前儿童的需要得不到满足。当然，也可以通过模仿和学习他人而获得和强化。学前儿童暴怒发作的维持和发展与父母及他人对待其暴怒发作的态度和结果有关。

（二）表现

暴怒发作时，学前儿童的各种过火行为短时间内往往无法劝阻，情绪失控，大喊大叫、哭闹、尖叫、在地上打滚、用头撞墙、撕扯自己的头发或衣服，伴有骂人、踢打或攻击别人，而自己很少受伤害，还会出现呕吐、遗尿或屏气发作。

暴怒发作多数发生在学前儿童的欲望和要求得不到满足时，通过特殊的声音和行为来引起别人的注意，在被劝阻和关注时常常会变本加厉，只有在要求得到满足和彻底不被理睬的时候才会有所收敛。

（三）矫治

1. 转移注意法

如果学前儿童因想要玩而暴怒发作，可以用他喜欢看的动画节目或其他感兴趣的事情来吸引他，转移注意力。等到学前儿童的情绪有所缓解后再对其进行教育。

2. 冷处理法

当暴怒发作时,切莫向学前儿童发火,采取冷处理的方法,当学前儿童发现自己达不到目的便会自然平息。

3. 暂时隔离法

如果学前儿童的暴怒发作无法控制,可将他安置在一个房间内,在暴怒发作消除数分钟后再解除隔离。但要随时注意观察,防止学前儿童自伤、撞伤、触电、跳楼等意外情况发生。

八、咬指甲

(一)诱因

家庭不和、心情矛盾、父母管教太严、精神高度紧张等都会使学前儿童形成强烈的心理压力,这与咬指甲习惯的形成直接相关。

(二)表现

年龄小的儿童经常会不由自主地用牙齿将长出的手指甲咬去,有的还咬指甲周围的表皮或足趾,有的还伴有多动、睡眠不安、吸吮手指、挖鼻孔等多种行为问题。

(三)矫治

第一,建立良好的卫生习惯,定期修剪指甲。
第二,找出并消除导致孩子心理紧张和焦虑的因素,创造和谐愉快的生活气氛。
第三,早期教育要合理,多组织孩子参加集体活动,培养孩子广泛的兴趣。

九、吸吮手指

（一）诱因

1. 自我安抚的需要

研究发现，由母乳喂养的孩子吸吮手指行为的发生率较低，因为母乳喂养婴儿有较长的时间吸吮，孩子即使吃饱了，也不会马上停止吸吮。这样，孩子与母亲的充分接触可以消除紧张焦虑而得到情感上的满足。

2. 婴儿期不适当的教养方式所致

当婴儿饥饿时，几乎都会吸吮手指，如果不能及时得到食物，他就会长时间地吸吮手指，寻求安慰。如养育者对孩子缺乏关心，没有足够的玩具或经常使其独处，不能与周围的人和物交流，孩子就会以吸吮手指自娱。

（二）表现

婴儿早期由于吸吮反射的存在，可能有吸吮手指的行为，这属于正常的生理现象。而到了学龄前期的儿童，仍然自主与不自主地反复吸吮拇指、食指等手指的行为，则被视为异常。

（三）矫治

第一，要有丰富而合适的环境刺激，多提供与人交往的机会，转移其注意力。

第二，要定时、定量、喂足、喂好婴儿，让其从小养成良好的生活和饮食习惯。

第三，在手指上涂抹苦味的方法被证明也是很有效的。

十、习惯性阴部摩擦

(一)诱因

第一,由于偶然机会的摩擦获得快感而形成的习惯。
第二,生殖器局部不洁或患有疾病引起局部瘙痒,促使儿童摩擦止痒,以致形成习惯。

(二)表现

习惯性阴部摩擦主要是指儿童用手玩弄或摩擦外生殖器,引起面色潮红、眼神凝视或不自然的现象。6个月左右的婴儿即可出现,但多数发生在2岁以后,女孩多于男孩。

(三)矫治

第一,转移孩子的注意力。
第二,保持外阴部的清洁、干燥,不穿开裆裤、紧身裤。
第三,帮助孩子去除诱因,对孩子的局部病症及时治疗。
第四,建立正常的生活制度,鼓励孩子多参加集体活动,尤其是室外活动。

十一、感觉统合失调

(一)诱因

感觉统合失调是指进入大脑的各种感觉刺激信息不能在中枢神经系统有效地进行统合处理,大脑对身体各器官失去控制组合能力。其诱因比较复杂,主要包括以下两方面。
第一,主要与孕育过程中出现的问题及生产方式、出生后的抚养方式有关。
第二,缺乏运动、缺乏游戏、缺乏大自然的熏陶都是导致学前儿童感觉统合失调的因素。

(二)表现

这类儿童往往会表现出多种多样运动的不协调、平衡失调、视觉障碍、触觉障碍、注意力不集中、多动不安等。

(三)矫治

第一,家长要进行心理调适,不给孩子压力,除必要的训练外,引导孩子融入同伴交往中。
第二,让孩子做自己力所能及的事。
第三,定期参加各类体育锻炼。
第四,适当进行触觉训练,对患儿的大脑进行刺激训练,也可通过特定的治疗器进行运动训练。

十二、多动症

(一)诱因

第一,遗传因素。
第二,脑损伤。
第三,铅中毒及食品添加剂。
第四,环境因素。不良的社会环境和家庭环境均可增加儿童患多动症的危险性。如城市中的高楼剥夺了孩子与大自然接触的机会;家庭管教过严,父母过多干涉孩子的活动,家长过分溺爱等。

(二)表现

1. 活动过多

这类儿童大多数从小就表现得兴奋多动、不安宁,如过分地来回奔跑,在活动室内喧哗吵闹,在座位上不停地扭动,多招惹他人。平时多嘴多舌,过度喧闹,不知爱护玩具、图书等,常与同伴争执,片刻都难以安静。

2. 情绪冲动

多动症儿童的行为先于思维,往往不经过考虑就行动。多动症儿童由于克制力差,常对一些不愉快的小事做出过分的反应。

3. 注意缺陷

不能持久集中注意一件事,而表现得心不在焉或凝神发呆,易受环境的干扰,常常半途而废。

4. 学习困难

多动症儿童大多智力正常或接近正常,但都表现出学习困难。

（三）矫治

1. 心理治疗

应用支持性心理疗法,对老师和家长说明多动症的性质,惩罚责骂会造成儿童的精神创伤,使儿童不愿配合治疗。同时要向老师和家长说明,消除各种紧张因素,严格作息制度,增加文体活动等对多动症的治疗有积极作用。

2. 教育干预

正确的家庭教育方式和有规律的生活习惯能够给患儿创设舒适的环境,以达到放松的状态。

3. 药物治疗

多动症症状明显且严重影响其集体活动和生活的儿童,可考虑用药物疗法。药物治疗有积极的方面,但也有副作用,因此需要在医生的指导下谨慎用药。

十三、口吃

(一)诱因

1. 生理原因

现代科学研究证明,口吃与遗传或某种脑功能障碍有关。此外,生理疾病,如儿童耳鼻喉科疾病也易引起口吃。

2. 模仿

儿童时期看到结巴说话有趣可笑,模仿结巴,很容易学会口吃。

3. 惊吓

儿童在受到巨大惊吓时,身体器官的许多功能都可能失常,此时可能会出现口吃。

4. 教养方式不当

1～3岁是儿童掌握日常语言的关键时期,但每个孩子的发育水平不一致,有的早,有的晚。有的父母见孩子说话迟或说不好,便硬逼孩子练习说话,使孩子对说话紧张不安而发生口吃。

(二)表现

表现为正常的语言节律受阻,不自觉地重复某些字音或字句,发音延长或停顿,伴有跺脚、摇头、挤眼、歪嘴等动作才能费力地将字说出。

(三)矫治

消除学前儿童的心理紧张因素是矫正口吃最好的办法。

第一,应该正确对待学前儿童说话不流畅的现象,成人在关注儿童语言发展水平的同时,不要让自己急切焦虑的心情影响了其正常发展。

第二,帮助孩子树立治愈口吃的信心。

第三,要创造良好的语言环境,成人和孩子说话时要正确示范,教给孩子正确的说话方法,语速适当放缓,表达自然。

第四,必要时可以采用一些特殊的言语矫正措施,对儿童进行语言训练,注意说话时的平稳、缓慢、清晰,并在不同场景中多练习。

十四、孤独症

(一)诱因

1. 生物学因素

生物学因素首先指遗传因素。研究显示,孤独症存在遗传倾向性,是由环境致病因子诱发的疾病。其次指孕期和围产期对胎儿造成的脑损伤,如孕期病毒感染、宫内窒息或者孕妇酗酒、服药不当,也可导致子代患孤独症的概率增加。

2. 环境因素

环境因素在儿童孤独症中所扮演的角色未有定论。但早期生活单调,缺乏情感、语言等方面适当的刺激,没有形成良好的社会行为,也可能诱发孤独症。

(二)表现

儿童孤独症是以严重孤独,缺乏情感反应,语言发育障碍,刻板重复动作和对环境奇特的反应为特征的精神疾病。一般在3岁以前就会表现出来,还有的孩子在一两岁时看起来很正常,到3岁左右才发现有异类表现。

(三)矫治

关于孤独症没有特效药物治疗,但治疗方法也多种多样,如感觉统合训练、游戏疗法、音乐疗法等。但目前没有疗效特别显著的疗法,且各种疗法有互相融合的趋势。值得注意的是,孤独症治疗一般认为是年龄越小、效果越好,所以应该早发现,早治疗。

十五、攻击行为

(一)诱因

第一,家长不正确的教育思想。
第二,周围环境的不良影响。
第三,同伴攻击行为的示范作用。

(二)表现

表现为儿童在遭受挫折时采取打人、咬人、扔东西等方式引起别人的对立或争斗。

(三)矫治

应注意改变亲子之间、师生之间以及同伴之间的关系,对这些关系中的紧张因素进行分析,指导学前儿童正确处理和解决各种关系。在有些情况下,可采用暂时隔离法进行治疗。

十六、语言发育迟缓

(一)诱因

第一,脑组织的有关部位功能发育不完善。
第二,生活在封闭的环境中,缺少与人交流的机会。
第三,父母的过度疼爱,孩子不用开口,就能满足他的一切需求。

(二)表现

语言发育迟缓是一种由于大脑发育迟缓而造成的语言障碍,可分为接受性语言障碍和表达性语言障碍。

1. 接受性语言障碍

到一岁半,仍不能听懂生活中简单的言语,但能对环境的声音做出相应的反应。

2. 表达性语言障碍

在一岁半时,能听懂生活中简单的言语,但语言含糊不清,不能用语言表达自己的意思,并且学习语言的速度十分缓慢。这些儿童多数智力正常,也无听力障碍。

(三)矫治

1. 接受性语言障碍的矫治

对接受性语言障碍的患儿,应偏重语言理解、听觉记忆、听觉知觉的训练,并由易到难,长期坚持。

2. 表达性语言障碍的矫治

对表达性语言障碍的患儿,要着重鼓励、训练他用语言表达的能力。

十七、退缩行为

(一)诱因

退缩是指与他人相处时表现出胆小、害怕或局促。退缩行为的出现,与学前儿童后天的教育和环境因素有关。家长的过度娇宠、过分保护与退缩行为的形成有直接关系。

(二)表现

大多数学前儿童在陌生环境中可表现出短暂的退缩,随着时间的推移,能够较快适应新的环境。而有退缩行为的学前儿童,适应新环境较困难。他们从不主动与其他小朋友交往,沉默寡言,在人多的场合,他们总是静坐一旁。

（三）矫治

第一，要矫治退缩行为，从小就要培养学前儿童的交往能力，父母既不能溺爱孩子，也不能以粗暴的态度对待孩子的过失。

第二，对待有退缩行为的学前儿童，父母要态度温和，有耐心，多用鼓励的方法，让孩子在心情放松的情况下，帮助孩子发展社会交往的技巧，逐渐建立自信心。

第四节 学前儿童心理健康教育活动的设计思路

一、专题性学前儿童心理健康教育活动

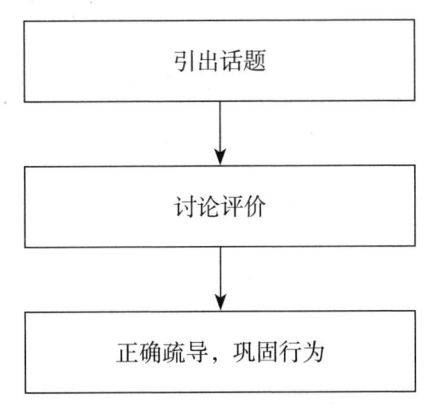

（一）专题性学前儿童心理健康教育活动设计环节

专题性学前儿童心理健康教育活动的设计环节包括以下几方面（图7-1）。

```
引出话题
   ↓
讨论评价
   ↓
正确疏导，巩固行为
```

图7-1 专题性学前儿童心理健康教育活动设计环节

1. 引出话题

学前儿童生活中会遇到很多的问题,这些问题每天都会直接或间接地影响到学前儿童的生活质量。教师应该结合学前儿童的表现,找出学前儿童间带有共性的并迫切需要解决的问题,通过适当的方式引起学前儿童的关注。

2. 讨论评价

讨论法可以沟通思想和感情,激发学前儿童积极参与的热情,加深认识。教师也应该在学前儿童讨论之前给予适当的引导,确定讨论的主题,通过教师和全体学前儿童的参与达到最好的共识,即明白应该怎样做,不应该怎样做。

3. 正确疏导,巩固行为

教师既要从思想观念上对学前儿童进行认识教育,又要从行为方式入手进行行为训练。活动中教师可结合学前儿童的理解进行总结,肯定各种有利于身心健康的行为,并进一步通过游戏或角色扮演等活动巩固其行为,并将这种行为或方法运用到生活当中。

(二)教师在教学中对学前儿童进行心理健康教育

教师在教学中对学前儿童进行心理健康教育应做到以下几点。

1. 走近学前儿童

教师不要高高在上,而应走近学前儿童,在学前儿童有怒、有哀时,会表现出烦躁或独处的现象,教师应该仔细观察,感受到孩子与平时的不一样,并细心疏导,请孩子说出自己内心的烦恼,并帮助其解决问题,这样孩子才能重新找回快乐。这样不仅保证了孩子的心理健康,还促进了师幼之间的关系。

2. 尊重学前儿童

尊重学前儿童是让教师放弃长者的身份,改变学前儿童听命于教师的现象,以宽容之心对待每一位学前儿童。例如,孩子犯错误了,应该实事求是地进行批评,不能侮辱学前儿童的人格,引导其认识到自己的错误并改正错误,给孩子多些宽容。

3. 运用积极的心理暗示

每一位学前儿童都希望自己被关注、被欣赏。因此,教师应毫不吝啬地对学前儿童进行鼓励和表扬。例如,在体育活动中,学前儿童学跳绳,跳了很多次都没有成功,此时教师可以对孩子进行鼓励,孩子听了教师激励的话语,用心练习,最终会在教师的帮助下学会跳绳。

二、非专题性学前儿童心理健康教育活动

非专题性学前儿童心理健康教育活动是指除专题性之外的学前儿童一日生活中的健康教育。根据学前儿童生活的特征可分为以下几大类。

(一)学前儿童心理健康教育活动在日常生活中的渗透

第一,要掌握、理解一定的心理健康知识技能,也一定要结合日常生活进行,在生活中不断练习而得以巩固。

第二,日常生活中的心理健康教育要比专题性的教育活动来得更及时些。例如,大班学前儿童早上来园时表现情绪不高,教师就可以询问学前儿童不高兴的原因,帮助学前儿童分析并用恰当的方式表达自己的情绪,学习排解不开心情绪的方法。

第三,日常生活中的健康教育使专题性的教育活动得以延伸,有利于学前儿童心理健康行为的巩固。

(二)学前儿童心理健康教育活动在其他领域中的渗透

学前儿童心理健康还可以结合幼儿园其他领域的活动来实施,使健康内容更加丰富,形式更加多样。多种多样的教育形式可以使心理健康教育更加生动活泼,使学前儿童的学习兴趣更加浓厚。例如,与语言领域的结合,将有关心理健康的知识编成有趣的、朗朗上口的儿歌让学前儿童来念;与艺术领域的结合,将有助于心理健康的歌曲或绘画作品让学前儿童唱唱跳跳、涂涂画画等;与体育活动相结合,不仅能促进学前儿童大脑的发育,还能促进学前儿童合群行为的发展,尤其是培养学前儿童的团队精神、合作能力、人际沟通能力等。

(三)学前儿童心理健康教育活动在家庭成员中的渗透

只有家长、幼儿园相互配合,学前儿童教育才能取得事半功倍的效果。学前儿童心理健康方面的教育显得尤为突出。学前儿童心理健康的内容与家庭生活密切相关,学前儿童在幼儿园有的情绪问题、自我认识问题、自我情感体验问题等,在家庭中同样存在。如果这些内容仅仅依靠幼儿园的专题性教育而没有家长的配合,学前儿童心理健康的效果也不会明显。所以,学前儿童心理健康教育必须得到家庭的积极配合,使家长成为学前儿童心理健康教育的指导者。

第八章 学前儿童健康教育评价研究

学前儿童健康教育评价是依据一定的标准和程序,选择有代表性的评价参数,有计划、有目的地做出科学调查和价值判断,是考核学前儿童健康教育的重要方面。通过评价能够把握学前儿童健康教育的客观现状,准确发现存在的问题,及时采取干预措施,改善学前儿童的健康水平,促进学前儿童健康发展。

第一节 学前儿童健康教育评价的内涵

一、教育评价概述

(一)教育评价的概念

健康教育的评价是对评价对象取得的健康教育效果和健康教育目标的完成状况进行的判定,目的在于肯定成绩,指出问题,明确方向和提高教育质量。对教育价值的判断,这种判断建立在对教育现象进行科学分析的基础上,判断的对象包括一切教育现象或活动,这种判断有助于促进教育改革,提高教育质量。

(二)教育评价的特点

教育评价具有显著的特点,概括来说,这些特点主要包括以下几方面。

第一,教育评价是有目的、有计划的活动过程。它是由确定目标、搜集资料、分析现象、形成结论、改进教育等一系列连续的活动组成的。

第二,教育活动中的评价者与被评价者是有机统一的,角色可互换,在评价中必须相互配合才能使教育评价得以顺利进行。

二、学前儿童健康教育评价的内容

根据不同的标准,可以将学前儿童健康教育评价分为不同的类型,下面仅从教育活动的过程和效果来看,学前儿童健康教育评价的内容主要包括以下几方面。

(一)学前儿童健康教育活动评价

1. 活动目标评价

(1)对活动目标定位的全面、适宜性进行评价

根据不同年龄和发展水平儿童的需要、兴趣、接受能力以及儿童参与健康教育活动的程度等,制定活动目标,活动目标应全面,包括认知、情感、能力三个方面的内容。

(2)对活动目标表述的评价

活动目标的表述清晰、准确,具有可操作性,表述的行为主体一致。

2. 活动准备评价

(1)活动材料的选择、投放以及利用

根据本班幼儿的实际情况以及活动区的特点,选择多样化的投放方式,注重材料投放的动态性;注重材料投放的层次性,促进幼儿在原有基础上的发展。

（2）知识经验的准备

教师在进行教学活动前必须了解学前儿童前期已经掌握了哪些与本次活动相关的知识和技能,具备了哪些能力。

3. 活动内容评价

第一,活动内容的选择与活动目标的要求是否一致。
第二,活动内容与儿童的年龄特点和实际水平是否相符。
第三,活动内容是否符合儿童的兴趣与需要。
第四,活动内容的组织主次是否分明、布局是否合理、重难点是否突出、各环节的衔接和过渡是否自然流畅。

4. 活动过程评价

第一,活动方法的选择与运用是否依据活动目标、内容以及儿童的年龄不同而变化。
第二,教的方法与学的方法是否相符。
第三,方法的运用能否使儿童在活动过程中感到情绪愉悦,儿童能否积极主动参与。
第四,活动的组织形式是否丰富多样,是否因材施教。
第五,活动中是否考虑到情感、人际关系等因素的影响。

5. 卫生保健工作状况评价

（1）对学前儿童健康服务的评价

针对学前儿童的一切卫生保健措施的评价,如卫生保教制度的制定,保教、保健人员的培训,各种保健资料的存档等。

（2）对学前儿童健康环境的评价

①物质环境评价

幼儿基本用房和活动场地等空间条件及其合理使用情况,室内外的通风、采光、绿化、安全、卫生状况等。

②精神环境评价

幼儿园内的人际关系(教师与教师、教师与幼儿、幼儿与幼儿之间的关系)是否融洽,是否充满温馨的情感气氛,是否有利于幼儿与人交往、互助、合作和分享,是否能满足幼儿的生活、活动、安全等各种需要。

(二)学前儿童发展状况评价

1. 身体生长发育评价

（1）体重

人体体重是各器官、组织、体液的总重量。体重是衡量小儿体格生长发育、营养状况的重要指标，新生儿平均出生体重男婴为 3 200g，女婴为 3120g。体重增长是体格生长的重要指标之一。体重增加的总趋势表现为：新生儿出生后 3～4 日时可能出现生理性体重下降现象，降至最低点，以后回升，至 7～10 日恢复到出生时体重。体重增加速度在头一年最快，2 岁前体重增加的速度逐渐减慢，2 岁至青春期前为稳速生长。

（2）身长（高）

身长（高）指标是反映体格特征和生长速度的重要指标。人体身长（高）受营养的短期影响不明显，但受种族、遗传和环境的影响比较明显。

（3）头围

头围是自眉弓上方最突出处经枕后突隆绕头一周的长度。头部的发育在出生后前 3 年变化快，其中出生后头半年最快，第 2 年后增速减缓。新生儿出生时平均头围为 34cm，在头半年里增加 9cm，后半年增加 3cm，第 2 年增加 2cm，第 3 年增加 1～2cm，3 岁时头围约为 48cm，6 岁时为 49～50cm。对 3 岁以下儿童进行头围监测是非常有必要的。

（4）胸围

胸围是沿乳头绕胸一周的长度，是反映胸腔容积、胸肌、背肌的发育和皮脂蓄积状况的重要指标，还能够反映呼吸器官的发育情况。新生儿出生时胸围小于头围约 1～2cm。随着年龄增大，胸廓的横径增加快，至 12～21 个月时胸围大于头围。

(三)学前儿童心理发育评价

学前儿童心理发展的水平主要表现在感知、运动、语言和心理过程等各种能力以及性格方面。影响学前儿童心理发展的因素是多方面的，其中来自学前教育机构的心理社会环境、物理环境等是重要的影响因素。因此，从某种程度上说，学前儿童的心理发展健康状况往往是衡量学前教育机构保育质量的重要指标之一。当然，对学前儿童心理发展状况进行评价，如智商测量、心理健康状况测量、社会适应能力测量等，客观、公正地了解学前儿童在当前生态环境下的行为表现，从群体儿童鉴别出问题行为和心理发展障碍,进而有针对性地实施早期保育,有利于提高保育质量,促进学前儿童心理的健康发展。

三、学前儿童健康教育评价的过程

学前儿童健康教育的评价过程如图 8-1 所示。

```
确定评价目的
    ↓
设计评价指标
    ↓
确定资料收集的方案
    ↓
实施评价、收集资料
    ↓
分析整理资料
    ↓
形成评价结论
    ↓
及时反馈修订
```

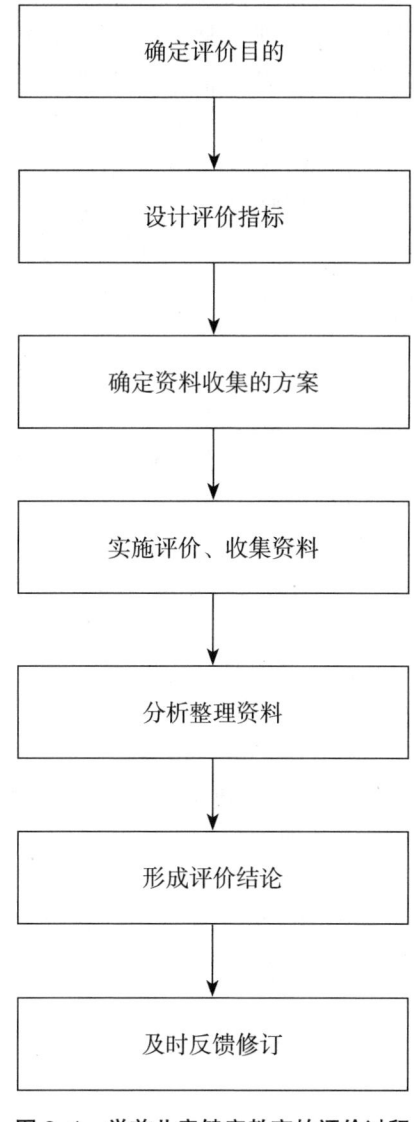

图 8-1 学前儿童健康教育的评价过程

（一）确定评价目的

确定评价目的是对学前儿童健康教育评价实施的第一步，它是评价者根据需求，拟对健康教育的哪些方面做价值判断的过程，目的的确定对评价的内容、方向、手段等都有直接的影响，对后期目标的分解和评价指标的设计起着直接的指导作用。

（二）设计评价指标

确定评价目的后，就要设计评价指标，以利于评价过程有章可循、有标准可依。在这一阶段，要将目标进行分解，形成在目标之下的一级指标和二级指标，形成合理的指标体系。然后确定采用多少等级来进行评价，分别赋值，并为每一指标的等级编制出相应的评价标准。最后，根据各指标在指标体系中的地位和作用，赋予一、二级指标适宜的权重值，编制出评价标准表。

（三）确定资料收集的方案

根据所设计的评价指标，确定评价资料的收集方案。在设计方案时就确定好方法和步骤，调查法、比较法、观察法、统计分析法等是收集评价资料的基本方法。在确定资料收集方法时，应该根据评价目的、需要和客观情况，灵活、准确地进行选择和确定，有时可以多种方法结合使用。此外，还要做好人员的分工和培训。

（四）实施评价、收集资料

实施评价前，应该进行相应的准备工作，如确定评价小组成员、建立评价表格。应该让被评价者理解评价工作的目的，让评价者按照评价方案实施评价。这一阶段主要是做好宣传和动员工作，统一评价者和被评价者的思想，防止产生各种消极因素和各种抵制情绪，使有关人员有一个良好的心态和积极的参与态度参加评价工作，保证按预定的评价方案和使用设计好的评价指标开展评价活动。在资料收集过程中，对学前儿童健康态度的资料收集最为困难，需要运用观察法或者日常行为记录法进行补充。

（五）分析整理资料

运用各种方法收集的资料和数据需要经过整理、加工、分析和统计处理以后，才能说明健康教育评价所要阐述的问题。评价人员要对每一具体的项目进行评分，汇总后的评分可由计算机来完成，整理后写出总结报告材料。

（六）形成评价结论

在全面分析资料的基础上，总结经验教训，找出发展中存在的问题，并且检查本次评价的效度和信度之后，就能够形成对评价对象的评价结论。

（七）及时反馈修订

将评价结果以恰当的方式反馈给有关人员并使其在此基础上改进健康教育措施和方法，使教育工作获得更大的进步。同时对评价过程进行反思，进一步修订评价方案，使之更完善、更合理、更科学。

第二节　学前儿童身体健康评价

一、学前儿童身体健康评价的标准

拟订学前儿童身体健康评价指标的过程，就是把学前儿童健康教育总目标具体化为可测量的过程。同时，为了对指标体系能否实现、实现的程度如何做出客观的价值判断，还必须建立一个判断的标准。所谓学前儿童身体健康的评价标准，就是对学前儿童身体健康的各项指标达到要求的程度在数量和质量方面进行价值判断的测量数值，经过统计学处理而获得的。

二、学前儿童身体健康评价的实施

20世纪80年代,中央教育科学研究所曾组织我国16个省、市的科研人员,对我国幼儿身体健康状况进行了历经3年多的大规模调查研究,编写了《我国幼儿形态、机能、基本体育活动能力调查研究》的分析报告。此报告是评价幼儿身体健康水平的重要依据,现将该研究成果中的项目指标及测定方法介绍如下。

(一)学前儿童身体形态生长发育的指标及测定方法

学前儿童身体形态生长发育的项目指标,主要包括身高、体重、坐高、胸围、头围。这五个基本的测查指标,可以派生出两项指数(身高与体重指数、身高与胸围指数)和两项比值(上身长与下身长比值、头围与胸围比值),这些指数与比值可以从不同的角度反映儿童基本体形的状况。

1. 身高(身长)

身高指身体直立时颅顶点到脚跟的垂直距离,常被用以表示身体生长的水平和速度。测量身高可使用身高计,或固定在墙上的软尺进行测量。3岁以下儿童测量卧位的身长。3岁以上儿童取立正姿势测量。被测儿童需赤脚受测,零点要与脚跟平齐。测量以厘米为单位,记录至小数点后一位,误差不得超过0.5厘米。

2. 体重

体重指人体的总重量,常用秤测量。受测儿童应先排大小便,仅穿背心和短裤衩。1～3岁儿童可蹲、坐于秤台中央,3岁以上儿童可站在秤台中央。测量以千克为单位,记录至小数点后两位。

3. 坐高

坐高指顶臀高,即头与躯干的长度,反映了儿童上肢部位骨骼的生长发育情况。选择专用坐高计测量,也可用凳子附加于身高计上进行测量。受测儿童处于坐姿,测量颅顶至座位平面的垂直距离。测量以厘米为单位,记录至小数点后一位。

4. 胸围

胸围指胸廓周围的量度,是幼儿身体宽度和厚度最具代表性的测量值。用软尺测量。受测儿童处于立位，裸上身，两手自然下垂，量尺绕经后背及两肩胛骨下角至胸前两乳头上一圈。测量以厘米为单位，保留一位小数。

5. 头围

头围反映了儿童头的发育及体态的生长发育情况。用软尺测量。受测儿童处于立位，量尺绕经枕骨突起处至额骨眉崤间一圈，软尺要紧贴头皮。测量以厘米为单位，保留一位小数。

(二) 学前儿童生理机能的项目指标及测定方法

幼儿生理机能发育的项目指标主要包括以下几方面。

1. 肺活量

肺活量指在一次深吸气后的最大呼气量，反映了受试者肺脏的一次最大的机能活动能力，是一种常用的反映呼吸机能的指标。一般只对5岁以上的儿童进行测查。采用浮筒式肺活量计。每人测3次，均要记录，每次间隔20秒至半分钟，统计时，选取最大值，单位为毫升。

2. 呼吸差

呼吸差指吸气时的胸围围度与呼气时的胸围围度的差值，反映了儿童呼吸肌在呼吸时的活动能力。测量以厘米为单位，记录至小数点后一位。

3. 呼吸率

呼吸率指可以自控的呼吸次数，反映了儿童肺脏发育的功能状况。使用秒表或三针式台钟计时。儿童受测前要保持平静状态，背对测试人员站立。统计时，以1分钟计算，单位为次1分。

4. 安静心率

安静心率指在单位时间内测量相对安静时的心脏搏动的次数，反映了心脏和动脉本身的机能状态。测查使用秒表或三针式台钟计时。儿童在受测前应静坐休息10秒以上，保持安静的状态，最好是在午睡睡醒以后、起床之前测查。统计心率以1分钟计算，单位为次1分。

5. 握力

握力反映了儿童整个上肢部位肌肉的收缩机能,特别是掌肌和前臂肌的功能。一般只测查4岁以上儿童,使用儿童握力计,左右手各测3次,均记录。统计时选取最大值,单位为千克。

6. 血压

血压指血液在血管内流动时读取的血管壁产生的侧压力值,一般指体循环中动脉血压,反映了儿童心脏、血管发育的状态。一般只测查5岁以上的儿童,测量前要保持安静状态。使用儿童血压计和听诊器测量记录收缩压和舒张压。

7. 背肌力

背肌力反映儿童背部、腰部、腹部等部位肌肉的收缩能力。一般只测查4岁以上儿童,使用指针式背力计,每人测3次,均要记录。统计时选取最大值,单位为千克。

(三)学前儿童身体素质和基本活动能力发展的项目指标及测定方法

学前儿童身体素质和基本活动能力发展测定的项目主要包括以下几方面。

1. 坐位体前屈

坐位体前屈反映了儿童躯干柔韧性的状况。这项指标一般只测查4岁以上儿童。测试3次,取最大值,记录以厘米为单位,保留小数点后一位。

2. 沙包掷远

沙包掷远反映了儿童上肢部位的肌肉力量和爆发力。测试时,3~4岁儿童使用100克重的沙包,5~6岁儿童使用150克重的沙包。测试3次,取最大值,记录以米为单位。

3. 立定跳远

立定跳远反映了儿童下肢部位的肌肉力量、爆发力及身体协调能力的发展情况。测试3次,取最大值,记录以厘米为单位,不计小数。

第八章 学前儿童健康教育评价研究

4. 单脚站立

单脚站立反映了儿童静态的平衡能力。测试时，儿童的支撑腿要伸直（支撑腿踩在一根长25厘米、宽5厘米、高5厘米的木条上），悬空腿慢慢离开地面。记录从腿离开地面到出现以下情况时的持续时间。

第一，悬空的腿碰到地上、木条上或另一条腿上。

第二，身体其他部分碰到地面上。

第三，支撑腿移动或落到地上，又或木块移动。

第四，支撑腿的膝盖出现弯曲。

受测儿童以左、右腿为支撑腿各测定两次，统计时选取最大的数值，单位为秒，保留一位小数。

5.20 米快跑

20米快跑反映了儿童身体位移的速度。

在平整的地面上设置两条宽约1.5米，长约25米的跑道。在跑道上画出起点线和终点线，距离为20米。准备两只秒表。儿童在听到信号后起跑。秒表从每个儿童出现抬腿动作开始计时，当儿童一条腿迈过终点线时，秒表计时停止。秒表的数值即为快跑20米所用的时间。每个儿童测两次，记录每次成绩。统计时选最快的数值，单位为秒，保留一位小数。

6.100 米、200 米、300 米慢跑

100米、200米、300米慢跑主要测定儿童在身体运动过程中的耐力及心肺系统的功能状况。3.5～4.5岁的儿童测100米慢跑，5～5.5岁的儿童测200米慢跑，6岁以上的儿童测300米慢跑。受试者跑前需测其心率，待其跑到终点后再测其即刻心率，直到恢复心率为止，也可连续测幼儿跑后6分钟内的心率。在统计时，观察受试者几分钟才恢复到跑前的心率。此项目只测定1次。在儿童跑步过程中，不要求速度快，轻松、自然地慢跑即可。

第三节　学前儿童健康教育活动的评价

一、学前儿童健康教育活动评价的指标

（一）学前儿童身体保健活动评价指标

实施幼儿园身体保健活动评价的指标主要有以下几种。

1. 健康知识评价指标

健康知识评价指标是围绕健康教学活动及生活中的健康教育的内容来评价幼儿健康知识的掌握情况。

2. 健康态度评价指标

健康态度评价指标是评价幼儿在接受过健康教育后，对保持健康行为的态度是积极主动的还是消极被动的。

3. 健康行为评价指标

健康行为是健康教育过程中最重要的评价指标。健康行为评价指标是对学前儿童良好的生活卫生习惯、学习卫生习惯及其他健康行为的形成情况进行的评价。帮助幼儿养成健康行为是健康教育的出发点和归宿。

（二）学前儿童体育活动评价的指标

学前儿童体育活动可以从以下几个方面进行评价。

1. 学前儿童体育活动的目标达成情况

在评价体育活动时，首先要看本次活动的目标是否实现，每一项目达到的程度如何。因此，学前儿童体育活动可以围绕学前儿童运动技能的掌握情况、运动能力、运动素质及学前儿童的智力、个性等心理素质发展情况来进行评价。在评价时应分出主次、详略。

2. 学前儿童在活动中的表现

第一,主要评价学前儿童在活动中的生理负荷和心理负荷是否适宜。
第二,在练习中是否有应变能力、自我保护能力。
第三,学前儿童能否与人合作、团结互助。
第四,是否具有竞争意识、公平意识、群体意识。
第五,能否自觉遵守纪律、遵守游戏规则等。

3. 学前儿童参与活动的情况

第一,在评价时应了解全体学前儿童是否积极参与活动,在活动中表现如何。
第二,活动中学前儿童主体性和积极性发挥如何。
第三,活动中学前儿童的情绪是否愉快,态度是否认真等。

4. 教师的教学指导

第一,评价教师的教学方法是否符合学前儿童的身心发展规律。
第二,能否在活动中给予有针对性、及时的指导和评价。
第三,调整运动负荷是否及时、得当等。
在进行体育活动评价时,应从教师和学前儿童两个方面进行全面、客观的评价。

二、学前儿童健康教育活动评价的实施

(一)健康教育活动的评价

对于学前儿童健康教育活动的评价,可以考察以下几个方面。

1. 学前儿童的参与状态

学前儿童的参与状态是指学前儿童是否主动、积极地参与学习过程。这中间可以考察学前儿童参与教学活动的时间和广度,学前儿童在参与过程中情感因素的投入,以及学前儿童在学习健康知识方面思维主动参与的程度等。

2. 学前儿童健康行为的养成

健康行为的建立、巩固和发展是幼儿园健康教育的核心目标。健康教育活动应该重视对学前儿童健康行为的养成。在评价中可以关注教师是否重视健康行为的养成环节，能否运用合理的方式帮助学前儿童建立并强化健康行为，以及健康行为能否在日常生活中得到有效延续等。

3. 教师的教学设计

教学设计包括了教师对学前儿童发展水平的了解，教师对教学内容、方法整体性的把握等。

对于健康教育活动的评价，第一，可以采用定性描述的方法，从活动目标、活动内容、教学手段和方法、教学结构、学前儿童参与情况及学习效果等几方面进行质的说明；第二，可以通过运用指标体系对教师的活动设计和实施情况进行量的评价。

（二）体育活动中练习密度与运动负荷的评价

合理的练习密度和运动负荷是保证幼儿身体健康发展的前提。教师在每次组织体育活动时，应根据活动的目标和环境、设备条件，合理地确定和安排练习密度与运动负荷。

1. 练习密度的测定方法

（1）用秒表计时。在学前儿童开始进行动作练习时，启动秒表，动作练习结束时停表，将此时间计为一次练习时间。

（2）将每次练习的时间累计相加，计算出一次活动中练习的总时间。再根据本次活动总时间，计算出幼儿实际练习时间所占的比重。

（3）将每次测定的时间，填写在记录表中，便于活动后进一步统计。

一般体育活动的练习密度要求为 50%～70%，强度不要太大。通过测定可以分析体育活动的练习密度是否适当，安排是否合理，实施过程中是否浪费了时间等。这为进一步改进、提高活动质量，提供了科学的依据。

2. 生理负荷的测定方法

生理负荷的测定步骤与方法如下。

第一，选择测定对象。一般选择中等发育水平的男女学前儿童各一名，最好与选择测定练习密度的学前儿童相一致。如果条件允许，可以选择身体发育水平不同的几名学前儿童同时进行测定,以使最后所得的结论更科学、更可靠。

第二,准备好记录表、工具和秒表;安排好测定人员分工。

第三,测定安静时心率(脉搏)。一般可在活动前 5 分钟进行。

第四,采用定时测定(2~3 分钟或更短的时间)和练习前后测定相结合的方法进行测定。以练习前、后测定为主,定时测定为辅。

第五,活动后定时测定恢复心率。

第六,每次通常只测 10 秒的心率次数,将此数值乘以 6,即为 1 分钟的心率次数。测定时尽可能不影响学前儿童练习。测定过程中,随时填写测定记录表。活动后及时进行统计,并将每次测定所得数据绘制成心率变化曲线图,以便形象地表示出活动中心率的变化情况。

3. 区域体育活动的评价

日常区域体育活动,可以从活动目标、活动条件、活动的指导与控制、幼儿活动、活动气氛、活动效果等方面进行评价。为了使评价标准更加明确,还要对评价要点的特征进行具体描述。

参考文献

[1] 张明红.学前儿童社会教育与活动指导(第3版)[M].上海:华东师范大学出版社,2021.

[2] 张岩莉.学前儿童社会教育(第2版)[M].上海:复旦大学出版社,2020.

[3] 王晓戎.学前儿童社会教育(第1版)[M].西安:陕西师范大学出版总社,2018.

[4] 谢小琴.学前儿童健康教育研究[M].西安:世界图书出版西安有限公司,2017.

[5] 王学敏,彭俭.学前儿童健康教育[M].北京:中央广播电视大学出版社,2017.

[6] 但菲.幼儿社会性发展与教育活动设计[M].北京:高等教育出版社,2008.

[7] 许铁梅,赵永利.学前儿童健康教育[M].南京:南京大学出版社,2015.

[8] 王坚.学前儿童心理健康教育[M].北京:北京师范大学出版社,2015.

[9] 朱会从等.学前儿童健康教育[M].郑州:郑州大学出版社,2015.

[10] 许铁梅,赵永利.学前儿童健康教育[M].南京:南京大学出版社,2015.

[11] 华炜.学前儿童心理健康教育[M].北京:中国人民大学出版社,2015.

[12] 麦少美,孙树诊.学前儿童健康教育活动指导(第3版)[M].上海:复旦大学出版社,2015.

[13] 杨丽.学前儿童社会教育[M].北京:中央广播电视大学出版社,2014.

[14] 庞建萍.学前儿童健康教育与活动指导[M].上海:华东师范大学出版社,2015.

参考文献

[15] 徐群.学前儿童心理健康指导[M].北京：北京师范大学出版社，2015.

[16] 叶平枝.学前儿童健康教育与活动指导[M].长沙：湖南大学出版社，2015.

[17] 张首文.学前儿童健康教育[M].北京：清华大学出版社，2015.

[18] 高庆春，梁周全.学前儿童健康教育(第2版)[M].北京：高等教育出版社，2014.

[19] 李姗泽.学前儿童健康教育[M].北京：中央广播电视大学出版社，2014.

[20] 王恬.张瑛.学前儿童健康教育[M].北京：高等教育出版社，2013.

[21] 王娟.学前儿童健康教育[M].上海：复旦大学出版社，2012.

[22] 郦燕君.学前儿童卫生保健[M].北京：高等教育出版社，2012.

[23] 王东红.幼儿卫生保健学习与指导[M].北京：高等教育出版社，2012.

[24] 戴南海，刘凤英.学前儿童卫生与保育[M].长沙：湖南大学出版社，2012.

[25] 郑春玲.学前儿童心理健康教育[M].北京：中央广播电视大学出版社，2012.

[26] 李君.学前儿童健康教育(第2版)[M].北京：科学出版社，2012.

[27] 刘梅.儿童发展心理学[M].北京：清华大学出版社，2010.

[28] 梁志燊.学前教育学[M].北京：北京师范大学出版社，2013.

[29] 齐建芳.儿童发展心理学[M].北京：中国人民大学出版社，2009.

[30] 张振平.学前儿童健康教育[M].大连：大连理工大学出版社，2014.

[31] 王金洪，潘一.学前儿童健康教育[M].北京：北京出版社，2014.

[32] 杨凤林，秦莉，罗丽丹.学前儿童心理健康指导[M].长春：东北师范大学出版社，2014.

[33] 范雪飞.学前儿童社会教育[M].苏州：苏州大学出版社，2020.

[34] 刘文.幼儿心理健康教育[M].北京：中国轻工业出版社，2008.

[35] 丁连信.学前儿童家庭教育(第2版)[M].北京：科学出版社.2007.

[36] 顾荣芳.学前儿童健康教育论[M].南京：江苏教育出版社，2009.

[37] 周梅林.学前儿童社会教育活动指导[M].上海：复旦大学出版社，2016.

[38] 甘剑梅.学前儿童社会教育[M].北京：中央广播电视大学出版社，2007.

[39] 张文新.儿童社会性发展[M].北京:北京师范大学出版社,2010.

[40] 职业教育学前教育专业教材编写组.学前儿童健康教育[M].开封:河南大学出版社,2018.

[41] 应彩云.云淡风清:应彩云幼儿教学案例随笔选[M].上海:少年儿童出版社,2016.